港口供配电系统运行维护

李晓峰　著

山东大学出版社

图书在版编目(CIP)数据

港口供配电系统运行维护 / 李晓峰著. —济南:山东大学出版社,2019. 5

ISBN 978-7-5607-6336-1

Ⅰ. ①港… Ⅱ. ①李… Ⅲ. ①港口—供电系统—电力系统运行 ②港口—配电系统—电力系统运行 ③港口—供电系统—维修 ④港口—配电系统—维修 Ⅳ. ①U653.95

中国版本图书馆 CIP 数据核字(2019)第 091027 号

责任编辑:李 港

封面设计:张 荔

出版发行:山东大学出版社

社 址 山东省济南市山大南路 20 号

邮 编 250100

电 话 市场部(0531)88363008

经 销:新华书店

印 刷:沂南县汶凤印刷有限公司

规 格:787 毫米×1092 毫米 1/16

16 印张 367千字

版 次:2019 年 5 月第 1 版

印 次:2019 年 5 月第 1 次印刷

定 价:108.00 元

前　言

港口供配电系统有其独特性，为了满足其运维工作的需要，更好地对相关人员进行针对性的培训，依据行业规程、规范、标准和港口供配电系统特点，参照相关内容，编写了本书。

本书主要针对港口供配电系统，比较全面地介绍了港口供配电系统运行与维护知识，分为技术和制度两部分。技术部分对港口供配电系统各种中高压一次主要设备的原理、作用、结构等进行了较为详细的介绍和描述，具体分为供配电系统基本知识、电气主接线、电力变压器、高压开关设备基本知识、SF_6 组合电器、港口供配电系统常用中压开关、中压开关电器技术的发展应用、消弧线圈、无功补偿装置、船舶岸电技术等10部分。制度部分分职责类、流程作业类和保障类3部分。

本书力求结合港口供配电系统现场实际，努力为生产现场服务，具有较强的针对性、实用性，特别是对目前港口供配电系统常用的几种中压开关电器的介绍不仅客观详细而且实效性强。本书还结合工作实践，介绍了港口供配电系统各种设备运维方法和常见故障分析处理方法。同时，结合当今中高压电器技术发展趋势和潮流，介绍了永磁真空断路器、固体绝缘环网柜、SVG等新技术，对港口特有的环保热点——船舶岸电这种绿色航运技术也进行了较为详细的描述，最后介绍了作为港口供电运行人员必须熟知的运维管理制度。

本书适用于港口供配电系统运维人员的岗位培训，对于相关行业技术人员也有参考价值。

由于水平有限，书中难免存在不当之处，欢迎各位读者批评指正。

编　者

2019年4月

Contents 目录

技 术

制　度

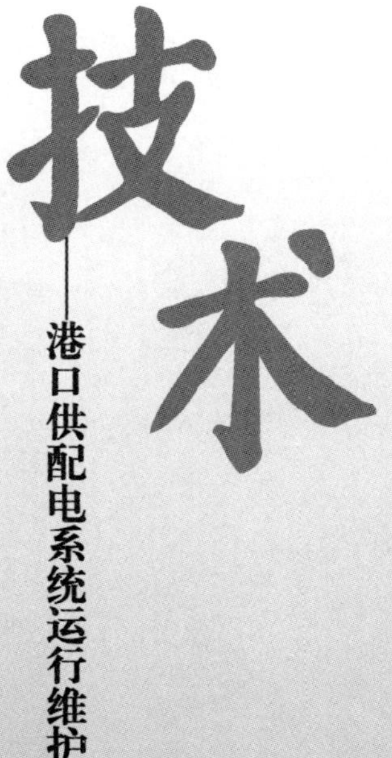

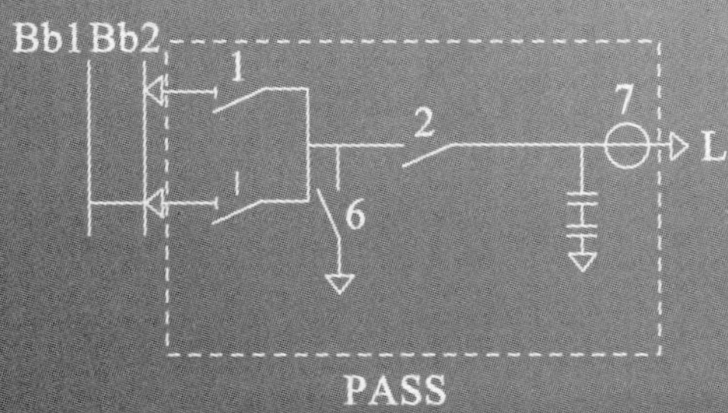

PASS

传统开关间隔

第一章　供配电系统基本知识

第一节　电力系统的组成

电力是以电能作为动力的装置，发明于19世纪70年代。电力的发明和应用掀起了第二次工业化的高潮，成为18世纪以来人类世界发生的三次科技革命之一，从此，科技改变了人们的生活。20世纪出现的大规模电力系统是人类工程科学史上最重要的成就之一，它是由发电、输电、变电、配电和用电等环节组成的电力生产与消费系统，将自然界的一次能源通过发电动力装置转化成电能，再经输电、变电和配电供应到各用户。

1882年，世界上第一台发电机建成于美国纽约市，机组容量只有3.0×10^5 kW。随着科技的发展，全世界的发电厂总装机容量早已达到4.6×10^8 kW。从世界各国经济发展的经验来看，国民经济增长1%，电力系统就要增长1.3%～1.5%，几乎每7～10年装机容量就要增长一倍，个别国家已达到2～3年装机容量就要增长一倍，发展速度相当快。

一、电力系统

（一）构成

电力系统是由发电厂、变电站（所）、电力线路和用电设备（用户）联系在一起组成的一个发电、输电、变电、配电和用电的整体（见图1-1-1）。

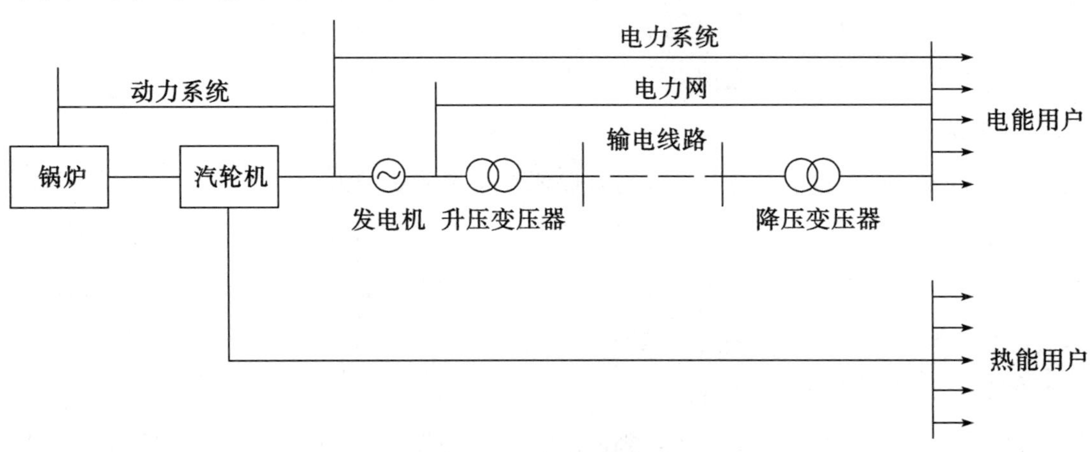

图1-1-1　电力系统构成

为保证供电的可靠性和安全连续性，通过建立大型电力系统，将各个地区、各种类型的发电机、变压器、输电线、配电和用电设备等连成一个环形整体。现今，人们广泛地将各发电厂通过电力网连接起来，使其并联运行，组成庞大的电力系统（见图 1-1-2）。

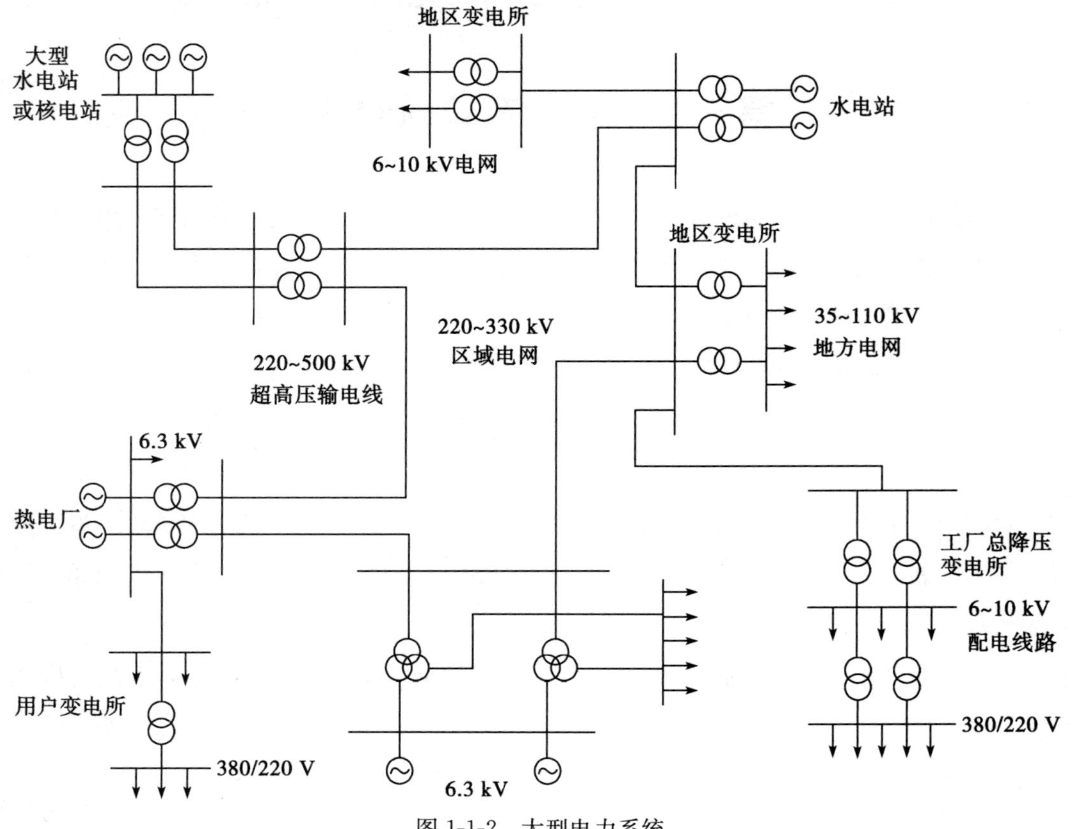

图 1-1-2　大型电力系统

（二）大型电力系统的优越性

1. 可以更经济合理地利用动力资源，减少系统的备用量

如孤立运行发电厂，若其发电量是 3×10^5 kW，备用量也要维持在 3×10^5 kW 左右。若实现发电厂互联，由大型电力系统供电，可互为备用。

2. 保证了供电质量

系统越大，抗干扰能力越强，能有效保证电能的质量。

3. 提高了供电可靠性

如接成环网或双环网结构的大型电力网，当一回路电源故障或检修时，全部负荷由另一回路电源供应，不影响供电（见图 1-1-3）。

4. 统一调度，合理分配电能

大型电力系统可统一调度，更合理地调配用电，降低系统的最大负荷，提高发电设备的利用率。

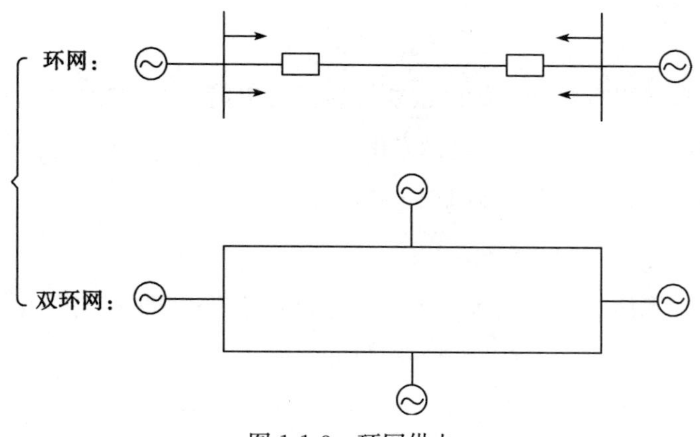

图 1-1-3　环网供电

目前，全国电网互联已基本形成，我国已进入大电网、大电厂、大机组、高电压输电、高度自动控制的新时代。

二、电力网

（一）组成

电力网由电力系统中各级电压的电力线路及其联系的变电所组成。习惯上电网往往以电压等级来区分，如 10 kV 电网，实际上是指相互联系、某一特定电压等级的整个电力线路及变电所，故电力网即“变电所＋输配电线路”。

（二）任务

电力网的作用是输送、控制和分配电能，把由发电厂发出的电能经变电所变压后，经过输配电线路送至用户。电力网一般按其作用分为输电网和配电网（见图 1-1-4）。输电网是将发电厂、变电所或变电所之间连接起来的送电网络，主要承担输送电能的任务，一般为 110 kV 以上等级。配电网是指从输电网或地区发电厂接收电能，通过配电设施就地分配或按电压逐级分配给各类用户的电力网。其中，110 kV 及以上为高压配电网，10～35 kV 为中压配电网，1 kV 以下为低压配电网。

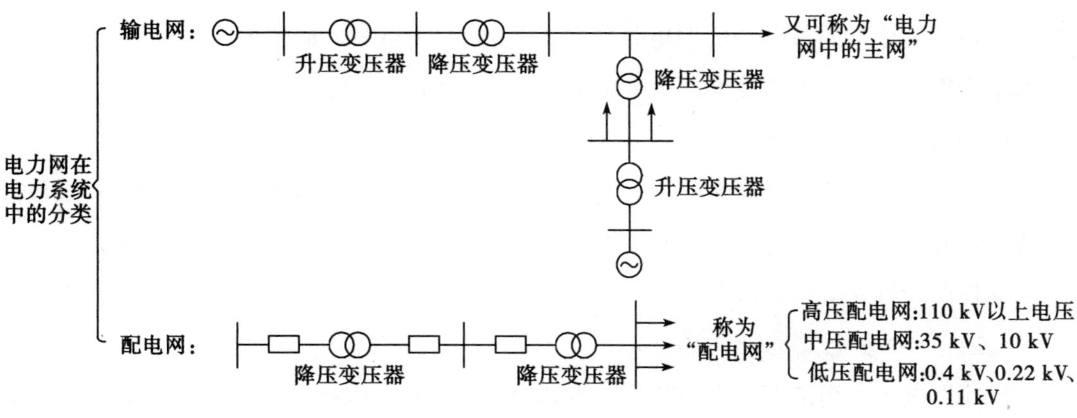

图 1-1-4　电力网分类

三、发电厂

发电厂是将自然界蕴藏的各种一次能源转换为电能（二次能源）的工厂，又称“发电站”。根据所利用一次能源的形式，发电厂可分为水力发电厂、火力发电厂、核能发电厂、风力发电厂、地热发电厂和太阳能发电厂等。

（一）水力发电厂

水力发电的基本原理是利用水位落差，配合水轮发电机产生电力，也就是将水的势能转化为水轮的动能，再以动能推动发电机而得到电能，即电力。

水力发电又分为堤坝式、引水式、混合式、抽水蓄能式等类型。

世界十大发电厂中，有 8 个是水力发电厂。其中最大的水力发电厂就是我国的三峡大坝水力发电站，同时它也是世界上最大的发电厂，装机容量达到 2.25×10^{7} kW。

（二）火力发电厂

火力发电厂是利用煤、石油、天然气等作为燃料生产电能的工厂。它的基本生产过程是：燃料在锅炉中燃烧，加热水使其成为蒸汽，将燃料的化学能转化为热能，蒸汽压力推动汽轮机旋转，使热能转化为机械能，然后汽轮机带动发电机旋转，将机械能转化为电能。

火力发电厂根据燃料性质不同，分为燃煤发电厂、燃油发电厂、燃气发电厂、余热发电厂、垃圾及工业废料为燃料的发电厂等。

国内最大也是世界上最大的火力发电厂是内蒙古大唐国际托克托电站，总装机容量为 5.4×10^{6} kW。

（三）核能发电厂

核能发电是利用核反应堆中核裂变所释放出的热能进行发电的方式。它与火力发电极其相似，只是以核反应堆及蒸汽发生器来代替火力发电的锅炉，以核裂变能代替矿物燃料的化学能。

现在，世界上的核电站的发电量约占总发电量的 11%，最大的核电站位于日本新泻县柏崎市刈羽村。国内最大的是秦山核电站，总装机容量达到 6.6×10^{6} kW。

（四）风力发电厂

风力发电指把风的动能转化为电能，其原理是利用风力带动风车叶片旋转，再通过增速机将旋转的速度提升，来促使发电机发电。风是一种没有公害的能源，利用风力发电非常环保，且能够产生的电能非常巨大，因此，越来越多的国家更加重视风力发电。

（五）地热发电厂

地热发电是利用地下热水和蒸汽作为动力源的一种发电技术。其基本原理与火力发电类似，也是根据能量守恒定律，首先把地热能转化为机械能，再把机械能转化为电能。

（六）太阳能发电厂

太阳能发电是利用太阳能级半导体电子器件有效地吸收太阳光辐射能，并使之转化为电能的发电方式。

无疑，利用太阳能发电的光伏发电技术前景广阔，因为太阳能资源近乎无限，光伏发电也不产生任何污染，是满足未来社会需求的理想能源。随着光伏发电技术的深入发展，转化效率的逐步提高，系统成本的日趋合理，以及相关的分布式发电技术、智能电网等的完善，光伏发电这种绿色能源转化方式将成为未来社会的重要能源来源方式。

四、变电站

变电站又称为“变电所”，是联系发电厂和用户的中间环节，用以变换电压、交换功率和汇集、分配电能，主要包含电力变压器、母线、开关控制设备、补偿装置等一次设备和控制、保护、测量、信号、通信、直流电源等二次设备，是电力系统中的主要结点。

变电站的分类方式主要有 3 种。

（一）按照变电站在电力系统中的地位和作用划分

1. 枢纽变电站

枢纽变电站位于电力系统的枢纽点，连接电力系统高、中压的几个部分。它的电压是系统的最高输电电压，目前电压等级有 220 kV、330 kV、500 kV、800 kV、1000 kV。枢纽变电站连成环网，全站停电后，将引起系统解列，甚至导致整个系统瘫痪，因此，对枢纽变电站的可靠性要求较高。枢纽变电站主变压器容量大，供电范围广。

2. 中间变电站

中间变电站一般位于系统的主要环路线路中或系统主要干线的接口处，汇集有 2～3 个电源，高压侧以交换潮流为主，同时又降压供给当地用户，主要起中间环节作用，电压为 220～330 kV。全站停电时，将引起区域电网解列。

3. 地区变电站

地区变电站以对地区用户供电为主，是一个地区或城市的主要变电站，电压一般为 110～220 kV。全站停电时，仅使该地区中断供电。

4. 终端变电站

终端变电站在输电线路终端，接近负荷点，经降压后直接向用户供电。全站停电时，只是终端用户停电。

（二）按照变电站的安装位置划分

1. 室外变电站

除控制、直流电源等设备放在室内，变压器、断路器、隔离开关等主要设备均布置在室外。

2. 室内变电站

主要设备均放在室内。

3. 地下变电站

变电站设置在城市大建筑物、道路、公园的地下，可减少占地。

4. 箱式变电站

箱式变电站又叫“预装式变电站”，是一种将高压开关设备、变压器和低压配电装置，按一定接线方案排成一体的工厂预制户内、户外紧凑式配电设备，即将变压器降压、低压配电等功能有机地组合在一起，安装在一个防潮、防锈、防尘、防鼠、防火、防盗、隔热、全封闭、可移动的钢结构箱内，其特点是结构紧凑。

5. 移动变电站

将变电设备安装在移动车辆上，以供临时或短期用电场所的需要。

（三）按照变压器的使用功能划分

1. 升压变电站

其作用是把低电压变为高电压。一般在发电机出口需设置升压变电站，将发电机发出的较低电压升高为输电系统电压。

2. 降压变电站

其作用是把高电压变为低电压。电力系统中的大多数变电站是降压变电站。

3. 配电站（开闭所）

站内只有起开闭和分配电能作用的高压配电装置，母线上无主变压器。

五、电力线路

电力线路是指在发电厂、变电站和电力用户间用来传送电能的线路，是供电系统的重要组成部分，担负着输送和分配电能的任务。

按用途分：输电线路、配电线路。

按架设方式分：架空线路、电缆线路。

按传输电流的种类分：交流线路、直流线路。

六、电能用户

所有的用电单位均称为“电能用户”。电能用户可以是一个工厂、机关或学校，也可以是一个居民用户，一般指工业企业。

七、电力生产的特点

电能本身所固有的特点，决定了电能生产、运输、分配和使用的独特性。

(一) 同时性

电能的生产和消费必须在同一时间实现，即电能具有产生、输送、分配以及转化为其他形式能量的同时性。

(二) 集中性

电力生产高度集中，必须统一调度指挥、统一质量标准、统一管理、统一分配和销售，这些都由专门的电网销售和电力调度来统一管控。

(三) 适用性

电能使用最方便，且适用广泛，不受或很少受外界因素（如时间、地点、空间、场地等）的干扰，是半绝缘或全绝缘的能源。

(四) 先行性

社会经济的发展，离不开可靠的电网保障。是否拥有容量充足、结构合理、调度灵活、安全可靠的现代化大电网，关系到一个地方的综合实力，“经济要发展，电力须先行”已成为全社会的共识。

第二节　电力负荷

一、基本概念

电力负荷是指发电厂或电力系统中，在某一时刻所承担的各类用电设备消耗电功率的总和，单位是“kW”。虽然电力负荷的标准单位为“kW”，但在实际运行工作中也经常用电流来表征负荷。一般指用电设备所消耗的功率（kW）或容量（kVA）或电流（A）。

电力系统的总负荷就是系统中所有用电设备消耗总功率的总和。将工业、农业、邮电、交通、市政、商业以及城乡居民所消耗的功率相加，就可得出电力系统的综合用电负荷；综合用电负荷加上网络损耗的功率就是系统中各发电厂应供应的功率，称为电力系统的“供电负荷”（供电量）；供电负荷再加上各发电厂本身消耗的功率（即厂用电），就是系统中各发电机应发的功率，称为系统的“发电负荷”（发电量）。

二、分类

(一) 按发、供、用关系分类

1. 用电负荷

用电负荷指用户的用电设备在某一时刻实际取用的功率总和。通俗来讲就是用户在某一时刻对电力系统所要求的功率。从电力系统角度来讲，则是指该时刻为了满足用户用电所需具备的发电出力。

2. 线路损失负荷

电能在输送过程中发生的功率和能量损失称为“线路损失负荷”。

3. 供电负荷

用电负荷加上同一时刻的线路损失负荷称为“供电负荷”。

4. 厂用负荷

发电厂厂用设备所消耗的功率称为“厂用负荷”。

5. 发电负荷

供电负荷加上同一时刻各发电厂的厂用负荷，构成电网的全部生产负荷，称为“发电负荷”。

（二）根据电力用户的不同负荷特征分类

电力负荷可分为各种工业负荷、农业负荷、交通运输业负荷、商业负荷和人民生活用电负荷等。

（三）按电力系统中负荷发生的时间分类

1. 高峰负荷（最大负荷）

高峰负荷是指电网或用户在一天时间内所发生的最大负荷值。通常选一天 24 h 中最高的 1 h 的平均负荷为最高负荷。

2. 低谷负荷（最小负荷）

低谷负荷是指电网或用户在一天 24 h 内发生的用电量最少的某 1 h 的平均负荷。为了合理用电，应尽量缩短发生低谷负荷的时间。

对于整个电力系统来说，峰谷负荷差越小，则用电越趋于合理，发电与供电也愈加经济。

3. 平均负荷

平均负荷是指电网或用户在某一确定时间阶段内的平均小时用电量。为了分析负荷率，常用日平均负荷，即一天的用电量被一天的用电小时来除。为了安排用电量，做好用电计划，往往也采用月平均负荷和年平均负荷。

（四）按突然中断供电引起的损失程度分类

电力负荷根据供电可靠性及中断供电在政治、经济上所造成的损失或影响的程度，分为一级负荷、二级负荷及三级负荷。

1. 一级负荷

（1）中断供电将造成人身伤亡者。

（2）中断供电将造成重大政治影响者。例如：重要交通枢纽、重要通信枢纽、重要宾馆、大型体育场馆、经常用于国际活动的大量人员集中的公共场所等用电单位中的重要电力负荷。

（3）中断供电将造成重大经济损失者。例如：重大设备损坏、重大产品报废、用重要原料生产的产品大量报废、国民经济中重点企业的连续生产过程被打乱且需要长时间才能恢复等。

（4）中断供电将造成公共场所秩序严重混乱者。

对于某些特等建筑，如重要交通枢纽、重要通信枢纽、国宾馆、国家级及承担重大国事活动会堂、国家级大型体育中心，以及经常用于重要国际活动的大量人员集中的公共场所等的一级负荷，为特别重要负荷。

中断供电将影响实时处理计算机及计算机网络正常工作或中断供电后将发生爆炸、火灾以及严重中毒的一级负荷亦为特别重要负荷。

2. 二级负荷

（1）中断供电将造成较大政治影响者。

（2）中断供电将造成较大经济损失者。

（3）中断供电将造成公共场所秩序混乱者。

3. 三级负荷

三级负荷是指不属于一级和二级的电力负荷。

4. 不同级别负荷对供电的要求

一级负荷应由双重电源供电，当一电源发生故障时，另一电源不应同时受到损坏。一级负荷中特别重要的负荷供电，尚应增设应急电源。

二级负荷的供电系统宜由两回路供电。负荷较小或地区供电条件困难时，可由一回 6 kV 及以上专用的架空线路供电。

三级负荷在供电方式上没有特殊的要求，一般都采用单回路供电。

随着我国经济的发展，一级负荷的供电方式已经不能满足一些特别重要场所的需要，如市话局、电信枢纽、卫星地面站、民用机场、银行证券交易中心等，这些负荷属于特别重要的一级负荷，一般叫作“特一级负荷”。同时由于经济的发展，一级负荷、二级负荷增多，三级负荷逐渐减少或者取消。

三、负荷曲线

负荷随机变化，每当用电设备启动或停止都会有对应的负荷发生变化，从某种程度上可以发现其具有一定的规律性。例如，某些负荷随季节（夏、冬）、企业工作制（一班或倒班作业）的不同而出现一定程度的变化，其变化的规律性可用负荷曲线来描述。所谓“负荷曲线”，就是指在某一段时间内用电设备有功、无功负荷随时间变化的图形，分别构成有功负荷曲线（P）和无功负荷曲线（Q）。常用的是有功负荷曲线。每类负荷曲线按时间坐标轴长短不同，可分为日负荷曲线、月负荷曲线、年负荷曲线等。按描述的负荷范围不同还可区分为用户（变电所）负荷曲线、地区负荷曲线、电力系统负荷曲线、发电厂负荷曲线等。

负荷曲线对变电所、发电厂和电力系统的运行有重要意义，它是变电所负荷控制，发电厂安排日发电计划，确定电力系统运行方式和主变压器、发电机组等设备检修计划，以及制定变电所、发电厂扩建新建规划的依据。各类电力用户的最大负荷和最小负荷出现的时刻是不尽相同的，因此，反映在变电所或发电厂日负荷曲线上的最大负荷 P_{max} 总是小于各用户最大负荷之和，而其最小负荷 P_{min} 一般均大于各用户最小负荷之和。通过合理地、有计划地安排各类用户的用电时间，可减小最大负荷和最小负荷的差值，使负荷曲线图形较为平坦，从而有利于充分利用发电、供电设备（主变压器等）容量，提高系统运行的经济性。

第三节　供电质量

一、基本要求

（一）供配电工作基本要求

供配电工作要很好地为港口等生产建设服务，必须达到下列基本要求：

第一，安全。在电力的供应、分配和使用中，不应该发生人身事故和设备故障，安全工作应放在第一位。

第二，可靠。应满足电力用户对供电的持续可靠性要求，即连续持续供电，尽量少停电。

第三，优质。应满足电力用户对电压质量、电压波形和频率质量等方面的要求，供应合格的电力。

第四，经济。应使供配电系统的投资省，运行费用低，并尽可能地节约电能和减少有色金属的消耗量，降低人力成本。

（二）对供配电系统的要求

1. 要可靠性高并考虑今后发展

电力网应结构合理，运行可靠，且预留 10%～15%的容量并考虑今后发展。

2. 供电质量要合格

各种电气参数应合理，如电压、频率、波形、三相电压对称性等要符合要求。

3. 要安全、经济、合理地运行

供用电双方应协调一致，统一管理，采取必要的技术措施（如远程监控、无功补偿）和组织措施（如合理地调度和运行管理等）。

4. 运行调度应灵活方便

一般来说，电力网的容量系统越大，供电的可靠性越高，但出现局部故障的机会也越多，其调度管理的复杂程度也越大。因此，在调度管理上要有尽可能大的灵活性，方便运行调度管理。

二、供电电能质量

（一）电能质量

电能质量，即电力系统的电能质量，从普遍意义上讲是指优质供电，包括电压质量、电流质量、供电质量和用电质量，一般指电压质量、频率等。理想的电能应该是完美对称的、频率固定的正弦波。一些因素会使波形偏离对称正弦波，由此便产生了电能质量问题。

我们平时使用的电力能源都存在一个品质的问题，品质高的电能不但能降低用电器的损耗、提高电能的使用效率，更能保证电力系统稳定、健康地运行。医院、数据中心等对供电安全特别重视的行业尤其对电能质量有很高的要求。

（二）供电电能的质量指标

供电电能的质量指标包括 3 项技术指标和 1 项运行调度指标。

1. 电压指标

（1）35 kV 及以上供电电压正、负偏差的绝对值之和不超过标称电压的 10%。

（2）20 kV 及以下三相供电电压偏差为标称电压的±7%。

（3）220 V 单相供电电压偏差为标称电压的−10%～7%。

2. 频率指标

我国规定，供电系统的频率指标值为 50 Hz。在正常运行条件下，频率偏差限值为±0.2 Hz。允许偏差应符合下列要求：

（1）电力网装机容量在 3×10^6 kW 及以上者为±0.2 Hz。

（2）电力网装机容量在 3×10^6 kW 以下者为±0.5 Hz。

（3）在电力系统非正常状况下，供电频率允许偏差不超过±1.0 Hz。

3. 波形及三相电压对称性

电力网的工频电压应是准确的正弦波形，三相电压应相等且在相位上互差 120°。

（1）造成波形失真（波形畸变）的主要原因有：

①用户电气设备产生的畸变反馈到电力网，主要来自产生电弧的设备和整流设备。

②电力网上的各变电站所产生的波形失真，主要来自变压器的非线性运行及电容器的补偿。

高次谐波是由一个无畸变的基波与各种倍频的正弦波形叠加而成的。高次谐波对补偿电容器的运行非常不利。

(2) 三相电压不对称可能是由下列原因引起的：

①用户使用大功率单相设备（如电焊机）。

②电力系统中出现不对称的故障（如单相接地、相间短路）。

4. 可靠性要求

具体根据用户性质及要求而定，如供电可靠率、电网故障率、平均停电时间等。

（三）影响电能质量的因素

从广义上分类，影响电能质量的因素主要包括3个方面。

(1) 雷击、风暴、雨雪等自然因素对电能质量的影响。这些自然因素的发生使电网发生事故，影响到电网的安全，造成供电可靠性降低。

(2) 大型电力设备的启动和停运、自动开关的跳闸及重合等电力设备及装置的自动保护及正常运行对电能质量的影响，使额定电压暂时降低、产生波动与闪变等。

(3) 非线性负荷、冲击性负荷等的大量使用。如电弧炉、矿热炉、中频炉等大型非线性负载设备的使用，使公用电网产生大量的谐波，产生电压扰动、电压波动与闪变等。

电能质量的下降不仅会影响供电系统的正常安全供电，同时也会给用电系统带来各种各样的危害，直接影响着人身安全和经济效益。

第四节　电力系统的额定电压

一、额定电压

（一）概念

额定电压是能使电气设备长期运行在经济效果最好的电压，是国家根据国民经济发展的需要、电力工业的水平和发展趋势，经全面技术经济分析后确定的。

电力系统的额定电压包括电力系统中各种发电、供电、用电设备的额定电压。

1. 发电机的额定电压

发电机的额定电压指发电机在额定运行状态下输出的电压。发电机的额定电压比同级线路的额定电压高5%，用以补偿线路的电压损失。

2. 电网（线路）的额定电压

电网（线路）的额定电压为线路首末两端电压的平均值，与用电设备的额定电压相同。

3. 用电设备的额定电压

用电设备的额定电压实际就是用电设备使用的规定电压条件。在此条件下用电设备能安全、可靠、经济地运行，一般应与同级电网（线路）的额定电压相同。

4. 电力变压器的额定电压

（1）一次绕组的额定电压

①与发电机直接相联的升压变压器的一次绕组的额定电压应与发电机的额定电压相同。

②连接在线路上的降压变压器相当于用电设备，其一次绕组的额定电压应与线路的额定电压相同。

（2）二次绕组的额定电压

①当线路较长（如 35 kV 及以上高压线路）时，既要考虑变压器本身的电压损失，也要考虑线路的电压损失，变压器二次绕组的额定电压应比相连线路的额定电压高 10%。

②当线路较短（直接向高低压用电设备供电，如 10 kV 及以下线路）时，二次绕组的额定电压应比相连线路的额定电压高 5%。

（二）我国交流电网和电力设备的额定电压

我国交流电网和电力设备的额定电压如表 1-4-1 所示。

表 1-4-1　　我国交流电网和电力设备的额定电压

分类	电网和用电设备额定电压（kV）	发电机额定电压（kV）	电力变压器额定电压（kV）	
			一次绕组	二次绕组
低压	0.38 0.66	0.4 0.69	0.38/0.22 0.66/0.38	0.4/0.23 0.69/0.4
高压	1	—	1，1.05	1.05，1.1
	3	—	3，3.15	3.15，3.3
	6	6.3	6，6.3	6.3，6.6
	10	10.5	10，10.5	10.5，11
	20	13.8，18.5	20	21，22
	35	—	35	38.5
	66	—	66	69
	110	—	110	121
	220	—	220	242
	330	—	330	363
	500	—	500	550
	750	—	750	825
	1000	—	1000	1100

常用的中低压供配电系统中的额定电压如图 1-4-1 所示。

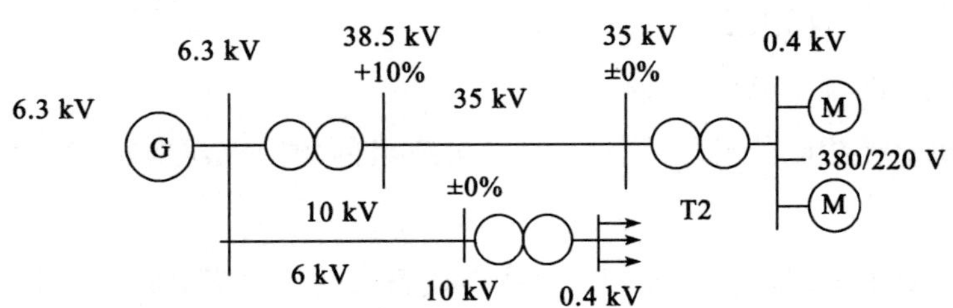

图 1-4-1　常用的中低压供配电系统中的额定电压

（三）电压高低的划分

习惯上以 1 kV 为界，1 kV 以下称为“低压”，1 kV 及以上称为“高压”。

二、电压偏差与电压调整

（一）概念

1. 电压偏差

电压偏差指设备的端电压与额定值的偏差，又称“电压偏移”。用给定瞬间设备的端电压 U 与设备额定电压之差对额定电压的百分值来表示，即

$$\Delta U=\frac{U-U_{N}}{U_{N}}\times 100\%$$

2. 电压偏差产生的原因

由于线路有阻抗，通过电流时会产生压降，使设备端电压下降。

（二）电压偏差对设备运行的影响

电动机：电压偏差会使电动机绕组电流增大、升温、寿命缩短。

电光源：电压降低 10%时，白炽灯的寿命延长 2～3 倍，发光效率降低 30%以上；荧光灯不易启燃，多次启动会降低灯管寿命。电压升高 10%时，白炽灯的寿命只有原来的 1/3，发光效率提高 1/3。

（三）允许的电压偏移

用电设备一般允许电压偏移 5%，沿线路电压损失一般为 10%。

（四）电压调整的措施

为了满足用电设备对电压偏差的要求，供电系统必须采取相应的电压调整措施。

1. 正确选用变压器的变比或采用有载调压变压器

通常变压器的调压分接头由高压引出，有 3～5 个抽头，由变压器上部的分接开关切换。

$$\frac{U_1}{U_2}\approx\frac{W_1}{W_2}=K$$

原理：当电压 U_2 较高时，应增大变比 K，即增大 W_1；当电压 U_2 较低时，应减小变比 K，即减小 W_1，使 U_2 接近于额定值工作。

2. 合理减小系统阻抗

增大导线、电缆的截面；用电缆代替架空线；尽量减少变压级数。

3. 合理改变系统的运行方式

昼夜负荷变化较大：负荷大时采用 2 台变压器，防止电压过低；负荷小时采用1 台变压器，防止电压过高。

4. 使三相负荷平衡

三相负荷不平衡时，将产生不平衡电压，中性点不接地系统还会产生中性点位移，造成三相电压的不平衡，增大线路的电压偏移。

5. 采用无功功率补偿装置

当负荷的无功功率增加时，线路的总电流增加，线路的电压损失增大，从而增大负荷端的电压偏移。采用无功功率补偿装置，可减小从系统中取用的无功功率，也可减小电压偏移。

第五节　电力系统的接地

接地作为一项措施，起源于强电技术，因为强电电压高、容量大，容易危及人身和设备的安全。因此，从安全的角度考虑，电气设备的外壳、底盘、机座都应与大地良好地连接成等电位，从而在故障状态下能确保人身和设备的安全。很多人对接地认识存在误区，如措施不善，可能造成事故。在日常工作中，因接地问题造成的电击火灾事故也多有报道。为了正确地进行接地工作，首先必须明确“地”和“接地”的有关概念，了解接地在防止人身遭受电击、减少财产损失和保证电力系统正常运行中的作用。

一、接地

（一）地

1. 电气地

大地是一个电阻非常低、电容量非常大的物体，拥有吸收无限电荷的能力，而且在吸收大量电荷后仍能保持电位不变，因此把它作为电气系统中的参考电位体。

2. 地电位

与大地紧密接触并形成电气接触的一个或一组导电体称为“接地极”，通常采用圆钢或角钢，也可采用铜棒或铜板。

当一根带电的导体与大地接触时，便会形成以接地点为球心的半球形“地电场”。此时，接地电流 I_d 便经导体由接地点流入大地内，并向四周呈半球形流散（见图 1-5-1）。

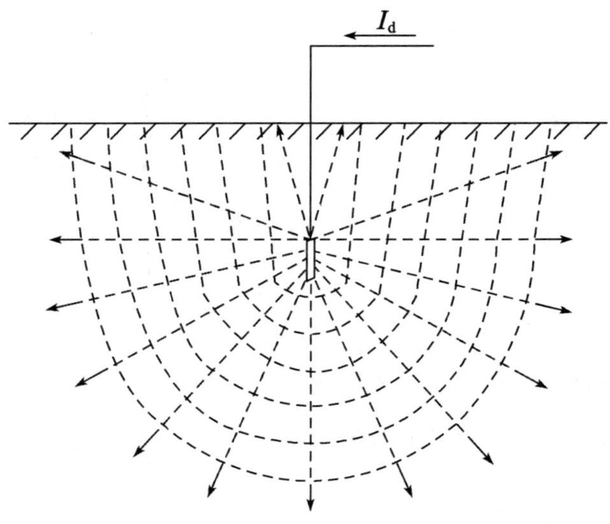

图 1-5-1 接地电流流散示意图

在大地中，因球面积与半径的平方成正比，半球形的面积将随着远离接地点而迅速增大。所以，越靠近接地点，电流通路的截面越小，电阻就越大，而相距越远，其截面越大，电阻就越小。通常在距离接地点 20 m 左右处，半球形面积已达 2500 m^2，土壤电阻已小到可以忽略不计。这就是说：可以认为在远离接地点 20 m 以外时，便不再会产生电压降 U_d，即实际上已是“零电位”了。

当设备发生接地故障时，以接地点为中心的大地表面约 20 m 半径的圆形范围内，形成了一个电位分布区。当人体处在这一范围内，同时接触该故障的外壳（或构架）时，人体所承受的电位差，便称为“接触电压”（U_c）。显然其大小与设备（或接触设备外壳的人体立地点）离接地点的远近有关，离得愈近接触电压就愈小，愈远愈大（见图 1-5-2）。

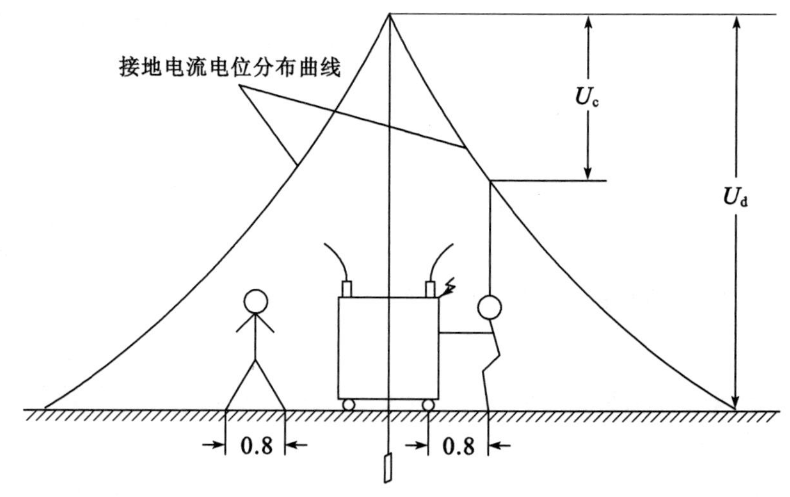

图 1-5-2 接地电位分布曲线

（二）接地

将电力系统或电气装置的某一部分经接地线连接到接地极称为“接地”，连接到接地极的导线称为“接地线”，接地极与接地线合称为“接地装置”。若干接地体在大地中互相连接则组成接地网，接地线又可分为接地干线和接地支线。按规定，接地干线应采用不少于两根导体在不同地点与接地网连接。电力系统中接地的点一般是中性点。电气装置的接地部分为外露导电部分。它是电气装置中能被触及的导电部分，包括设备外壳，如水、暖气、煤气、空调的金属管道以及建筑物的金属结构，正常时不带电，故障情况下可能带电。

（三）接地电流和接地短路电流

1. 接地电流

凡从带电体流入地下的电流即为接地电流，有正常接地电流与故障接地电流之分。

正常接地电流指正常工作时，通过接地装置流入地下，借用大地形成回路的电流；故障接地电流指系统发生故障时出现的接地电流。

2. 接地短路电流

若系统接地而导致系统发生短路，这时的故障接地电流便叫作“接地短路电流”。在高压系统中，接地短路电流可能会很大，因此规定：凡接地短路电流在 500 A 以下称为“小接地短路电流系统”，500 A 以上则称为“大接地短路电流系统”。

二、作用及类型

接地的作用主要是防止人身遭受电击、防止设备和线路遭受损坏、预防火灾、防止雷击、防止静电损害和保障电力系统正常运行。接地一般分为保护性接地和功能性接地。

（一）保护性接地

保护性接地分为防电击接地、防雷接地、防静电接地、防电蚀接地等。

1. 防电击接地

防电击接地是指将电气设备在正常情况下不带电的金属部分与接地极之间作良好的金属连接来保护人体安全的一种措施。对于有接地装置的电气设备，当绝缘损坏、外壳带电时，接地电流将同时沿着接地极和人体两条通路流过。流过每条通路的电流值将与其电阻的大小成反比，接地极电阻越小，流经人体的电流也就越小。当接地电阻极小时，流经人体的电流趋近于零，因此可避免人体触电的危险。所以无论任何情况，都应保证接地电阻不大于设计或规程中规定的接地电阻值。这种接地还可以限制线路涌流或低压线路及设备由高压窜入而引起的高电压。

实际上，我们通常所说和应用得最多的接地就是保护性接地中的防电击接地，这是为保证人身安全而采取的一种用电安全措施，也是狭义的保护接地，原来常称的保护接零就是保护接地最常用的一种。

2. 防雷接地

防雷接地作为防雷措施的一部分，其作用是把雷电流引入大地，实际上就是“引雷接地”，是为了消除过电压危险影响而设置的接地，如避雷针、避雷线和避雷器的接地。防雷接地只是在雷电冲击的作用下才会有电流流过，流过防雷接地电极的雷电流幅值可达数十至上百千安培，但是持续时间很短。

建筑物和电气设备的防雷主要是用避雷器（包括避雷针、避雷带、避雷网和消雷装置等）的一端与被保护设备相接，另一端连接地装置。当发生直击雷时，避雷器将雷电引向自身，雷电流经过其引下线和接地装置进入大地。此外，由于雷电可能引起静电感应副效应，为了防止造成间接损害，如房屋起火或触电等，通常也要将建筑物内的金属设备、金属管道和钢筋结构等接地；雷电波会沿着低压架空线、电视天线侵入房屋，引起屋内电工设备的绝缘击穿，从而造成火灾或人身触电伤亡事故，所以还要将线路上和进屋前的绝缘瓷瓶铁脚接地。

3. 防静电接地

防静电接地是指为防止静电危害影响并将其泄放，消除静电对人身和设备产生危害而进行的接地，如某些液体或气体的金属输送管道或车辆的接地和计算机机房的接地等，是静电防护中最重要的一环。

4. 防电蚀接地

防电蚀接地是地下埋设金属体作为牺牲阳极或阴极，防止电缆、金属管道等受到电蚀的一种措施。

（二）功能性接地

功能性接地分为工作接地、逻辑接地、屏蔽接地、信号接地等。

1. 工作接地

工作接地也叫“系统接地”，是根据电力系统正常运行方式的需要而将网络的某一点接地。例如将三相系统的中性点接地，其作用为稳定电网对地电位，从而可使对地绝缘降低，还可以使对地绝缘闪络或击穿时容易查出，以及有利于实施继电保护措施。

2. 逻辑接地

为了确保有稳定的参考电位，将电子设备中的适当金属件作为“逻辑接地”，一般采用金属底板作逻辑接地。常将逻辑接地及其他模拟信号系统的接地称为“直流接地”。

3. 屏蔽接地

屏蔽接地是为了防止电气设备因受电磁干扰，而影响其工作或对其他设备造成电磁干扰的设备接地，如各种高频电子设备的金属外壳接地等。它是消除电磁场对人体危害的有效措施，也是防止电磁干扰的有效措施。

4. 信号接地

信号接地是为保证信号具有稳定的基准电位而设置的接地，如监测漏电流的接地，阻抗测量电桥和电晕放电损耗测量等电气参数测量的接地。

三、形式

（一）概念

接地并不仅指将导体连入大地，而是由接地系统组成的，是系统、装置或设备的接地所包含的所有电气连接和器件。接地一般包括两部分。

1. 接地极

接地极指埋入土壤或特定的导电介质中、与大地有电接触的可导电部分。一般需要使用较大规模的接地网来达到接地电阻的要求。接地网是接地极及其相互连接部分。接地网多数为水平接地网，即以水平接地极为主的接地网。

2. 接地导体（线）

接地导体（线）指在系统、装置或设备的给定点与接地极或接地网之间提供导电通路或部分导电通路的导体（线）。

接地导体（线）和接地极的总和也称为“接地装置”。

（二）高压系统的接地形式

1. 直接接地系统

直接接地系统指变压器或发电机的中性点（包括人工中性点）直接与接地装置相连。当发生单相接地短路时，接地电流很大，又称为“大电流接地方式”。

2. 不接地系统

不接地系统指变压器或发电机的中性点（包括人工中性点）不与接地装置相连。

3. 低电阻接地系统

低电阻接地系统指系统中至少有一根导线或一点经过低电阻接地，系统等值零序电阻不小于 2 倍系统等值零序感抗。

4. 高电阻接地系统

高电阻接地系统指系统中至少有一根导线或一点经过高电阻接地，系统等值零序电阻不大于系统单相对地分布容抗，且系统接地故障电流小于 10 A。

5. 谐振接地系统

谐振接地系统指系统中至少有一根导线或一点经过电感接地，用以补偿系统单相对地故障电流的容性分量。

（三）低压系统的接地形式

1. IT 系统

IT 系统指电源与地绝缘或通过阻抗接地，而装置的外露导电部分直接接地的系统，如图 1-5-3 所示。它主要用于不接地电网。

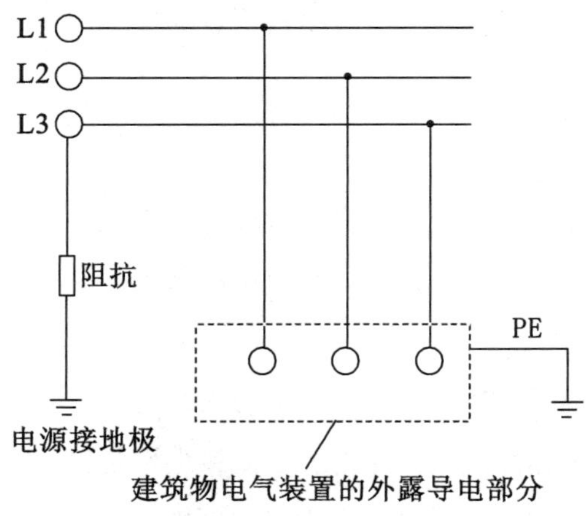

图 1-5-3　IT 系统示意图

2. TT 系统

TT 系统指电源中有一点（通常是中性点）直接接地，装置的外露导电部分接至电气上、与电源接地点无关的接地极的系统，如图 1-5-4 所示。它主要用于接地的配电网。

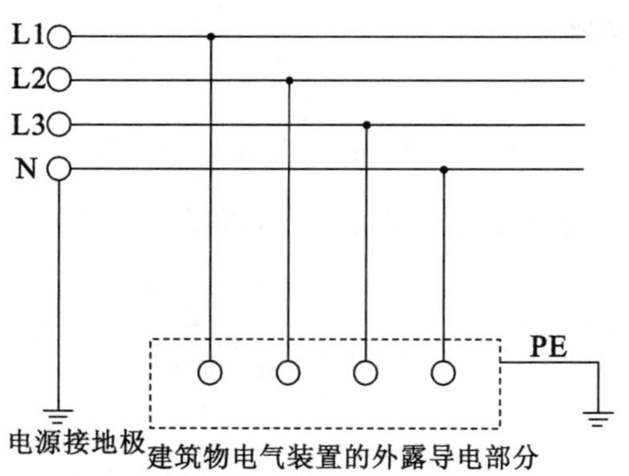

图 1-5-4　TT 系统示意图

3. TN 系统

TN 系统指电源中有一点（通常是中性点）直接接地，负荷侧的电气装置的外露导电部分通过保护线（即 PE 线，包括 PEN 线）与该接地点连接的系统，即保护接零系统。按照中性线（N 线）与保护线的组合情况，TN 系统又分为 3 种形式。

（1）TN-S 系统：整个系统的保护线 PE 与中性线 N 是分开的，如图 1-5-5 所示。

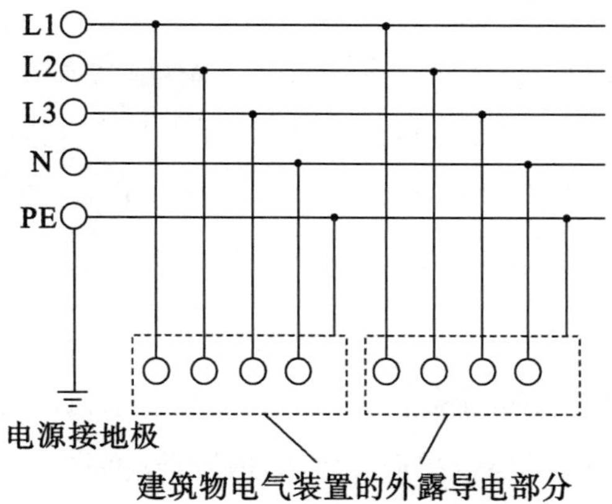

图 1-5-5　TN-S 系统示意图

（2）TN-C 系统：整个系统的保护线与中性线是合一的，如图 1-5-6 所示。

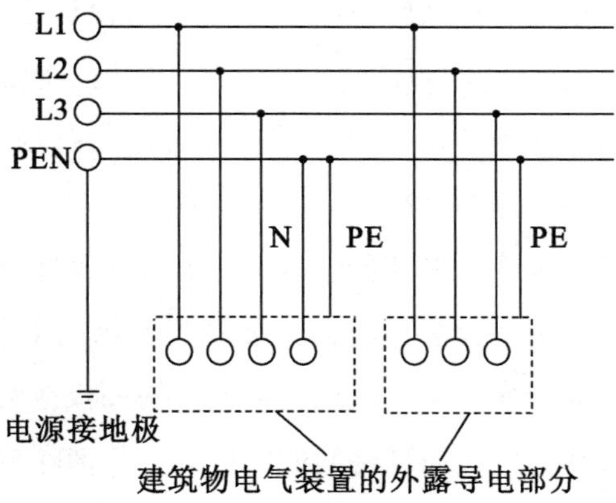

图 1-5-6　TN-C 系统示意图

（3）TN-C-S 系统：系统中有一部分保护线与中性线是合一的，如图 1-5-7 所示。

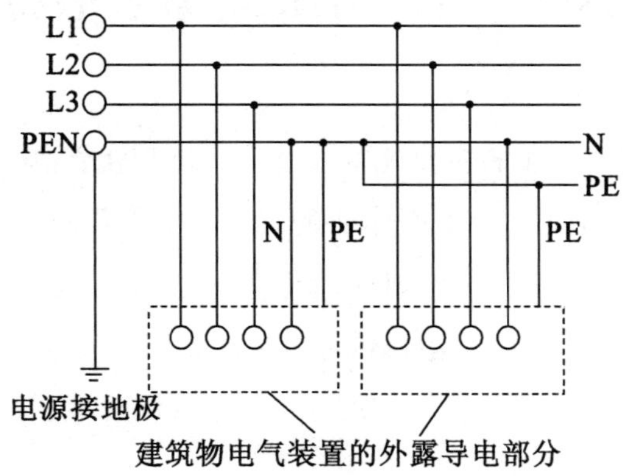

图 1-5-7　TN-C-S 系统示意图

（四）规范中接地网接地电阻的变化

原规范规定变电站接地网的接地电阻应小于 1 Ω，《交流电气装置的接地设计规范》（GB/T 50065—2011）4.2 条规定，根据人身安全保护需要，有效接地系统和低电阻接地系统的接地电阻应符合 $R \leqslant 2000/I_G$，很多时候是小于 1 Ω 的。不接地、谐振接地和高电阻接地系统的接地电阻应符合 $R \leqslant 120/I_G$，但不应大于 4 Ω。

四、等电位连接

在电气安全技术不断发展和更新的进程中，人们注意到，大量电气事故是由过大的电位差引起的。为预防过大的电位差而导致的种种电气事故，自 20 世纪 60 年代起，国际上推广等电位连接安全技术的应用，新建建筑物中基本上都采用了等电位连接。

我国逐渐重视等电位连接的作用，在国家规范 GB 16895 中完全同步地采用国际电工委员会标准 IEC 60364 中的条款，对等电位连接作了明确规定。

等电位连接分为总等电位连接（MEB）和局部等电位连接（LEB）。国家建筑标准设计图集《等电位联结安装》（02D501-2）对建筑物等电位连接的具体做法作了详细介绍。它对用电安全、防雷以及电子信息设备的正常工作和安全使用，都是十分必要的。根据理论分析，等电位连接作用范围越小，电气上越安全。

总等电位连接不是简单地将接地部分连接，它的做法是通过每一进线配电箱近旁的总等电位连接母排将下列导电部分互相连通：进线配电箱的 PE（PEN）母排，公用设施的上下水、热力、煤气等金属管道，建筑物金属结构和接地引出线。它的作用在于降低建筑物内间接接触电压和不同金属部件间的电位差，并消除自建筑物外经电气线路和各种金属管道引入的危险故障电压的危害。

第六节　港口供配电系统的特点

电能是现代港口生产作业的主要能源和动力，港口生产作业 80%以上的任务靠电能实现。可以说，变电所是港口生产作业的“动力心脏”，输电线是港口生产作业的“动力血管”。电能从地方电网进入港口后，港口中的供配电系统担负着对引入电能进行变换、传输、控制、分配等任务。港口供配电系统的核心部分是入口枢纽变电站，加上各级变电所、供配电线路和用电设备，就构成了港口供配电系统。其既有变电和输电，又有控制和配电。

为港口生产建设提供安全、可靠、优质、经济的供电保障服务是港口供配电管理单位的职责所在，而港口因自身及生产作业的特殊性，其供配电系统又有其独特性。

一、主要特点

（一）供电可靠性要求高

港口生产作业任务繁忙，皮带流程性生产作业较多，一旦停电，不仅会造成生产全线停滞、清料费时，也可能会造成涨潮船机碰撞的恶性事故。多数沿海港口外贸进出口业务多，有较多外轮停靠作业，停电影响很大；有的港口具有客滚船航班，停电甚至会造成不良的国际影响。

（二）区域分散，面积大

港口占地面积大，用电负荷比较分散，作业设备遍布各港区泊位和堆场，不像工厂用电负荷那么集中。

（三）用电负荷性质复杂

港口用电负荷多样、性质复杂，有皮带流程性设备，也有起重运输设备。大量的门座起重机作业时间、停转时间、空转时间相互交替，为反复使用、短时间工作制的用电设备类型，其负荷波动变化很大，对电网冲击大。为此，就需要加大变压器容量，而这造成主变压器负载率不高。

自动化码头由流程性用电设备组成，如装船机、卸船机、堆取料机、翻车机、皮带运输机、油码头输油泵、粮食码头吸粮机、集装箱岸桥和场桥等。这些用电设备的负荷仅在启动瞬间冲击较大，一旦运转起来就比较稳定。

（四）高压直供作业设备多

由于大型专业化码头用电设备单机容量比较大，现 6 kV、10 kV 直供高压皮带机、高压门机的情况较多。

（五）照明设备较多

港口需要连续 24 h 作业，码头、堆场需要安装数量充足的场地照明设施以保证作业需要，所以港口夜间作业照明功率比较大。

（六）环境较恶劣

港口环境较恶劣，盐雾多、潮气大、粉尘较多，变电站设计、设备运行应考虑密封防尘，供配电设备应采用室内防盐雾、防潮气型。

二、港口供配电方式

（一）港口用电负荷等级

根据港口的规模、影响、性质，港口用电负荷等级可以划分为一级、二级等，当然，划分标准与区域的电力供应情况也有着很大的关联。

（二）电源引接和供电布局

港口供配电系统从区域电力网引接，再通过降压，分配至各用电场所。

对于部分大型港口，会在地区电力网中以 110 kV 或者 35 kV 电压等级引入电源，在各用电负荷中心设区域入口枢纽变电站，实现降压和分配电能的目的，一般降为 6 kV或 10 kV，并以此为中心辐射至各末端变配电所，从而引至各作业用电设备。这类港口供配电系统由地区电力网、区域入口枢纽变电站、港区配电线路、前沿变电所、低压配电系统等构成。

对于较为分散的大型港口和中型港口，不会设区域枢纽入口变电站，直接以 6 kV 或 10 kV 电压等级就近从地区配电网中引接。这种变电所比较分散，不便于统一管理。这类港口供配电系统由地区电力网、前沿变电所、低压配电系统等构成。

（三）供配电接线方式

港口供配电系统可靠性要求高，入口电站一般采用双电源供电。各区域供配电变电所一般采用两回进线方式，单母线分段、两台主变压器运行，两回进线和两台变压器均能够实现互为备用的供电方式，供电可靠性较高。重要场所或区域宜考虑从两个方向获得电源，形成环形供电网络。配网线路实现环网供电后，大大改善了单电源供电缺陷，实现了支干线互联供电，最大优势在于将用电负荷进行了合理分配，缩短了供电半径，全面提升了用户端电压质量。而且当线路的某一部分出现故障时，可以及时隔离故障部位，设法从两侧开关向负荷正常供电，这样可避免电网发生大面积停电事故，缩短故障抢修时间，减少停电损失。在港口生产中，重要低压负荷如通关道口、交通闸口等也宜考虑采用环形供电网络方式。特别重要场所宜考虑配置发电机及不间断电源（UPS）作为保安电源，条件允许的话可采用快速自启动的应急型发动机。

（四）供配电线路

从地区电力网引接的电源线路一般采用架空线路或电缆。因港区大型流动机械、车辆较多，环境较恶劣，高低压配电线路一般采用电缆。对于敷设方式，根据泊位、场地、设备、作业和环境不同，一般采取直埋敷设，沿电缆沟敷设，沿电缆桥架、机械走廊道敷设，沿着保护管敷设等。

第二章　电气主接线

第一节　基本要求及类别

一、电气主接线

电气主接线主要是指在发电厂、变电所、电力系统中，为满足预定的功率传送和运行等要求而设计的，表明高压电气设备之间相互连接关系的传送电能的电路。

主接线图是由发电机、变压器、断路器、隔离开关、互感器、母线和电缆等电气设备按一定顺序连接的，用以表示产生、汇集和分配电能的电路图，一般以单线图表示。

二、变电所主接线方案的设计原则与要求

变电所的主接线应根据变电所在供电系统中的地位、进出线回路数、设备特点及负荷性质等条件确定，并应满足安全、可靠、优质和经济等要求。基本要求如下：

（一）具有运行的可靠性

断路器检修时是否影响供电；设备和线路故障检修时，停电数目的多少和停电时间的长短，以及能否保证对重要用户的供电。

（二）具有一定的灵活性

主接线正常运行时可以根据调度的要求灵活改变运行方式，以达到调度的目的，而且在各种事故或设备检修时，能尽快地退出设备。切除故障停电时间最短、影响范围最小，并且在检修时可以保证检修人员的安全。

（三）操作尽可能简单、方便

主接线应简单清晰、操作方便，尽可能使操作步骤简单，便于运行人员掌握。复杂的接线不仅不便于操作，还往往会因运行人员的误操作而发生事故。但接线过于简单，可能又不能满足运行方式的需要，而且也会给运行造成不便或不必要的停电。

（四）具有经济上的合理性

主接线在保证安全可靠、操作灵活方便的基础上，还应使投资和年运行费用最少，占地面积最小，使其尽可能地发挥经济效益。

（五）具有扩建的可能性

由于我国经济高速增长，电力负荷增加很快，因此，在选择主接线时还要考虑具有

扩建的可能性。

主接线方案的确定与电力系统及变电所运行的可靠性、灵活性和经济性密切相关，并对电气设备选择、配电装置布置、继电保护和控制方式的拟定有较大的影响。因此，进行主接线设计时必须正确处理好各方面的关系，全面分析论证，并通过技术、经济指标比较，确定变电站主接线的最佳方案。

三、变电所主接线方案的技术、经济指标

（一）主接线方案的技术指标

1. 供电的安全性

主接线方案在确保运行维护和检修安全方面的情况。

2. 供电的可靠性

主接线方案应与供电负荷的可靠性要求相匹配。

3. 供电的电能质量

供电的电能质量是指电压质量，包括电压偏差、电压波动及高次谐波等方面的情况。

4. 运行的灵活性

运行的灵活性是指运行维护时的方便性和对变电所今后增容扩建的适应性。

（二）主接线方案的经济指标

1. 线路和设备的综合投资额

线路和设备的综合投资额包括线路和设备本身的价格、运输费、管理费、基建安装费等，可按当地电气安装部门的规定计算。

2. 变配电系统的年运行费

变配电系统的年运行费包括线路和设备的折旧费、维修管理费和电能损耗费等。

3. 供电贴费（系统增容费）

有些地方规定，申请用电时用户必须向供电部门一次性地缴纳供电贴费。

4. 线路的有色金属消耗费

线路的有色金属消耗费指导线和有色金属（铜、铝）耗用的费用。

四、基本类别

中高压配电装置的主接线分为两种。

（一）有汇流母线的接线

该类接线包括单母线接线、单母线分段接线、双母线接线、双母线分段接线、增设旁路母线或旁路隔离开关的接线。

（二）无汇流母线的接线

该类接线包括线路变压器组接线、桥形接线（内桥形接线和外桥形接线）、3～5 角形接线、一台半断路器接线。

第二节 港口供配电系统主接线

一、单母线接线

（一）概念

母线是汇集、分配和传送电能的金属导体，又称“汇流排”。

单母线接线是由线路、变压器回路和一组母线所组成的电气主接线。当进线和出线回路数不止一回时，为适应负荷变化和设备检修的需要，使每一回路引出线均能从任一电源取得电能，或者任一电源被切除时，仍能保证供电，在引出回路和电源回路之间，用母线连接。单母线接线的接线特点是只有一组母线，所有电源及出线均通过断路器和隔离开关连接在该母线上（见图 2-2-1）。

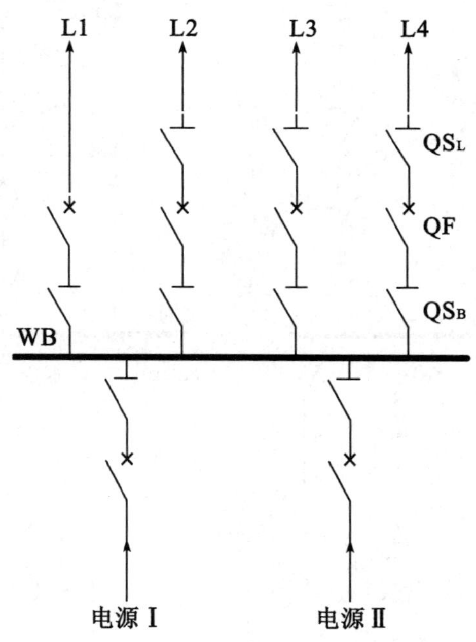

图 2-2-1 单母线接线

在单母线接线中，各回路都装有一台断路器。

（二）优点

接线简单清晰，设备少，操作方便，便于扩建和采用成套配电装置。

（三）缺点

不够灵活可靠，任一元件故障或检修，均需使整个配电装置停电。单母线可用隔离开关分段，但当一段母线出现故障时，全部回路仍需短时停电，在用隔离开关将存在故障的母线段分开后才能恢复非故障段的供电。

（四）适用范围

用于不太重要的变电所，只有一回电源进线。

二、单母线分段接线

（一）概念

单母线分段接线是采用隔离开关或断路器将单母线分段的电气主接线。当进、出线回路数较多时，采用单母线接线已经无法满足供电可靠性的要求，为了提高供电可靠性，把故障和检修造成的影响限制在一定的范围内，可采用隔离开关或断路器将单母线分段。

如图 2-2-2 所示，设置分段断路器将母线分成两段，各段母线为单母线结构，以提高可靠性和灵活性。当可靠性要求不高时，也可以利用分段隔离开关进行分段。

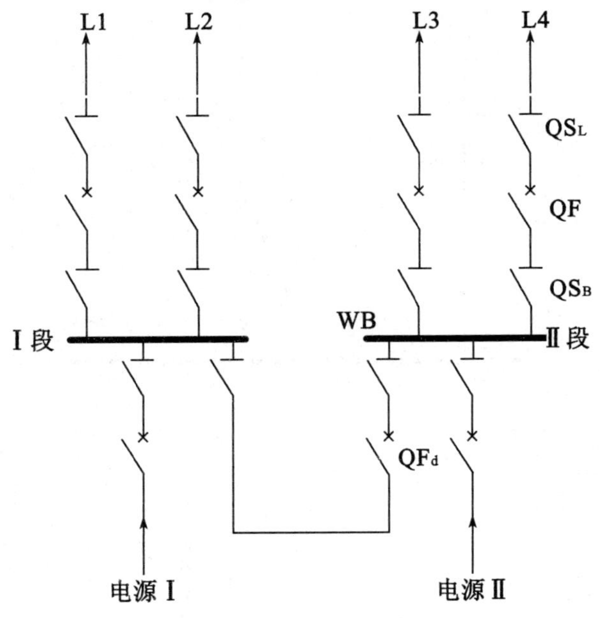

图 2-2-2　单母线分段接线

1. 采用隔离开关将母线分段

若任一段母线（Ⅰ段或Ⅱ段）及其母线隔离开关停电检修，可以先断开分段隔离开关，使另一段母线的工作不受影响。但当分段隔离开关投入使用时，在两段母线同时运行期间，若任一段母线发生故障，仍将造成整个配电装置停电。只有等保护跳闸，再用分段隔离开关将故障段母线隔开后，才能恢复非故障段母线的运行。

2. 采用分段断路器将母线分段

当断路器闭合后，任一段母线发生故障，在继电保护装置的作用下，母线分段断路器和连接在故障段母线上的电源回路的断路器均相继断开，从而可以保证非故障段母线的不间断供电。用断路器将母线分段后，可满足采用双回线路供电的重要用户供电可靠性要求。若某电力用户采用双回路供电，每回线路可分别连接到母线的分段Ⅰ和分段Ⅱ上，并且每回线路的传输容量按该电力用户的满负荷计算。这样，当任一段母线故障停运，该电力用户均可以从另一段母线上获得电能，从而保证了对重要用户的连续供电。

在正常情况下检修母线时，可通过分段断路器将待检修母线段与另一段母线断开，而不中断另一段母线的正常运行。因此，采用断路器分段的单母线连接比不分段的单母线接线和采用隔离开关分段的单母线接线具有更高的可靠性。

（二）优点

（1）两母线段可以分列运行，也可以并列运行。

（2）重要用户可用双回路接于不同母线段，保证不间断供电；当一段母线发生故障时，分段断路器自动将故障段切除，保证正常段母线不间断供电和不致使重要用户停电。

（3）任意母线或隔离开关检修，只停该段，其余段可继续供电，减少了停电范围。

（三）缺点

（1）分段的单母线增加了分段部分的投资和占地面积。

（2）某段母线出现故障或检修时，仍有停电情况。

（3）某回路断路器检修时，该回路停电。

（4）扩建时需向两端均衡扩建。

三、线路变压器组接线

（一）概念

线路变压器组接线就是将线路和变压器直接相连的接线，是一种最简单的接线方式。其特点是设备少、投资省、操作简便、宜于扩建，但灵活性和可靠性较差（见图 2-2-3）。

在变电站只有一路进线与一台变压器而且再无发展的情况下，一般采用线路变压器组接线。

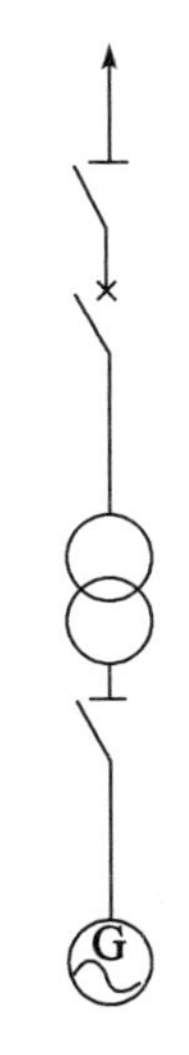

图 2-2-3　线路变压器组接线

（二）优点

接线最简单、设备最少。由于接线的简化，减少了所接电器的数量，因而减少了出现故障的可能性，从而提高了工作的可靠性。同时，也简化了配电装置的结构，节约了建设投资，减少了占地面积。

（三）缺点

当线路出现故障或检修时，变压器停运；当变压器出现故障或检修时，线路停运。

四、桥形接线

桥形接线是由一台断路器和两组隔离开关组成连接桥，将两回线路变压器组横向连接起来的电气主接线。

两回线路变压器组相连，接成桥形接线，分为内桥与外桥两种接线，是长期开环运行的四角形接线。

桥电路连接在变压器出口处隔离开关内侧（靠近变压器）的称为“内桥接线”（见图 2-2-4）。桥电路连接在线路出口处隔离开关外侧（靠近进线）的称为“外桥接线（见图 2-2-5）。

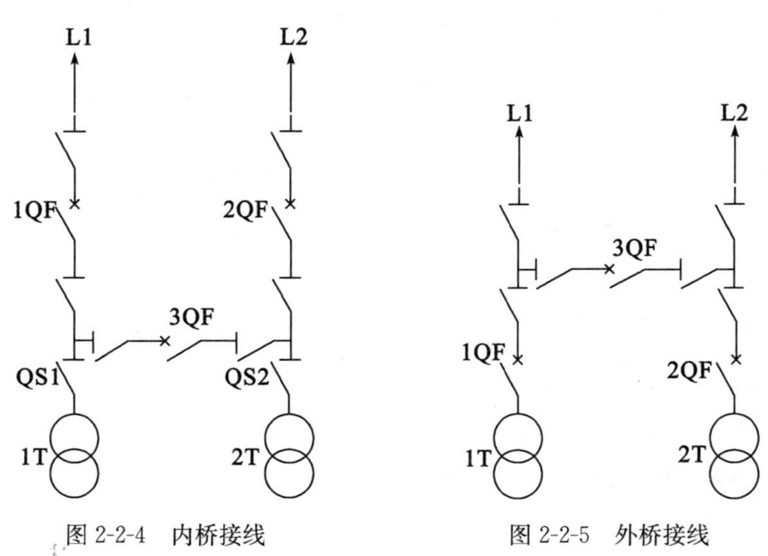

图 2-2-4　内桥接线　　　图 2-2-5　外桥接线

（一）内桥接线

内桥接线的任一线路投入、断开、检修或出现故障时，都不会影响其他回路的正常运行。但当变压器投入、断开、检修或出现故障时，需动作两台断路器，会影响一回线路的正常运行。由于变压器运行可靠，而且不需要经常进行投入和断开，因此内桥接线的应用较广泛。

（二）外桥接线

外桥接线的变压器投入、断开、检修或出现故障时，不会影响其他回路的正常运行。但当线路投入、断开、检修或出现故障时，需动作两台断路器，会影响一台变压器的正常运行。因此，外桥接线仅适用于变压器（按照经济运行需要）需要经常投入或断开的情况。此外，当线路上有较大的穿越功率时，为避免穿越功率通过多台断路器，通常也采用外桥接线。

第三节　港口电力线路接线供电方式

港口电力线路有放射式、树干式和环网式等基本接线供电方式。

一、放射式供电

放射式供电是供电引入点设置在中间，而负载遍布在周围的方式。这种方式下的电力引入点在中心部位，向四周放射供电。配电系统采用放射式则供电可靠性高，控制灵活，易于实现集中控制，各条线路之间互不影响，便于装设自动装置，保护装置也较简单，但线路和高压开关柜数量多。

图 2-3-1 为单回路放射式供电接线，它由从总降压变电所（或配电所）6（10）kV 母线上引出的每一条线路直接向用电负荷配电，沿线不接其他负荷，且各负荷之间无联系。

对重要的生产负荷，为提高供电可靠性，可采用如图 2-3-2 所示的双回路放射式线路配电。

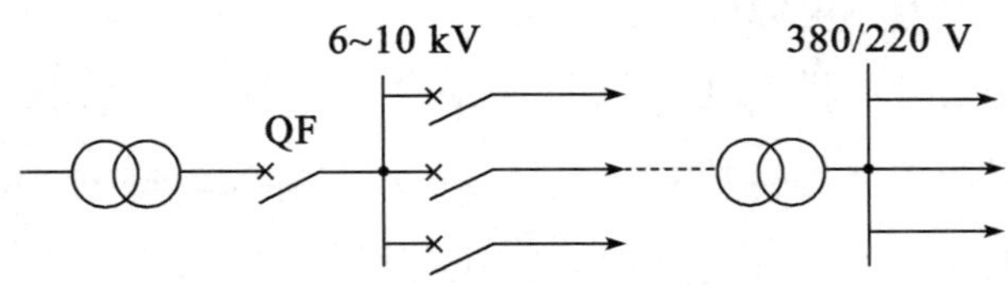

图 2-3-1　单回路放射式供电

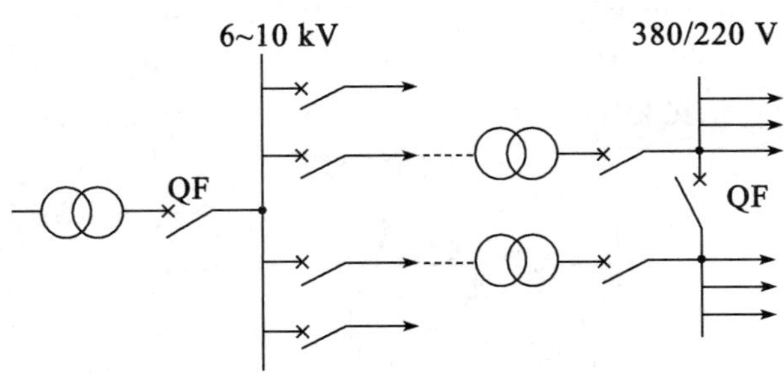

图 2-3-2　双回路放射式供电

当任一条线路出现故障或检修时，另一条线路可继续供电。这种接线方式适用于由入口电站向各变电所配电。

二、树干式供电

树干式供电是直线供电，是多个负荷由一条干线供电的方式。其优点是开关设备及有色金属消耗少，采用的高压开关数量少，比较经济。缺点是当干线出现故障时，停电范围大，供电可靠性低，且在实现自动化方面适应性较差。因此一般很少采用树干式供电，往往采用混合式供电以缩小停电范围。

树干式供电一般用于供电容量较小而分布较均匀的低压用电设备。

图 2-3-3 为直接树干式接线，该接线方式的供电可靠性较差。

为了提高树干式的供电可靠性，可采用如图 2-3-4 所示的链串型树干式接线方式。

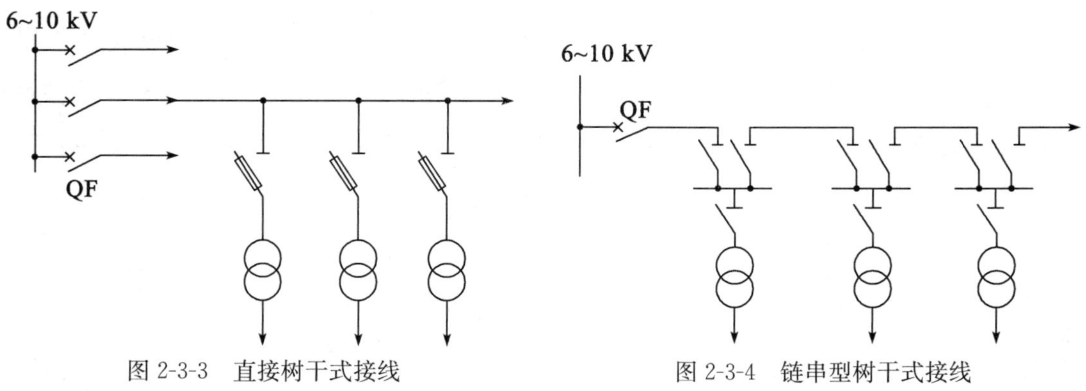

图 2-3-3　直接树干式接线　　图 2-3-4　链串型树干式接线

三、环网式供电

环网式供电是采用双侧电源或者双供电回路的供电方式，实际上是两端供电的树干式供电。它除了一个正常的供电电源或供电回路外，还有一个备用电源或者备用供电回路，随时都可以通过简单地切换控制开关，使备用电源投入供电（见图 2-3-5）。因而，使供电等级标准提高了一个级别。同时，它还可以使故障电源、配电负荷或者配电线路，通过简单的切换而有效地切除在所属供电回路以外，进行隔离检修，待修复后再恢复正常供电，从而使故障停电的涉及范围缩小到最低程度。

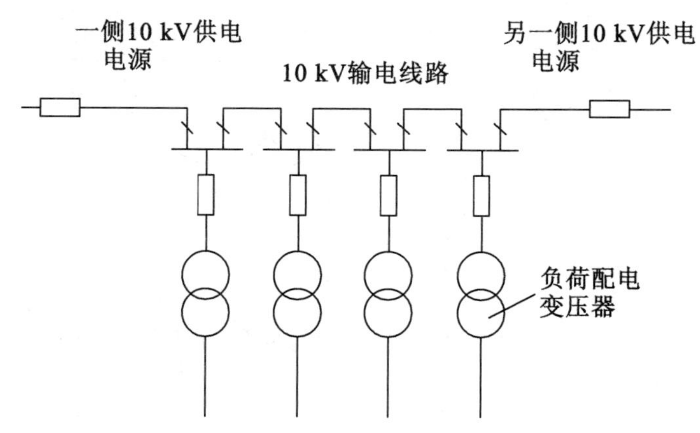

图 2-3-5　环网式供电

环网式供电的突出特点是运行灵活、供电可靠性高，任一段线路出现故障或检修时，都不致造成供电中断，或暂时停电，一旦切换电源的操作完成，就能恢复供电，但是消耗有色金属较多。为了避免环形线路上出现故障时影响整个电网，也为了便于实现线路保护的选择性，大多数环形线路都采用“开口”运行方式，即环网式供电中有一处开关是断开的。

但是环网式供电系统的保护装置及其整定配合相当复杂，如配合不当，容易发生误动作，反而扩大故障停电的涉及范围。

第三章　电力变压器

第一节　概述

一、发展历史

1882年，高纳德和吉伯斯发明的交流供电系统在英国获得专利，他们使用一种“第二发电机”（具有开口铁芯，是变压器的前身）的设备来升高和降低电压。

1884年，德利、伯拉锡、济拍劳斯基在匈牙利制造了一台单相、容量为1400 VA、电压比为120/70的变电设备，这是世界上第一台闭合铁芯、在铁芯外有绕组的变压器，并且他们在申请专利的时候首次使用了“变压器”一词。

1890年，德国通用电气公司（AEG）发明了三相变压器。

最早用于变压器铁芯的材料是易于磁化和退磁的软熟铁。为了克服磁回路中由周期性磁化所产生的磁阻损失和铁芯由于受交变磁通切割而产生的涡流，变压器铁芯由铁线束制成，而不是由整块铁构成。

世界上第一台变压器的铁芯由于采用碳素钢，从而导致变压器的体积过大、质量大，不能用于实际。因为这种碳素钢铁芯变压器的导磁率低，磁感应强度 B 偏小，导致变压器一次线圈和二次线圈匝数过多，一次、二次线圈轴向和幅向尺寸偏大。

1904年，在欧洲有人发现往碳素钢里加入0.8%～4%的硅元素，可大大降低磁路损耗，增大导磁率，且使电阻率增大，涡流损耗降低，这是变压器工业史上的大变革。因是向碳素钢铁芯里加入少量硅元素，故人们把这种新铁芯材料叫作“硅钢片”。自从有了硅钢片后，变压器的体积和质量大大下降，磁感应强度 B 大大提高，最高可达到19000 GS。

S11是目前推广应用的低损耗变压器。S11型变压器卷铁芯改变了传统的叠片式铁芯结构，硅钢片连续卷制，铁芯无接缝，大大减少了磁阻，空载电流减少了60%～80%，提高了功率因数，降低了电网线损，改善了电网的供电品质。连续卷绕充分利用了硅钢片的取向性，空载损耗降低20%～35%。运行时的噪声水平降低到30～45 dB，保护了环境。非晶合金铁芯的SH系列配电变压器的空载损耗较S9系列降低75%左右，但其价格仅比S9系列平均高出30%，其负载损耗与S9系列相等。

近年来，世界各国都在积极研究、生产节能材料，变压器的铁芯材料已发展到现在最新的节能材料——非晶态磁性材料（如 2605S20），非晶合金铁芯变压器便应运而生。使用 2605S20 制作的变压器，其铁损仅为硅钢变压器的 1/5，比之前大幅度降低。

二、作用

电力变压器是一种静止的电气设备，是用来将某一数值的交流电压（电流）变成频率相同的另一种或几种数值不同的电压（电流）的设备。

电力变压器是电力系统中数量极多且地位十分重要的电气设备，是发电厂和变电所的主要设备之一。变压器的总容量是发电机总容量的 9 倍以上，其功能是将电力系统中的电能电压升高或降低，以利于电能的合理输送、分配和使用。

在电力系统中，输送同样功率的电能，电压越高，电流就越小，输电线路上的功率损耗也就越小；输电线的截面积也可以减小，这样就可以减少导线的金属用量。相反，电压越低，电流越大，输电线路上的功率损耗也就越大。

理论线路损耗计算公式为：

$$\Delta P = I^2 R$$

式中，ΔP 为损失功率，W；I 为负荷电流，A；R 为导线电阻，Ω。

变压器的作用是多方面的，不仅能升高电压把电能送到用电地区，还能把电压降低为各级使用电压，以满足用电的需要。总之，升压与降压都必须由变压器来完成。在电力系统传送电能的过程中，必然会产生电压和功率两部分损耗。在输送同一功率时，电压损耗与电压成反比，功率损耗与电压的平方成反比。利用变压器提高电压，可减少送电损失。

三、工作原理

（一）电磁感应原理

变压器由绕在同一铁芯上的两个或两个以上的线圈绕组组成，绕组之间通过交变磁场而联系着，并按电磁感应原理工作。当工作时，绕组是“电”的通路，而铁芯则是“磁”的通路，且起绕组骨架的作用。在一次侧输入电能后，因其交变故在铁芯内产生了交变的磁场（即由电能转变成磁场）；由于匝链（穿透），二次绕组的磁力线在不断地交替变化，所以感应出二次电动势，当外电路沟通时，则产生了感应电流，向外输出电能（即由磁场能又转变成电能）。这种“电—磁—电”的转化过程是建立在电磁感应原理基础上而实现的，这种能量转化过程也就是变压器的工作过程（见图 3-1-1）。

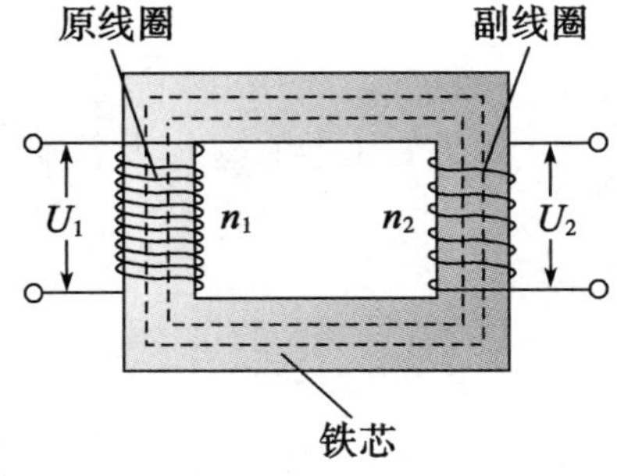

图 3-1-1　变压器电磁感应原理图

变压器通过闭合铁芯，利用互感现象实现了：

电能 ⟶ 磁场能 ⟶ 电能

（U_1、I_1） （变化的磁场） （U_2、I_2）

（二）变压器的原理模型

接交流电源的绕组称为“原绕组”或“一次绕组”，该侧通入交流电流侧，即吸收电能侧、输入电能侧，也称“一次侧”。接负载的绕组称为“副绕组”或“二次绕组”，该侧接负载侧，即输出电能侧，也称“二次侧”。

（三）工作原理

当原绕组接到交流电源时，绕组中便有交流电流流过，并在铁芯中产生与外加电压频率相同的磁通（主磁通）。这个交变磁通同时交链着原绕组和副绕组，并且在一、二次绕组中分别产生感应电动势。

试验和理论分析都表明：理想变压器原、副线圈的电压跟它们的匝数成正比。

$$\frac{U_1}{U_2}=\frac{n_1}{n_2}$$

（1）$n_2>n_1$，$U_2>U_1$，升压变压器。

（2）$n_2<n_1$，$U_2<U_1$，降压变压器。

（四）理想变压器的变压规律

原、副线圈中产生的感应电动势分别为：

$$E_1=\frac{n_1\Delta\Phi}{\Delta t}$$

$$E_2=\frac{n_2\Delta\Phi}{\Delta t}$$

$$\frac{E_1}{E_2}=\frac{n_1}{n_2}$$

二次感应电动势的高低与一、二次绕组匝数的多少有关，即电压大小与匝数成正比。

若不考虑原、副线圈的内阻有：

$$\frac{I_1}{I_2}=\frac{U_2}{U_1}=\frac{n_2}{n_1}$$

理想变压器的输入功率等于输出功率。

$$P_{入}=P_{出}$$

即

$$U_1I_1=U_2I_2$$

理想变压器原、副线圈的电流跟它们的匝数成反比。此公式只适用于有一个副线圈的变压器。

四、分类

根据用途和结构等特点，变压器可分如下几类。

（一）按用途分

电力变压器：电力系统中输配电、升降压的必要设备。

试验变压器：对电气设备进行耐压（升压）试验的设备。

仪用变压器：作为配电系统的电气测量、继电保护之用（主要指电流互感器、电压互感器，见图 3-1-2）。

特殊用途变压器：冶炼用电炉变压器、电焊变压器、电解用整流变压器、小型调压变压器等。

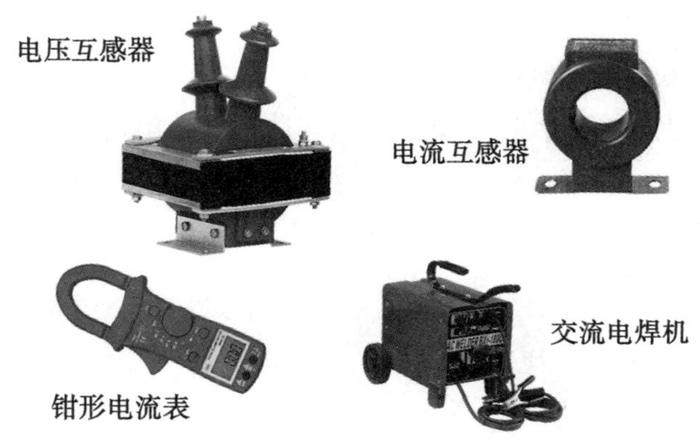

图 3-1-2　仪用变压器和电焊变压器

（二）按电压升降分

升压变压器：使电力从低压升为高压，然后经输电线路向远方输送。

降压变压器：使电力从高压降为低压，再由配电线路向近处或较近处负荷供电。

（三）按相数分

单相变压器如图 3-1-3 所示，三相变压器如图 3-1-4 所示。

图 3-1-3　单相变压器

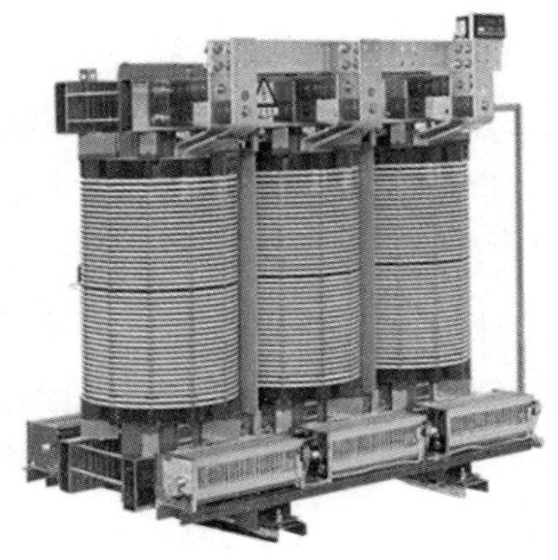

图 3-1-4　三相变压器

(四) 按绕组数量分

单绕组变压器 (为两级电压的自耦变压器)、双绕组变压器、三绕组变压器。

(五) 按绕组材料分

铜线变压器、铝线变压器。

(六) 按调压方式分

无载调压变压器、有载调压变压器 (见图3-1-5)。

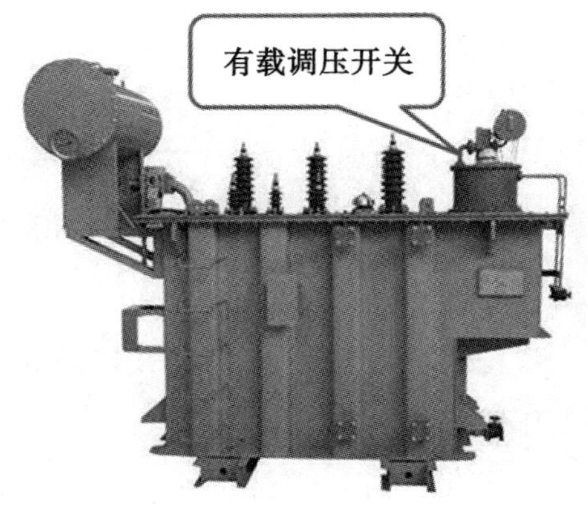

图 3-1-5　有载调压变压器

(七) 按冷却介质和冷却方式分

1. 油浸式变压器

冷却方式一般为自然冷却、风冷却 (在散热器上安装风扇)、强迫风冷却 (在前者基础上还装有潜油泵，以促进油循环)。此外，大型变压器还采用强迫油循环风冷却、强迫油循环水冷却等。

2. 干式变压器

干式变压器的绕组置于气体 (空气或六氟化硫气体) 中，或是浇注环氧树脂绝缘，目前已可制造出 110 kV 级，应用前景很广。

五、技术参数

(一) 额定容量 (S_N)

额定容量是变压器的主要参数，是一个表现功率的惯用值，表征传输电能的大小，是制造厂所规定的在额定工作状态 (即在额定电压、额定频率、额定使用条件下的工作状态) 下变压器输出的视在功率的保证值，以 kVA 或 MVA 表征。

额定容量通常指高压绕组的容量，以 S_N 表示。当对变压器施加额定电压时，根据它来确定在规定条件下不超过温升限值的额定电流。当变压器容量因冷却方式而变更时，则额定容量是指它的最大容量。

在使用变压器时必须合理地选用变压器的额定容量。当变压器空载运行时，需用较大的无功功率，这些无功功率要由供电系统供给。变压器的容量若选择得过大，不但会增加初投资，而且会使变压器长期处于空载或轻载运行，使空载损耗的比重增大，功率因数降低，网络损耗增加，这样运行既不经济又不合理；变压器的容量选择得过小，会使变压器长期过负荷，易损坏设备。因此，变压器的额定容量应根据用电负荷的需要进行选择，不宜过大或过小。

(二) 额定电流 (I_1、I_2)

变压器一、二次额定电流是指在额定电压和额定环境温度下使变压器各部分不超温的一、二次绕组长期允许通过的线电流，单位以 A 表示。

（三）额定电压（U_N）

变压器的额定电压就是各绕组的额定电压，是指额定施加的或空载时产生的电压。一次额定电压 U_{1N} 是指接到变压器一次绕组端点的额定电压值；二次额定电压 U_{2N} 是指当一次绕组所接的电压为额定值、分接开关放在额定分触头位置上，变压器空载时二次绕组的电压（单位为 V 或 kV）。三相变压器的额定电压指的均是线电压。

一般情况下，在高压绕组上抽出适当的分接头，因为高压绕组或其单独调压绕组常常套在最外面，引出分接头方便；另外，高压侧电流小，引出分接引线和分接开关的载流部分截面小，分接开关接触部分容易解决。

（四）阻抗电压（短路电压）

阻抗电压也称“短路电压”（U_z），表示变压器通过额定电流时在变压器自身阻抗上所产生的电压损耗（百分值）。

用试验求取的方法为：将变压器二次侧短路，在一次侧逐渐施加电压，当二次绕组通过额定电流时，一次绕组施加的电压 U_z 与额定电压 U_N 之比的百分数，即：

$$U_z=\frac{U_z}{U_N}\times 100\%$$

在正常运行时，阻抗电压小一些较好，因为阻抗电压过大时，会产生过大的电压降；而在变压器发生短路时，阻抗电压大一些较好，因为可以限制短路电流，否则变压器经受不住短路电流的冲击。

（五）空载电流（I_0）

变压器一次侧施加额定频率的额定电压、二次侧断开运行时称为“空载运行”。这时一次绕组中通过的电流称为“空载电流”，仅用于产生磁通，以形成平衡外施电压的反电动势，因此，空载电流可看成励磁电流。变压器容量大小、磁路结构和硅钢片的质量好坏，是决定空载电流的主要因素。

（六）空载损耗（P_0）

空载电流的有功分量 I_{0a} 为损耗电流，由电源所汲取的有功功率称为“空载损耗”。空载损耗的大小主要取决于铁芯材质的单位损耗。

（七）短路损耗（P_f）

变压器二次侧短接、一次绕组通过额定电流时变压器由电源所汲取的（亦即消耗的）功率即为短路损耗（单位为 W 或 kW）。

（八）连接组别

连接组别表示变压器各相绕组的连接方式和一、二次线电压之间的相位关系。符号顺序由左至右各代表一、二次绕组的连接方式，数字表示两个绕组的连接组号。110 kV 变压器常采用 Yn，d11 接线，（6）10 kV 变压器常采用 D，yn11 接线。在变压器的连接组别中，“Yn”表示一次侧为星形带中性线的接线，“Y”表示星形，“n”表示带中性线；“d”表示二次侧为三角形接线，“11”表示变压器二次侧的线电压 U_{ab} 滞后一次侧线电压 U_{AB} 330°（或超前 30°）。

港口电力系统中既有油浸式变压器，也有干式变压器，还有充氮密封式变压器，一般在室内安装使用。

第二节　油浸式变压器

油浸式变压器是变压器常用的一种结构形式，即变压器的线圈是浸泡在油中的。由于防火的需要，油浸式变压器一般安装在单独的变压器室内或室外，具有体积大、成本低、维修简单、散热好、过负荷能力强、适应环境广泛的特点。

一、主要组成部分及其作用

油浸式变压器外部可见部分元器件包括：铭牌、信号式温度计、吸湿器、油标、储油柜、安全气道、气体继电器、高压套管、低压套管、分接开关、油箱、放油阀门、器身、接地板和小车。

从整体结构上来说，油浸式变压器主要由器身、油箱、冷却装置、保护装置、出线装置几大部分组成。

（一）器身

器身由铁芯、绕组、绝缘结构、引线、分接开关组成。

1. 铁芯

铁芯是变压器的磁路部分，是由导磁性能很好的硅钢片叠放组成的闭合磁路。变压器的铁芯是框形闭合结构，其中套线圈的部分称“心柱”，不套线圈只起闭合磁路作用的部分称“铁轭”，变压器的原线圈和副线圈都绕在铁芯上（见图 3-2-1）。

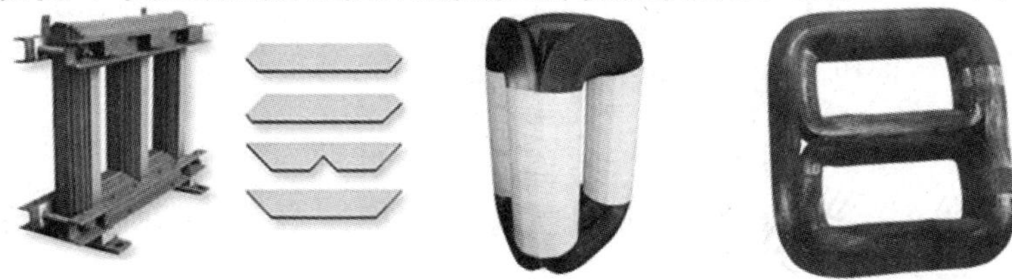

平面叠铁芯
S9、S11型变压器常用

立体卷铁芯
S13-R型变压器常用

R形卷铁芯
S11-R型变压器常用

图 3-2-1　变压器铁芯

（1）铁芯具有两个方面的功能。在原理上，铁芯构成变压器的磁路，把一次电路的电能转化为磁能，又把该磁能转化为二次电路的电能，因此，铁芯是能量传递的媒介体。在结构上，它构成变压器的骨架。在铁芯柱上套上带有绝缘的线圈，并且牢固地对它们支撑和压紧。

（2）变压器铁芯涡流的形成。当成块的金属放在变化的磁场中，或者在磁场中运动时，金属内将产生感应电流。这种电流在金属内自成闭合回路，犹如水的旋涡，故称“涡流”。由于成块金属的电阻很小，所以涡流很强，使成块金属大量发热，同时电能遭到大量的浪费（见图 3-2-2）。

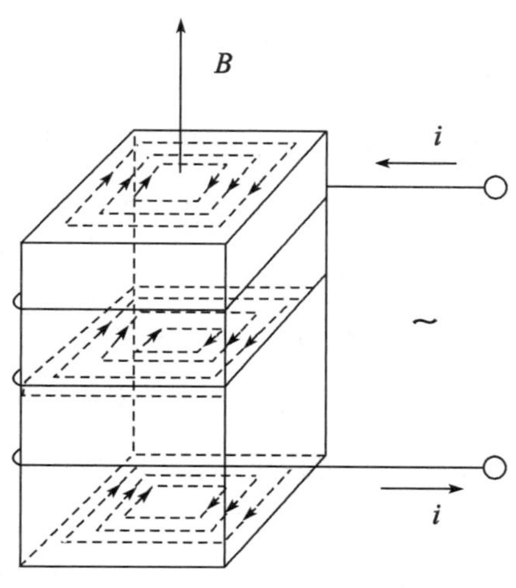

图 3-2-2　成块铁芯产生的涡流

为了减少磁滞和涡流损耗，铁芯用厚度为 0.3～0.5 mm 的硅钢片冲剪成几种不同尺寸，并在表面涂上厚为 0.01～0.13 mm 的绝缘漆，以避免片间出现短路，烘干后按一定规则叠装。

由于硅钢片比普通钢的电阻率大，因此利用硅钢片制成的铁芯可以进一步减小涡流损耗。

随着现代工艺的发展，硅钢片的厚度越来越薄，0.27 mm、0.23 mm、0.2 mm 的硅钢片开始生产并广泛应用。

2. 绕组

绕组是变压器最基本的组成部分，是用铜线或铝线绕成圆筒形的多层线圈，绕在铁芯柱上，导线外边采用纸绝缘或纱包绝缘等。它与铁芯合称“电力变压器本体”，是建立磁场和传输电能的电路部分。电力变压器绕组由高压绕组，低压绕组，对地绝缘层（主绝缘），高、低压绕组之间的绝缘件及由燕尾垫块、撑条构成的油道，高压引线，低压引线等构成。

（1）结构形式

不同容量、不同电压等级的电力变压器的绕组形式也不一样。一般电力变压器中常采用同心式和交叠式两种结构形式。

①同心式绕组。同心式绕组是把高压绕组与低压绕组套在同一个铁芯上，一般是将低压绕组套在里边，高压绕组套在外边，以便绝缘处理。但对于大容量、输出电流很大的电力变压器，其低压绕组引出线的工艺复杂，往往把低压绕组套在高压绕组的外面。同心式绕组结构简单、绕制方便，故被广泛采用。按照绕制方法的不同，同心式绕组又

可分为圆筒式、螺旋式、连续式、纠结式等几种。

②交叠式绕组。交叠式绕组又叫“交错式绕组”，是在同一个铁芯上高压绕组、低压绕组交替排列，绝缘较复杂，包扎工作量较大。它的优点是力学性能较好，引出线的布置和焊接比较方便，漏电抗较小，一般用于电压为 35 kV 及以下的电炉变压器中。

变压器高、低压绕组的排列方式是由多种因素决定的。但大多数变压器是把低压绕组布置在高压绕组的里边，这主要是从绝缘方面考虑的。在理论上，不管高压绕组和低压绕组如何布置，都能起到变压作用。但变压器的铁芯是接地的，如果将低压绕组靠近铁芯，要达到绝缘要求很容易；如果将高压绕组靠近铁芯，由于高压绕组电压很高，则要达到绝缘要求就需要使用很多的绝缘材料和保持较大的绝缘距离，这样不但增大了绕组的体积，而且浪费了绝缘材料。

另外，变压器的电压调节是靠改变高压绕组的抽头，即改变其匝数来实现的，因此，把高压绕组布置在低压绕组的外边，也较容易进行引线。

（2）换位

当变压器电流较大时，线圈的线匝由多根并联导线组成。为确保并联导线间的电流分布均匀，即并联导线的长度相等，而且与漏磁场的磁链相同，并联导线间必须对换位置，简称“换位”（见图 3-2-3）。

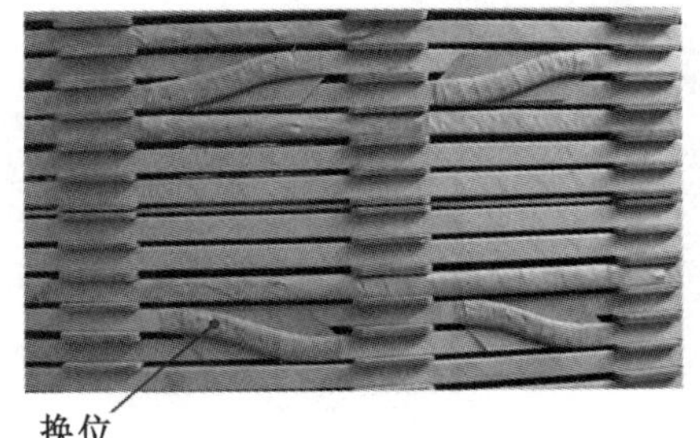

图 3-2-3 导线换位示意图

3. 分接开关

为了使电网保持稳定电压、控制电力潮流和调节负载电流，需要对变压器进行电压调整。

（1）调压原理

变压器调压是在变压器的某一绕组上设置分接头，当变换分接头时就减少或增加了一部分线匝，使带有分接头的变压器绕组的匝数减少或增加，而其他绕组的匝数没有改变，从而改变了变压器绕组的匝数比。绕组的匝数比改变了，电压比也相应改变，输出电压就改变了，这样就达到了调整电压的目的。变换分接头进行调压所采用的组件称为“分接开关”。

（2）分类

变压器调压方式有无载调压和有载调压两种，相应地，分接开关也分为无载分接开关和有载分接开关两种。

①无载调压：变压器二次侧不带负载、一次侧与电网断开，即在无电源和负载情况下调压的方式称为“无载调压”（无励磁调压）。

无载分接开关（见图 3-2-4）必须在变压器不施加电压的条件下才能变换变压器的

分接头，以改变变压器的电压比。

无载分接开关按相数可分为单相和三相两种，按调压部位可分为中性点调压、中部调压和线端调压三种。

②有载调压：可以在接通电源和带负载条件下进行调压的方式称为“有载调压”。有载分接开关是用一个串有电阻的辅助触头协助主触头进行切换的有载调压设备。

图 3-2-4　无载分接开关

假设变压器原边每相绕组有 6 个分接头，负载电流从 1 输出，当变压器副边电压降低而需要提高电压时，也就是要通过分接开关的切换来减少原边绕组匝数时，就需要将分接头 1 切换到分接头 2。

A. 主触头接通分接头 1。

B. 辅助触头接通分接头 2，主触头仍接通分接头 1，负载电流仍从分接头 1 输出，分接头 1 和 2 被主、辅触头连接起来，触头间出现环流，但由于电阻 R 的限流作用，环流不会太大。

C. 主触头离开分接头 1。

D. 主触头和辅助触头同时接通分接头 2，负载电流基本上从主触头输出，辅助触头只通过很小的电流。

E. 辅助触头脱离分接头 2，切换过程结束。

有载分接开关在变压器不停电、不中断负载的情况下变换变压器的分接头，以改变变压器的电压比。

（二）油箱

油箱由油箱本体（箱盖、箱壁、箱底）和附件（放油阀门、油样活门、接地螺栓、铭牌）组成。其作用为承载铁芯和线圈、变压器油，其中变压器油起着绝缘及冷却的重要作用。

（三）冷却装置

油浸式变压器冷却装置包括散热器和冷却器。不带强油循环的称为“散热器”，带强油循环的称为“冷却器”。

当变压器上层油温与下部油温产生温差时，通过散热器形成油的对流，并经散热器冷却后流回油箱，起到降低变压器温度的作用。

散热器分为片式散热器和扁管散热器。

1. 片式散热器

片式散热器用板料厚度为 1 mm 的波形冲片，靠上下集油盒或油管焊接组成。20 kVA 以下的油浸式电力变压器的平顶油箱的散热面已足够；50～2000 kVA的油浸式电力变压器可采用固定式散热器；2000～6300 kVA 的油浸式电力变压器可采用可拆式片式散热器，并通过法兰盘固定在油箱壁上。

2. 扁管散热器

扁管散热器分为自冷式和风冷式 2 种。自冷式的只在集油盒单面焊接扁管，风冷式的有 88 管、100 管、120 管 3 种。扁管散热器焊接在集油盒两侧。为了加强冷却，每只散热器下方安装有 2 台电风扇。不吹风时，散热能力为额定散热量的 60%左右。扁管散热器现逐渐被淘汰。

（四）保护装置

保护装置由储油柜（油枕）、油位表、防爆管（安全气道）、吸湿器（呼吸器）、温度计、净油器、气体继电器（瓦斯继电器）、压力释放阀组成。

1. 储油柜

储油柜是油浸式变压器和有载开关的油保护系统。环境温度的变化和变压器负载的变化会引起变压器油箱内变压器油温度的变化，同样，环境温度的变化和有载开关的切换也会引起有载开关油室内变压器油温度的变化，而变压器油温度的变化必然会引起变压器油体积的变化。储油柜的作用就是调节变压器油箱和有载开关油室内变压器油体积的变化，并防止潮气进入和空气对变压器油的氧化作用（见图 3-2-5）。

图 3-2-5　储油柜

如没有储油柜，油箱内的油面波动就会带来以下不利因素：

一是油面降低时露出铁芯和线圈部分，会影响散热和绝缘。

二是随着油面波动，空气从箱盖缝里排出和吸进，而由于上层油温很高，使油很快地被氧化和受潮。储油柜的油面比油箱的油面要小，这样可以减少油和空气的接触面，防止油被过速地氧化和受潮。

三是储油柜中的油平时几乎不参加油箱内的循环，它的温度要比油箱内的上层油的温度低得多，油的氧化过程也慢得多，因此可以防止油的过速氧化。

储油柜分为敞开式（见图 3-2-6）和密封式 2 种，其中密封式又分为胶囊式、隔膜式和金属波纹式。

现在的中小型变压器使用波纹片代替了储油柜，使变压器油与外界隔离，这样就有效地防止了因氧气、水分的进入而导致的绝缘性能下降的问题。

图 3-2-6　敞开式储油柜

2. 防爆管

防爆管是早期变压器压力释放装置。释放筒的中部装有压力释放板（一般为平板玻璃），下面装有防止玻璃破碎后掉入变压器内部的网罩（见图 3-2-7）。这种压力释放筒已经被淘汰，但在一些老式变压器上仍有使用。

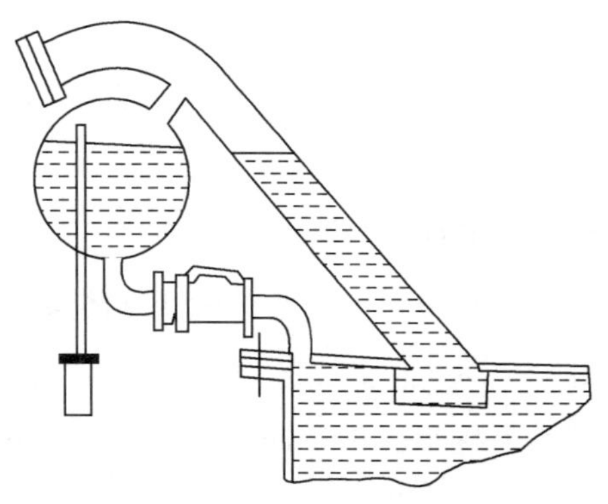

图 3-2-7　变压器防爆管

3. 吸湿器

常用的吸湿器为吊式结构。吸湿器内装有吸附剂硅胶。储油柜内的绝缘油通过吸湿器与大气连通，内部吸附剂吸收空气中的水分和杂质，以保持绝缘油的良好性能。

当储油柜内的空气随变压器油的体积膨胀或缩小时，排出或吸入的空气都经过呼吸器。呼吸器内的干燥剂吸收空气中的水分，对空气起过滤作用，从而保证油的清洁性。呼吸器内的硅胶变色过程：蓝色→淡紫色→淡粉红。

4. 净油器

净油器用于改善运行中的绝缘油特性，防止绝缘油继续老化（多应用于有载调压油箱）。

净油器是用钢板焊接成圆筒形的小油罐，罐内也装有硅胶或活性氧化铝吸附剂。当因油温变化而上下流动时，净油器可起到吸取油中水分、渣滓、酸、氧化物的作用，使油保持洁净，延长油的使用年限，改善油的电气化学性能。

5. 气体继电器

气体继电器是油浸式变压器上的重要安全保护装置，安装在变压器箱盖与储油柜的联管上，在变压器内部因故障产生的气体或油流的作用下接通信号或跳闸回路，使有关装置发出警报信号或使变压器从电网中切除，达到保护变压器的作用（见图 3-2-8）。

如果充油的变压器内部发生放电故障，放电电弧会使变压器油分解，产生甲烷、乙炔、氢气、一氧化碳、二氧化碳、乙烯、乙烷等多种特征气体，故障越严重，气体量越大。这些气体产生后从变压器内部上升到顶部的过程中，流经气体继电器。若气体量较少，则在气体继电器内聚积，浮子下降，使继电器的常开接点闭合，轻瓦斯保护发出警告信号；若气体量较大，通过气体继电器后快速冲出，推动气体继电器内的挡扳动作，使另一组常开接点闭合，重瓦斯保护则直接启动继电保护跳闸，断开断路器，切除故障变压器。

图 3-2-8　气体继电器

气体继电器的保护动作按故障性质分为 2 种类型。

（1）轻瓦斯保护：内部轻微故障保护，通过检测气体继电器中积聚的气体是否达到一定量而动作，动作于信号。

（2）重瓦斯保护：内部严重故障保护，通过检测油流速度是否达到一定值而动作，动作于跳闸。

6. 压力释放阀

压力释放阀安装在变压器油箱顶盖上（见图 3-2-9），其作用是防止变压器内部出现严重故障而产生大量气体，引起变压器发生爆炸，在保护电力变压器方面起着重要的作用。

充有变压器油的电力变压器，如果内部出现故障或短路，电弧放电就会在瞬间使油汽化，导致油箱内压力极快升高。如果不能极快地释放该压力，油箱就会破裂，将易燃油喷射到很大的区域内，甚至引起火灾，造成更大的破坏，因而通过压力释放装置使油箱内减压，预防上述情况的发生。

图 3-2-9　压力释放阀

变压器压力释放阀是一种顶弹阀，当内部压力超过弹簧的开启力时，动作盘稍微向上移动，内部压力立即扩散到侧面密封的动作盘面积上，使动作盘突然打开，变压器内部压力迅速下降，弹簧使动作盘回到密封位置。压力释放阀可以提供报警开关，动作后需手动复位，机械指示杆为直观指示。

（五）出线装置（套管）

出线装置是油浸式电力变压器箱外的主要绝缘装置，变压器绕组的引出线必须穿过绝缘套管，使引出线之间及引出线与变压器外壳之间绝缘，同时起到固定引出线的作用。出线装置由高压套管、低压套管组成。

110 kV 及以上出线装置采用全密封油浸纸绝缘电容式套管，套管自身的密封与变压器本体不同，并充有变压器油，下部装设电流互感器（CT）以供测量和保护。

二、铭牌型号

变压器的型号分两部分：前一部分由汉语拼音字母组成，代表变压器的类别、结构特征和用途；后一部分由数字组成，表示产品的容量（kVA）和高压绕组电压（kV）等级。

汉语拼音字母的含义如下：

• 第 1 部分表示相数。D—单相（或强迫导向）；S—三相。

• 第 2 部分表示冷却方式。J—油浸自冷；F—油浸风冷；FP—强迫油循环风冷；SP—强迫油循环水冷。

• 第 3 部分表示电压级数。S—三级电压；无 S 表示两级电压。

• 其他：Q—全绝缘；L—铝线圈或防雷；O—自耦（在首位时表示降压自耦，在末位时表示升压自耦）；Z—有载调压；TH—湿热带（防护类型代号）；TA—干热带（防护类型代号）。

三、常用系列产品

（一）S9、S11 系列

S9 系列电力变压器是国家在 20 世纪 90 年代推广使用的更新换代产品，与 S7 系列电力变压器相比，空载损耗平均降低 10.3%，空载电流平均降低 22.4%。

S11 系列是我国目前正在推广使用的产品，与 S9 系列相比，空载损耗平均降低 30%，其外观如图 3-2-10 所示。

（二）S9-M、S11-M 系列

S9-M、S11-M 系列全密封油浸式变压器与普通油浸式变压器相比，取消了储油柜，由波纹油箱的波翅代替油管作为冷却散热元件（见图 3-2-11）。波纹油箱由优质冷轧薄钢板在专用生产线上制造而成，波翅可以随变压器油体积的胀缩而胀缩，变压器油、器身与大气隔绝，从而减缓油的老化，防止器身绝缘受潮，增强可靠性，正常运行下可免维护。

图 3-2-10　S11 系列油浸式变压器外观

图 3-2-11　全密封油浸式变压器

（三）S11-M. RL、S13-M. RL 系列

S11-M. RL、S13-M. RL 系列全密封立体三相卷铁芯变压器具有空载损耗低、空载电流低、噪声低的性能，节电效果显著，且提高了电压质量和供电可靠性，是有利于环保的绿色节能设备，为城乡电网技术改造工程中推广使用的新产品。

S11-M. RL、S13-M. RL 系列不同于传统的平面叠片式铁芯变压器，其铁芯由单框片立体三角形布置的三相柱轭组成（见图 3-2-12）。每个柱体由优质冷轧硅钢薄带连续卷制而成，带宽经数控开料机作直线或曲线剪切。带料在铁芯卷绕机上卷绕组成近圆形或折边圆弧框片后经真空充氮退火处理以消除加工应力、晶格重新取向、提高导磁率、改善电磁性能；高、低压线圈使用专用绕线机，直接在铁芯柱纸筒上绕制，整体结构坚实紧凑，器身采用上下铁轭绝缘和层压木，四周拉螺杆拉紧线圈，使之稳固牢靠，能承受突发短路时的冲击力。

图 3-2-12　三角形布置的三相柱轭

（四）SH15-M 系列

SH15-M 系列密封式非晶合金电力变压器是全充油密封型，原理同密封型电力变压器。非晶合金的基础元素由铁、镍、钴、硅、硼、碳等组成，是一种各向同性的软磁材

料，磁化功率小，不存在阻碍磁畴壁移动的结构缺陷，厚度极薄，只有 0.027 mm，填充系数相应变小，只有 0.75～0.8，电阻率很高，是硅钢板的 3～6 倍，硬度是硅钢片的 5 倍。非晶合金材料对应力特别敏感。

非晶合金的这种结构使其具有高饱和磁感应强度、低损耗（相当于硅钢片的 1/4）、低激磁电流、良好的温度稳定性等特点。因此，用非晶合金材料制造的变压器铁芯其空载损耗较常规 S9 系列下降 70%～80%，空载电流下降 50%，负载损耗也下降。因明显的节能、降耗特点，它被称为 21 世纪的“绿色材料”。

四、充氮油浸密封式变压器

充氮油浸密封式变压器为日本 20 世纪 80 年代的产品，其特点是充氮和密封，用氮气密封隔绝油同外界空气的接触，并防止油的劣化。同普通变压器相比，充氮油浸密封式变压器具有维护量小的显著优点，一般不需要检修。

第三节　干式变压器

一、发展历史

简单地说，干式变压器就是指铁芯和绕组不浸渍在绝缘油中的变压器。

自 1964 年德国 AEG 公司研制出第一台 400 kVA/20 kV 环氧浇注干式变压器起，干式变压器就进入一个大发展的阶段。与此同时，美国也发明了 Nomex 绝缘纸，可作为 H 级干式变压器的绝缘材料。当前的干式变压器分为两大类：一类为环氧型，另一类为 Nomex 纸型。

环氧树脂干式变压器以环氧树脂为绝缘材料。高、低压绕组采用铜带（箔）绕成，在真空中浇注环氧树脂并固化，构成高强度玻璃钢体结构。绝缘等级有 F 级、H 级。环氧树脂干式变压器有电气性能好、耐雷电冲击能力强、抗短路能力强、体积小、质量轻等特点（见图 3-3-1）。干式变压器可安装温度显示控制器，对变压器绕组的运行温度进行显示和控制，以保证正常使用。

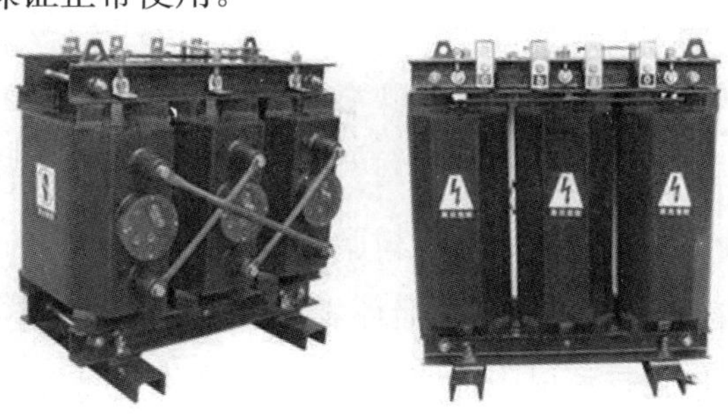

图 3-3-1　干式变压器

环氧树脂是难燃、阻燃、自熄的固体绝缘材料，安全、洁净，同时也是经过 40 多年验证的、具有可靠的绝缘和散热技术的固体绝缘材料。

二、种类

（1）浸渍空气绝缘干式变压器：根据需要选用不同耐热等级的绝缘材料，制成 B 级、F 级和 H 级绝缘干式变压器。目前使用很少。

（2）浇注绝缘干式变压器：采用的绝缘材料有聚酯树脂和环氧树脂，目前多采用环氧树脂。

（3）绕包绝缘干式变压器：也是树脂绝缘的一种，目前生产厂家较少。

（4）复合式绝缘干式变压器：又分为两类。

①高压绕组采用浇注式，低压绕组采用浸渍绝缘式。

②高压绕组采用浇注式，低压绕组采用铜箔、铝箔绕制的箔式绕组。

三、结构组成

（一）主要组成

干式变压器主要由硅钢片组成的铁芯和环氧树脂浇注的线圈组成，高、低压线圈之间放置绝缘筒以增加电气绝缘，并由垫块支撑和约束线圈，其零部件搭接的紧固件均有防松性能。

（二）结构功能

1. 铁芯

铁芯采用优质冷轧晶粒取向硅钢片，硅钢片采用 45°全斜接缝，使磁通沿着硅钢片接缝方向。

铁芯由芯柱，上、下铁轭，上、下夹件，穿心螺杆，拉板组成（见图 3-3-2）。

图 3-3-2　干式变压器铁芯

2. 绕组

干式变压器的绕组与油浸式的不同，其高压绕组一般采用多层圆筒式或多层分段式结构，低压绕组一般采用层式或箔式结构。

（1）分类

①从绕组是否包封可分为固体绝缘包封绕组和不包封绕组 2 种类型。

②从绝缘结构上分，有缠绕式、环氧树脂加石英砂填充浇注、玻璃纤维增强环氧树脂浇注（即薄绝缘结构）、多股玻璃丝浸渍环氧树脂缠绕式等种类。

一般采用玻璃纤维增强环氧树脂浇注，因为它能有效防止浇注的树脂开裂，提高设备的可靠性。

③从高、低压绕组的相对位置看，可分为同心式、交迭式。同心式绕组简单，制造方便，一般均采用这种结构方式，而交迭式主要用于特种变压器。

（2）结构

干式变压器的绕组由高、低压绕组，上、下垫块，高、低压绝缘子等部件组成。

3. 温度控制系统

干式变压器的安全运行和使用寿命在很大程度上取决于变压器绕组的绝缘情况。绕组温度超过绝缘耐受温度使绝缘破坏，是导致变压器不能正常工作的主要原因之一。因此对变压器运行温度的监测及其报警控制十分重要，需要装设运行温度监测及其报警控制系统。

一般安装温度显示控制器，对变压器绕组的运行温度进行显示和控制，以保证变压器正常使用。其测温传感器 PT100 铂电阻插入低压绕组内取得温度信号，经电路处理后在控制板上循环显示各相绕组温度。它具有温度设定，手动/自动启停风机，发出故障、超温声光信号报警和超温自动跳闸等功能，并具有抗电磁干扰能力。

4. 防护外壳

根据使用环境特征及防护要求，干式变压器可选择不同的外壳。通常选用 IP 20 防护外壳，可防止因直径大于 12 mm 的固体异物及鼠、蛇、猫、雀等小动物的进入，而造成短路停电等恶性故障，为带电部分提供安全屏障。若须将变压器安装在户外，则可选用 IP 23防护外壳，除具有上述 IP 20 的防护功能外，更可防止与垂直线成 60°角以内的水滴入。但 IP 23 外壳会使变压器的冷却能力下降，选用时要注意其运行容量的降低。

5. 冷却系统

干式变压器冷却方式分为自然空气冷却（AN）和强迫空气冷却（AF）。当为自然空气冷却时，变压器可在额定容量下长期连续运行。当为强迫空气冷却时，变压器输出容量可提高 50%，适用于断续过负荷运行，或应急事故过负荷运行。由于过负荷时负载损耗和阻抗电压增幅较大，处于非经济运行状态，故不应使变压器长时间连续过负荷运行。

环氧树脂干式变压器常配置低噪声幅流风机，启动后可降低绕组温度，提高负载能力，延长寿命。

风机一般设置为：启动 100 ℃，停止 80 ℃，启动的温度不宜太低，否则容易损坏和增加能耗；报警 130 ℃，跳闸 150 ℃（F 级绝缘允许的最高温度为 155 ℃）。

四、常见的 SC（B）11 系列干式变压器

SC（B）11 系列干式变压器（见图 3-3-3），具有安全可靠、环保节能、防火防爆、防污防尘防潮、过载能力强、体积小、维护简单等优点，最适宜用于防火要求高、负荷

波动大、经常超负荷运行的环境中，适用于高层住宅、机场、车站、码头、地铁、医院、发电厂、冶金行业、购物中心、居民密集区及石油化工、核电站、核潜艇等场所。

SC（B）11 系列干式变压器的结构特点如下：

（1）高、低压绕组全部采用铜带（箔）绕成。

（2）高、低压绕组全部在真空中浇注环氧树脂并固化，构成高强度玻璃钢体结构。

（3）高、低压绕组根据散热要求设置有纵向通风气道。

（4）线圈内、外表面由玻璃纤维网格布增强。

（5）绝缘等级有 F 级、H 级。

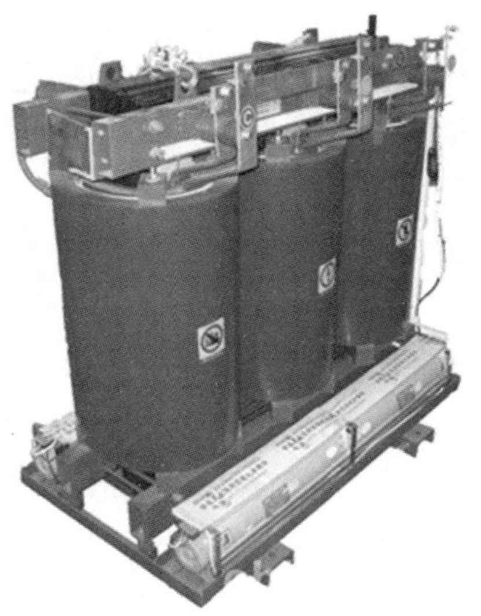

图 3-3-3　SC（B）11 系列干式变压器

（6）变压器体积小、质量轻。

五、铭牌型号

D—单相；S—三相；C—浇注成型；G—干式（指 Nomex 纸绝缘）；B—箔式绕组；R—缠绕式绕组；L—铝绕组。

如 SC（B）10-1000/10 干式变压器，为三相环氧浇注、低压箔式线圈、额定容量为 1000 kVA、高压侧额定电压为 10 kV。

六、与油浸式变压器的比较

干式变压器和油浸式变压器相比，最大的区别就是变压器内部没有油，其他区别如下：

（1）从外观上看，封装形式不同。干式变压器能直接看到铁芯和线圈，而油浸式变压器只能看到变压器的外壳。

（2）引线形式不一样。干式变压器大多使用硅橡胶套管，而油浸式变压器大多使用瓷套管。

（3）容量及电压不同。干式变压器一般适用于配电，容量一般在 2000 kVA 以下，电压在 35 kV 以下，也有个别在 110 kV 电压等级的；而油浸式变压器可以适用于全部容量，电压等级也可以适用于所有电压。

（4）绝缘和散热不一样。干式变压器一般用树脂绝缘，靠自然风冷，大容量靠风机冷却；而油浸式变压器靠绝缘油进行绝缘，并靠绝缘油在变压器内部的循环将线圈产生的热带到变压器的散热器（片）上进行散热。

(5) 从应用场所上说，干式变压器大多应用在需要防火、防爆的场所，一般大型建筑、高层建筑上宜采用；而油浸式变压器大多应用在室外。

(6) 对负荷的承受能力不同。干式变压器一般应在额定容量下运行，而油浸式变压器过载能力比较好。

(7) 造价不一样。对同容量变压器来说，干式变压器的采购价格比油浸式变压器的要高。

七、优点

由于具有抗短路能力强、维护工作量小、运行效率高、体积小、噪声低等优点，干式变压器常用于防火、防爆等性能要求高的场所。

(1) 安全、防火、无污染，可直接运行于负荷中心。干式变压器可以避免由于运行中发生故障而导致变压器油发生火灾和爆炸的危险。由于干式变压器绝缘材料均为难燃材料，即使运行中变压器出现故障而引发火灾或有外来火源，也不会使火灾的灾情扩大。

(2) 采用先进技术，机械强度高，抗短路能力强，局部放电小，热稳定性好，可靠性高，使用寿命长。

(3) 低损耗，低噪声，节能效果明显，免维护。干式变压器不会像油浸式变压器那样存在渗漏油问题，更无变压器油老化等问题，所以干式变压器的运行维护和检修工作量大为减少，甚至可以免维修。

(4) 防潮性能好，适应高湿度和其他恶劣环境。

(5) 可配备完善的温度检测和保护系统。采用智能信号温控系统，可自动检测和巡回显示三相绕组各自的工作温度，可自动启动、停止风机，并有报警、跳闸等功能设置。

(6) 体积小，质量轻，占地空间少，安装费用低。

(7) 耐温等级高。环氧树脂干式变压器属于 F 级或 H 级绝缘，可长期在 155 ℃或 180 ℃高温下安全运行。

八、运行环境要求

应防雨防湿防尘，防止有害气体和小动物入侵，具备有效的通风散热条件，尤其在夏季高温季节，应注意降低室内温度。在密闭空间内，变压器周围温度不应超过 40 ℃，运行时空气相对湿度不要超过 95%。

一般每年组织一次吸尘和除尘工作，并停电检查电气连接部分的性能状况。

第四节　变压器的运行

一、投运与停运

（一）新投运要求

（1）对于新投运的变压器以及长期停用或大修的变压器，在投运之前，应按要求进行必要的试验。

（2）新投运的变压器必须在额定电压下做冲击合闸试验，冲击 5 次；大修或更换改造部分绕组的变压器则冲击 3 次。

（二）操作顺序

（1）当强迫油循环风冷式变压器投入运行时，应先逐台投入冷却器并按负载情况控制投入的台数；当变压器停运时，要先停变压器，使冷却装置继续运行一段时间，待油温不再上升后再停运冷却装置。

（2）变压器的充电应当由装设有保护装置的电源侧的断路器进行，并要考虑其他侧是否会发生超过绝缘方面所不允许的过电压现象。

（3）在 110 kV 及以上中性点直接接地系统中投运和停运变压器时，在操作前必须将中性点接地，操作完毕后可按系统需要决定中性点是否断开。

（4）装有储油柜的变压器带电前应排尽套管高座、散热器及净油器等上部的残留空气。对于强迫油循环变压器，应开启油泵，使油循环一定时间后将空气排尽。当开启油泵时，变压器各侧绕组均应接地。

（5）运行中的备用变压器应随时可以投入运行，长期停运的应定期充电，同时投入冷却装置。

二、并列运行

（一）目的

为了提高供电可靠性和灵活性，保证变压器安全经济运行，在实践中通常将 2 台或以上变压器并列运行。

变压器并列运行，就是将 2 台或以上变压器的一次绕组并联在同一电压的母线上，二次绕组并联在另一电压的母线上。当 1 台变压器发生故障时，并列运行的其他变压器仍可以继续运行，以保证重要用户的用电；或当需要检修时，变压器可以先并联备用变压器，再将要检修的变压器停电检修，这有利于提高供电可靠性。

（二）条件

为了达到理想的运行效果，变压器并列运行时必须满足下列 4 个条件：

(1) 各台变压器的电压比（变比）应相同。如果电压比不相同，2 台变压器并列行将产生环流，影响变压器的出力。当电压比相差很大时，可能破坏变压器的正常工作，甚至使变压器损坏。为了避免因电压比相差过大产生过大循环电流而影响并列变压器的正常工作，规定电压比相差不宜大于 0.5%。

(2) 各台变压器的阻抗电压应相等。当 2 台阻抗电压不等的变压器并列运行时，阻抗电压大的分配负荷小，当这台变压器满负荷时，另一台阻抗电压小的变压器就会过负荷运行。变压器长期过负荷运行是不允许的，因此，只能让阻抗电压大的变压器欠负荷运行，这样就限制了总输出功率，能量损耗也增加了，也就不能保证变压器经济地运行。所以，为了避免因阻抗电压相差过大，使并列变压器负荷电流严重分配不均，影响变压器容量不能充分发挥，规定阻抗电压不能相差 10%。

(3) 各台变压器的接线组别应相同。变压器的接线组别反映了高、低侧电压的相应关系，一般以钟表法来表示。当并列变压器的电压比相等，阻抗电压相等，而接线组别不同时，就意味着 2 台变压器的二次电压存在着相角差和电压差。在电压差的作用下，引起的循环电流有时与额定电流相当，但其差动保护、电流速断保护均不能动作跳闸，而当过电流保护不能及时动作跳闸时，将造成变压器绕组过热，甚至烧坏。因此，接线组别不同的变压器不能并列运行。

一般情况下，如果需将接线组别不同的变压器并列运行，就应根据接线组别差异，采取各相异名、始端与末端对换等方法，将变压器的接线转化为相同接线组别。

(4) 根据运行经验，当 2 台变压器并列运行时，其容量比不应超过 3：1。因为不同容量的变压器阻抗值相差较大，负荷分配极不平衡；同时从运行角度考虑，当运行方式改变、检修、事故停电时，小容量的变压器将起不到备用的作用。

（三）注意事项

当变压器并列运行时，除应满足并列运行条件外，还应注意安全操作，一般应注意以下事项：

(1) 新投入运行和检修后的变压器在并列之前，应先核相，并在变压器空载状态时试运行，合格后方可正式并列带负荷运行。

(2) 使用并列变压器时必须考虑并列运行的经济性，不经济则不允许并列运行，同时还应注意不宜频繁操作。

(3) 进行变压器的并列或解列操作时，不允许使用隔离开关和跌开熔断器。操作并列和解列要保证正确，不允许变压器倒送电。

(4) 需要并列运行的变压器，在并列运行之前应根据实际情况预计变压器负荷电流的分配，在并列之后立即检查 2 台变压器的运行电流分配是否合理。在需解列变压器或停用 1 台变压器时，应根据实际负荷情况，预计是否有可能造成 1 台变压器过负荷，也应检查实际负荷电流，在有可能造成变压器过负荷的情况下，不准进行解列操作。

三、巡视检查

（一）油浸式变压器的巡视检查项目

（1）变压器温度及声音是否正常，有无异味、变色、过热及冒烟等现象。

（2）储油柜及充油套管中的油色、油位是否正常、合乎标准，有无渗漏油现象。

（3）各侧套管有无破损，有无放电痕迹及其他异常现象。

（4）冷却装置运行是否正常。

（5）上层油温表指示是否正确，有无异常情况。根据规定，上层油温最高不得超过 95 ℃（允许温升 55 ℃），但为防止变压器油过快劣化，上层油温不宜超过 85 ℃。

（6）防爆管的隔膜是否完好，有无积液情况。

（7）呼吸器变色硅胶的变色程度。

（8）气体继电器内是否满油。

（9）本体及各附件有无渗漏油现象。

（10）各侧套管桩头及连接线有无发热、变色现象。

（11）变压器附近的周围环境及堆放物是否有可能威胁变压器的安全运行。

（二）干式变压器的巡视检查项目

（1）变压器有无异常声音及振动。

（2）有无局部过热、有害气体腐蚀等使绝缘表面爬电痕迹和碳化现象等造成的变色。

（3）干式变压器的风机运转声音及温控器指示是否正常，通风是否良好。

（4）高、低压接头应无过热现象，电缆头应无漏电、爬电现象。

（5）绕组的温升应根据变压器采用的绝缘材料等级确定，监视绕组的温升不得超过规定值。

（6）支持绝缘子应无裂纹、放电痕迹。

（7）检查绕组压件是否松动。

（三）充氮油浸密封式变压器的巡视检查项目

（1）检查温度计指示的温度、氮气的压力，并核对二者是否在允许的曲线范围之内。充氮油浸密封式变压器对温度的要求同普通变压器一样，不能过高，温度过高时可从过负荷、油量过少、温度计损坏等方面考虑，并及时采取相应措施。在实际运行中，氮气减少的情况较多，需及时进行充氮。

（2）检查油标指示的油位是否正常。油起绝缘和冷却作用，应使其保持特定高度。

由于环境温度每升高 1 ℃，油的体积就膨胀 0.07%，检查时应考虑随温度变化油位也略有变化这一因素。另外，由于定期取油样进行试验，长时间后会导致油量减少；若油量减少过多，应补充油量，加油前一定要做好混合试验，以防出现酸渣等沉淀物影响油的质量。

（3）检查焊接点和有垫片的连接处是否渗漏油。漏油多发生在油箱、散热器的焊接部位或上盖及其他部分的紧固部位，对渗漏油的检查比较容易观察，因为渗漏油会浸湿变压器的局部。

（4）检查减压装置是否有损坏和变形，是否有喷油痕迹。减压装置（安全气道）通过释放产生自变压器内部的过剩压力而保护变压器，其动作可通过观察油箱外表面的油的污染或类似改变来发现。

（5）检查变压器的外表。如其上盖、油箱及辅助设施的油漆是否有剥落、气泡、锈蚀的痕迹，必要时进行适当处理。

需要特别注意的是，变压器是否有变色和异味，因为这往往是一种出现严重内部故障的信号。

四、事故处理

（一）应立即停止运行的情况

（1）内部异音很大，并有爆裂声。

（2）在正常冷却情况下，温度急剧上升。

（3）储油柜和防爆筒喷油、冒烟（油浸变压器）。

（4）严重漏油，已看不到油位（油浸变压器）。

（5）变压器冒烟、着火。

（6）套管有严重破裂及放电现象。

（7）接线端子熔断，出现断相运行。

（二）处理步骤

（1）首先按照倒闸操作顺序，断开变压器高、低压侧开关，并做好安全措施。

（2）当变压器上盖着火时，打开底部油门，使其低于着火处。

（3）允许向主管部门联系后再处理的事故及其处理步骤：

①当变压器负荷超过运行规程规定时，应及时报告上级负责人，并注意监测负荷及温度。

②当声音异常、端子过热或发红熔化时，应及时报告上级负责人，以便及时采取措施。

③当变压器温度超过允许温升时，应尽快查明原因。检查三相负荷是否平衡（是否

有匝间短路现象），变压器的冷却装置是否正常，有载调压分接开关是否接触不良，变压器铁芯硅钢片间是否短路。

（4）油浸式变压器轻瓦斯动作，发出告警信号时的处理。

①首先查明原因：是否漏油导致油面降低，变压器出现故障而产生少量气体，变压器内部出现短路故障而引起油温升高，气体继电器内部有无气体，二次回路和瓦斯保护装置。

②处理方法：内部故障时变压器停运，误信号时关闭告警信号，将信号复归。若是气体继电器内部出现故障，则应及时更换。

第五节　变压器常见故障的分析与处理

一、异常运行与分析

（一）油浸式变压器的异常运行与分析

1. 声音异常

（1）正常状态下变压器的声音：变压器运行中会发出轻微的、连续不断的“嗡嗡”声。产生这种声音的原因有：

①励磁电流的磁场作用使硅钢片振动。

②铁芯的接缝和叠层之间的电磁力作用引起振动。

③绕组的导线之间或绕组之间的电磁力作用引起振动。

④变压器上的某些零部件引起振动。

（2）变压器的声音比平时增大。若变压器的声音比平时增大，且声音均匀，可能有以下几种原因：

①电网发生过电压。当电网发生单相接地或产生谐振过电压时，都会使变压器的声音增大。出现这种情况时，可结合电压表、电流表的指示进行综合判断。

②变压器过负荷。变压器过负荷时会使其声音增大，尤其是在满负荷的情况下突然有大的动力设备投入，将会使变压器发出沉重的“嗡嗡”声。

（3）变压器有杂音。若变压器的声音比正常时增大且有明显的杂音，但电流、电压无明显异常时，则可能是内部夹件或压紧铁芯的螺栓松动，使得硅钢片振动增大。

（4）变压器有放电声音。若变压器内部或表面发生局部放电，声音中就会夹杂有“噼啪”的放电声，这时应立即停用变压器并进行检查。

（5）变压器有水沸腾声。若变压器的声音中夹杂有水沸腾声且温度急剧变化，油位升高，则应判断为变压器绕组出现短路故障，或分接开关因接触不良引起严重过热，这时应立即停用变压器并进行检查。

（6）变压器有爆裂声。若变压器的声音中夹杂有不均匀的爆裂声，则是变压器内部或表面绝缘被击穿，这时应立即停用变压器并进行检查。

（7）变压器有撞击声和摩擦声。若变压器的声音中夹杂有连续的、有规律的撞击声和摩擦声，则可能是变压器外部某些零件如表计、电缆、油管等，因变压器振动造成撞击或摩擦，或由外来高次谐波源所引起，应根据情况予以处理。

2. 油温异常

变压器在额定条件下运行，铁芯和绕组的损耗发热会引起各部位的温度升高。当发热与散热达到平衡时，各部位温度趋于稳定。在巡视检查时，应注意环境温度、上层油温、负载大小及油位高度，并与以往数值对照分析。如果在同样条件下，上层油温比平时高出 10 ℃，或负载不变，但油温还不断上升，而冷却装置运行正常，温度表无失灵，则可认为是变压器内部出现异常和故障。

导致油温异常的原因有以下几种：

（1）随负载电流增加而上升。

（2）随环境温度升高，散热条件差，油位、油温上升。

（3）当电源电压升高时，铁芯磁通饱和，铁芯过热，也会使油温偏高些。

（4）当冷却装置运行状况不良或异常时，也会使油位、油温上升。

（5）变压器内部出现故障（如线圈部分短路、铁芯局部松动、过热、短路等）也会使油温上升。

3. 油位异常

（1）假油位：油标管堵塞、储油柜呼吸器堵塞、防爆管通气孔堵塞、储油柜内存有一定数量的空气。

（2）油面过低：变压器严重渗油；因工作需要多次放油后未作补充；气温过低且油量不足，或储油柜容积偏小，不能满足运行要求。

4. 外观异常

（1）防爆管防爆膜破裂。

（2）压力释放阀异常。

（3）套管闪络放电。

（4）渗漏油。

5. 颜色、气味异常

（1）引线、线卡处过热引起异常。

（2）套管、绝缘子有污秽或损伤严重时发生放电、闪络，并产生一种特殊的臭氧味。

（3）硅胶色变。

（4）附件电源线或二次线的老化损伤造成短路而产生的异常气味。

（5）冷却器中电机短路，分控制箱内接触器、热继电器过热等烧损产生焦臭味。

6. 变压器油质劣化

导致变压器油质劣化的主要因素是高温、空气中的氧和水分。

（1）高温加速油质劣化。当油温在 70 ℃以上，每升高 10 ℃，油的氧化速度提高 1.5～2 倍。

（2）变压器油长期和空气中的氧接触，会产生酸、树脂、沉淀物，使绝缘材料严重劣化。

（3）油中进入水分，会使电气绝缘性能明显下降，易被击穿。

用经验法可简易判别油质的优劣程度，主要根据：

①油的颜色：新油、良好油为淡黄色，劣质油为深棕色。

②油的透明度：优质油为透明状，劣质油浑浊，含机械杂质、游离炭等。

③油的气味区别：新油、优质油无气味或略有火油味，劣质油有焦味（过热）、酸味、乙炔味（电弧作用过）等其他异味。

（二）干式变压器的异常运行与分析

1. 声音异常

首要区分是电磁声还是机械声。出现声音异常的情况有以下几种：

（1）变压器铁芯夹件螺杆松动，如运输就位、安装时把铁芯尖角碰变形，或有异物搭接在铁芯某处。

（2）风机固定螺钉松动，或有杂物在内部；外壳固定螺钉松动，引起面板振动而产生杂音；变压器的低压母排固定螺钉松动，或母排没有采用软连接，因此产生杂音。

（3）当输入电源电压过高，产生过励磁时，声音较大。

（4）高次谐波产生的声音。特点是没有规律，声音时大时小、时有时无。主要是电源侧或负载有电炉、可控硅整流设备的产生高次谐波反馈到了变压器。

（5）环境问题。主要是变压器室周围空间小，墙面光滑，容易产生音箱效果，使变压器产生的声音听起来较大。

2. 温度显示器显示异常

传感器一般采用的是铂电阻，由非常细的金属丝绕制而成。可能出现温度计显示异常的情况如下：

（1）没有把传感器插到温度显示器后面的插座内。

（2）传感器接插件之间松动，电阻增大，温度值显示较高。

（3）某相温度值无穷大，传感器的铂电阻丝开路。

（4）某相温度值大，传感器的铂电阻处于似断非断的状态。

3. 线圈表面有爬电

这种情况一般由空气潮湿、表面积尘、漏水引起，也有异物（二次导线、温控器的传感器引线等）接近线圈产生的放电。对于夹件等金属表面的放电，一般是因紧固件松动而引起悬浮电位的放电。

二、常见问题及处理

（一）油浸式变压器常见问题及处理

1. 变压器在运行中需要注意的异常状态

（1）严重渗油、储油柜内看不到油位或油位过低、油位不正常升高、变压器油碳化。

（2）变压器内部有异常声音、瓷件有异常放电声或有火花现象。

（3）变压器套管有裂纹或严重破损，变压器高、低压套管引线线夹过热。

（4）冷却器装置故障。

（5）气体继电器内气体不断集聚，连续地发出信号。

（6）在正常负载和冷却条件下，油温不正常地升高。

2. 变压器运行中发出过负荷信号时的检查处理方式

运行中的变压器发出过负荷信号时，值班人员应检查变压器的各侧电流是否超过规定值，并应将变压器过负荷情况报告当值调度员，然后检查变压器的油位、油温是否正常，同时将冷却器全部投入运行，并按规定时间巡视检查，必要时增加特巡。

3. 引起瓦斯保护动作的原因

（1）变压器内部的相间短路。

（2）匝间短路，绕组与铁芯或与外壳短路。

（3）铁芯故障。

（4）油面下降或漏油。

（5）分接开关接触不良或导线焊接不牢固。

4. 轻瓦斯保护动作的处理

引起轻瓦斯保护动作的原因：

（1）变压器内部出现较轻微故障而产生气体。

（2）变压器内部进入空气。

（3）内部出现穿越性短路故障。

（4）油位严重降至气体继电器以下，使气体继电器动作。

（5）直流多点接地，二次回路短路。

（6）受强烈震动影响。

（7）气体继电器本身有问题。

轻瓦斯保护装置动作后应检查下列项目：

（1）变压器油位。

（2）安全释放阀是否动作，有无破裂及喷油现象。

（3）内部有无异常声音。

5. 变压器重瓦斯保护动作跳闸时的检查处理方式

（1）收集气体继电器内的气体做色谱分析，如无气体，应检查二次回路和气体继电器的接线柱及引线接线是否良好。

（2）检查油位、油温、油色有无变化。

（3）检查防爆管是否破裂喷油。

（4）检查变压器外壳有无变形，焊缝是否开裂喷油。

（5）如果经检查未发现任何异常，而确系因二次回路故障引起误动作时，可在差动保护及过流保护投入的情况下将重瓦斯保护退出，试送变压器并加强监视。

（6）在瓦斯保护的动作原因未查清前，不得合闸送电。

6. 根据气体继电器内的气体来判断故障情况

根据气体继电器内气体的颜色、气味、可燃性可判断有无故障和出现故障的部位。

（1）无色、不可燃的是空气。

（2）黄色、可燃的是木质故障产生的气体。

（3）淡灰色、可燃并有臭味的是纸质故障产生的气体。

（4）灰黑色、易燃的是铁质故障使绝缘油分解产生的气体。

7. 变压器运行时出现油面过高或有油从储油柜中溢出的处理方式

首先检查变压器的负荷和温度是否正常。如果负荷和温度均正常，则可以判断是因呼吸器或油标管堵塞造成的假油面。此时应经当值调度员同意后，将重瓦斯保护改接信号，然后疏通呼吸器或油标管。如果是因环境温度过高引起储油柜溢油时，应放油处理。

8. 变压器缺油的原因

（1）变压器长期渗油或大量漏油。

（2）修试变压器时，放油后没有及时补油。

（3）储油柜的容量小，不能满足运行要求。

（4）气温过低，储油柜的储油量不足。

9. 更换变压器呼吸器内吸潮剂时的注意事项

(1) 应将重瓦斯保护改接信号。

(2) 取下呼吸器时应将连管堵住，以防止回吸空气。

(3) 换上干燥的吸潮剂后，应使油封内的油没过呼气嘴，以将呼吸器密封。

10. 变压器运行中遇到三相电压不平衡现象的处理

当三相电压不平衡时，应先检查三相负荷情况。对于△/Y 接线的三相变压器，如果负荷均衡而三相电压不平衡，且电压超过 5 V，则可能是变压器有匝间短路，须停电处理。对于 Y/Y 接线的变压器，在轻负荷时允许三相对地电压相差 10%，在重负荷时要力求三相电压平衡。

11. 变压器有载调压装置动作失灵的主要原因

(1) 操作电源电压消失或过低。

(2) 电机绕组断线烧毁，启动电机失压。

(3) 联锁触点接触不良。

(4) 转动机构脱扣及销子脱落。

12. 分接开关常见的故障种类

(1) 辅助触头中的过渡电阻在切换过程中被击穿烧断。

(2) 分接开关密封不严，进水造成相间短路。

(3) 由于触头滚轮卡住，使分接开关停在过渡位置，造成匝间短路而烧坏。

(4) 分接开关油箱缺油。

(5) 调压过程中遇到穿越故障电流。

13. 变压器发生绕组层间或匝间短路时的现象和后果

(1) 电流增大。

(2) 油面增高，变压器内部发出“咕嘟”声。

(3) 负荷侧电压不稳定，忽高忽低。

(4) 安全阀喷油，瓦斯保护或差动保护动作。

14. 导致变压器空载损耗和空载电流增大的原因

(1) 硅钢片间绝缘不良。

(2) 磁路中某部分硅钢片之间短路。

(3) 穿芯螺栓或压板、上轭铁和其他部分绝缘损坏，形成短路。

(4) 磁路中硅钢片松动出现气隙，增大磁阻。

(5) 线圈有匝间或并联支路短路。

(6) 各并联支路中的线匝数不相同。

（7）绕组匝数取得不正确。

（二）干式变压器常见问题及处理

1. 铁芯对地绝缘电阻低

变压器受潮导致绝缘电阻偏低，主要由环境空气湿度较大引起。

将碘钨灯放置在低压线圈下连续烘烤 12 h，包括铁芯和高、低压线圈，只要是因受潮导致绝缘电阻偏低的，绝缘电阻值都会相应有所提高。

2. 铁芯对地绝缘电阻为零

出现铁芯对地绝缘电阻为零的情况，说明金属之间为实连接（可能是毛刺、金属丝等，被漆带入到铁芯上，两端搭接在铁芯与夹件之间；底脚绝缘破损造成铁芯与底脚相连；有金属物掉入低压线圈内，造成拉板与铁芯相连）。

用铁丝顺低压线圈铁芯之间的通道往下顺捅，确定无异物后，检查底脚绝缘情况。如果还无法解决，可以采取以下方法：将电焊机地线端与接地片相连，用焊条点击底脚（电流为 250 A 左右），只一下即可解决问题。

3. 工频耐压时有放电声

存在几种可能：

（1）拉板定位于夹件拉紧处放电。可以用铣子在此处铣一下，使拉板与夹件导电良好。

（2）垫块爬电，对垫块加强绝缘处理。

（3）高压缆线与连接点虚接，或与分接板、角连接管绝缘距离较近也会产生放电声。加大绝缘距离，重新拧紧螺栓。

（4）检查高压线圈内壁是否有粉尘颗粒。由于颗粒吸潮，可能会造成绝缘降低而产生放电。

4. 送电冲击时外壳与铺地铁板放电

此种情况说明外壳（铝合金）板材之间导通不够良好，属于接地不良。

用 2500 MΩ 摇表将板材绝缘击穿，或将外壳每个连接部位漆膜刮掉并用铜线连接接地。

5. 角接连接管烧毁

仔细检查高压线圈烧黑部位，用刀或铁片刮掉最黑部位。如果去掉碳黑漏出红漆色，说明线圈内绝缘没有损坏，线圈多半良好。通过测变比来判断线圈是否短路。如果变比正常，说明故障是由外部短路引起的拉弧并将角接管烧毁。

6. 直流电阻不平衡率超标

做交接试验时，分接头螺栓松动，会造成直流电阻不平衡率超标。

检查每个分接头内是否有树脂；螺栓连接是否紧固，特别是低压铜排连接螺栓；接触面是否有漆或其他异物，用砂纸把铜头面磨光；改变连接铜管粗细可改变直流电阻值（超标不多）；如果差别很大，极有可能是分接头虚焊。

三、故障案例

（一）油浸式变压器

1. 器身焊接处渗漏油

（1）现象：某油浸式变压器投运一段时间后出现器身焊接处渗漏油现象。

（2）判断：主要是焊接质量不良，存在虚焊、脱焊现象，焊缝中存在针孔、砂眼等缺陷。出厂时因有焊药和油漆覆盖未发现隐患，运行后便暴露出来了。另外，电磁振动会使焊接振裂，造成渗漏。

（3）处理：对于已经出现渗漏现象的，首先找出渗漏点，且不可遗漏。一般采用堵漏胶加压堵漏。针对渗漏严重部位可采用扁铲或尖冲子等金属工具将渗漏点铆死，控制渗漏量后将表面清理干净，并采用高分子复合材料进行固化，固化后即可达到长期治理渗漏的目的。

2. 法兰连接处渗漏油

（1）现象：某油浸式变压器投运一段时间后法兰连接处渗漏油。

（2）判断：法兰表面不平，紧固螺栓松动，安装工艺不正确，使螺栓紧固不好，而造成渗漏油。

（3）处理：先将松动的螺栓进行紧固，对法兰实施密封处理，并针对可能渗漏的螺栓也进行处理，达到完全治理的目的。对松动的螺栓进行紧固，必须严格按照操作工艺进行操作。

3. 螺栓或管子螺纹渗漏油

（1）现象：某油浸式变压器螺栓或管子螺纹渗漏油。

（2）判断：出厂时加工粗糙，密封不良，运行一段时间后便出现渗漏油现象。

（3）处理：采用高分子材料对螺栓进行密封处理，达到治理渗漏的目的。还可将螺栓（螺母）旋出，表面涂抹福世蓝脱模剂后，再在表面涂抹密封材料，最后进行紧固，固化后即可达到治理的目的。

4. 铸铁件渗漏油

（1）现象：某油浸式变压器铸铁件出现渗漏油现象。

（2）判断：渗漏油的主要原因是铸铁件有砂眼及裂纹。

（3）处理：针对裂纹渗漏，钻止裂孔是消除应力、避免延伸的最佳方法。治理时可先根据裂纹的情况，在漏点上打入铅丝或用手锤铆死，然后用丙酮将渗漏点清洗干净，用材料进行密封。铸造砂眼则可直接用材料进行密封。

5. 散热器渗漏油

(1) 现象：某变压器散热器出现渗漏油现象。

(2) 判断：散热器的散热管通常由有缝钢管压扁后经冲压制成。在散热管弯曲部分和焊接部分常出现渗漏油现象，这是因为冲压散热管时，管的外壁受张力、内壁受压力，存在残余应力。

(3) 处理：将散热器上、下平板阀门（蝶阀）关闭，使散热器中油与箱体内油隔断，降低压力及渗漏量，确定渗漏部位后进行适当的表面处理，然后采用福世蓝材料进行密封治理。

6. 瓷瓶及玻璃油标渗漏油

(1) 现象：某变压器瓷瓶及玻璃油标出现渗漏油现象。

(2) 判断：通常是因为安装不当或密封失效。

(3) 处理：采用高分子复合材料可以很好地将金属、陶瓷、玻璃等材质进行粘接，从而治理渗漏油。

7. 匝间出现短路故障

(1) 现象：某变压器运行中过热，油温增高，电源侧电流略有增大，油中有时有“吱吱”声和“咕嘟”冒气泡声。

(2) 判断：变压器长期过载运行使匝间绝缘损坏，造成匝间短路。

(3) 处理：变压器大修后更换绕组。

8. 相间出现短路故障

(1) 现象：某变压器运行中油温剧增，储油柜喷油主变压器两侧开关跳闸。

(2) 判断：绕组相间的绝缘被击穿造成短路。由于变压器的主绝缘老化使绝缘降低，变压器油击穿电压偏低，电弧及熔化的铜粒子四散飞溅，使事故蔓延，扩大发展为相间短路。

(3) 处理：发生相间短路时应立即汇报值班调度员和上级领导，并请检修部门及时查清故障原因并处理，使变压器尽快恢复运行。

9. 有载分接开关出现短路故障

(1) 现象：某变压器运行中有载分接开关出现短路故障。

(2) 判断：有载分接开关的限流电阻在切换过程中被击穿、烧断，触头间的电弧可能越拉越长，使故障扩大，造成短路故障。

(3) 处理：停运变压器，对分接开关解体大修。

10. 夹件或螺钉出现松动故障

(1) 现象：某变压器运行中声音比平常大且有明显的杂音，但电流、电压又无明显异常。

(2) 判断：内部夹件或压紧铁芯的螺钉松动，导致硅钢片振动增大。

(3) 处理：停运，检查紧固内部夹件或压紧铁芯的螺钉。

11. 储油柜胶囊出现破裂故障

(1) 现象：某变压器运行中储油柜油位已满，呼吸器中出现变压器油并向外喷流，但瓦斯保护、压力释放阀、差动保护未动作。经对变压器停运并做电气试验，结果正常。

(2) 判断：储油柜胶囊破裂，呼吸器向外喷油。

(3) 处理：更换胶囊，打开储油柜排气口，从储油柜阀门向里注油，直到排气口看到油时停止注油，拧紧排气口螺钉。再从阀门放油，直到油位正常，此时胶囊自动经呼吸器吸入干燥空气。

(二) 干式变压器

1. 线圈松动

(1) 现象：某变压器投运 6 年后出现较大噪声。

(2) 判断：线圈或螺钉松动。

(3) 处理：先对所有螺钉进行紧固，噪声未消除。然后用缠电机用的漆布把变压器的所有线圈和钢片缝隙填满，运行正常。

2. 绝缘老化引起变压器燃烧着火

(1) 现象：某变压器运行中燃烧着火。

(2) 判断：据统计分析，烧毁的干式变压器中有 50%为绝缘老化被击穿所致。运行中的干式变压器要承受所加电场、空载损耗、负载损耗等产生的热量，以及环境（如空气中的温度）对绝缘的影响。在电场强度、热及其他因素影响下，绝缘材料逐渐老化，超过寿命会导致绝缘击穿，即绝缘完全丧失电气性能。

(3) 处理：更换变压器。

3. 在正常运行时的噪声问题

(1) 运行时的电压问题

①原因：电压高，使变压器过励磁，响声增大且尖锐。

②判断：先查看低压输出电压，不能只看低压柜上的电压表，应使用较为准确的万用表进行测量。

③处理：由于高压侧电压普遍偏高，根据低压侧输出电压，应把分接挡放在合适挡

位。在保证低压供电质量的前提下，尽量把高压分接向上调（低压输出电压降低），以此消除变压器的过励磁现象，同时降低变压器的噪声。

（2）风机、外壳、其他零部件的共振问题

①原因：风机、外壳、其他零部件的共振将会产生噪声，一般会误认为是变压器的噪声。

②判断：

A. 外壳。用手按一下外壳铝板（或钢板），看噪声是否变化，如果发生变化就说明外壳在共振。

B. 风机。用干燥的长木棍顶一下每个风机的外壳，看噪声是否变化，如果发生变化就说明风机在共振。

C. 其他零部件。用干燥的长木棍顶一下变压器每个零部件（如轮子、风机支架等），看噪声是否变化，如果发生变化就说明零部件在共振。

③处理：

A. 看外壳铝板（或钢板）是否松动，有可能安装时被踩变形了，需要紧一下外壳的螺钉，将外壳的铝板固定好，对变形的部分进行校正。

B. 看风机是否松动，需要紧一下风机的紧固螺栓，在风机和风机支架之间垫一小块胶皮，可以解决风机的振动问题。

C. 如果变压器零部件松动，则需要固定。

（3）安装的问题

①原因：安装不好会加剧变压器振动，放大变压器的噪声。

②判断：

A. 变压器基础不牢固或不平整（一个角悬空），或者底板太薄。

B. 用槽钢把变压器架起来，会增加噪声。

③处理：

A. 对原安装方式进行改造。

B. 变压器小车下面加防震胶垫，可解决部分噪声问题。

（4）安装环境的影响

①原因：运行环境影响变压器的声音，环境不利会使变压器的噪声增大 3～7 dB。

②判断：

A. 变压器室很大又很空旷，没有其他设备，有回音。

B. 变压器离墙太近，不到 1 m。变压器放在拐角处，墙面反射的噪声与变压器的噪声叠加，使噪声增大。

C. 原油变室比较狭小，换干变后变压器就像放在一个音箱上，噪声增大。

③处理：在室内适当加装一些吸音材料。

（5）母线桥架振动的问题

①原因：由于并排母线有大电流通过，漏磁场会使母线产生振动。母线桥架的振动将影响变压器的声音，使变压器的噪声增大 15 dB 以上。这比较难判断，一般会误认为是变压器的噪声。

②判断：

A. 噪声随负荷大小的变化而变化。

B. 用长木棍用力顶母线桥架，如果噪声发生变化就认为是母线桥架在共振。

C. 母线在桥架内振动，用长木棍顶也没有用。需要打开母线桥架盖板，检查母线是否固定好。

③处理：

A. 主要是破坏母线桥架共振的条件，紧或松吊杆螺栓。

B. 打开母线桥架盖板，将母线固定好。

C. 低压出线采用软连接。

（6）铁芯自身共振

①原因：硅钢片接缝处和叠片之间存在因漏磁而产生的电磁吸引力。

②判断：

A. 变压器噪声偏大，正常噪声中夹杂着其他噪声。

B. 变压器噪声成波浪状。

③处理：

A. 紧固变压器上的螺栓，包括夹件两头螺钉、穿心螺钉、垫块压钉螺栓。

B. 在变压器小车下面加防震胶垫可解决部分噪声。

（7）线圈自身共振

①原因：当绕组中有负载电流通过时，负载电流产生的漏磁引起绕组的振动。

②判断：

A. 变压器噪声偏大，噪声较为低沉。

B. 当变压器的负荷达到一定数值时，开始出现噪声，有时会出现时有时无的现象。

③处理：

A. 将垫块压钉螺栓全部紧一遍，增加线圈的轴向压紧力。

B. 将垫块压钉螺栓全部松掉，把出线铜排和零线铜排上的螺栓全部松掉，将低压线圈晃一晃，将高压线圈平移 3～5 mm，再将所有的螺栓拧紧。

(8) 负荷性质的问题

①原因：谐波负载使变压器的电压波形发生畸变（如谐振现象），产生噪声。

②判断：

A. 噪声中除变压器本身的噪声之外，还夹杂着“咯咯”的噪声。

B. 在运行过程中，会瞬时出现变压器噪声急剧变大的情况，不久又恢复正常。

C. 检查负荷中是否带有整流设备及变频设备。

③处理：可考虑加装滤波装置。

(9) 缺相的问题

①原因：变压器缺相不能正常励磁，产生噪声。

②处理：

A. 使变压器停电，检查电源是否缺电。

B. 检查变压器高压保险丝是否熔断一相。

(10) 悬浮电位的问题

①原因：变压器的夹件槽钢、压钉螺栓、拉板等零部件都喷了漆，各零部件接触不是很好，在漏磁场的作用下各零部件之间产生悬浮电位放电而发出响声。

②判断：悬浮电位放电可发出轻微的“吱吱”响声，一般用户会误认为是变压器高压或低压在放电。

③处理：

A. 这种放电对变压器运行不会有影响。

B. 检修时将变压器接触不良处的漆刮掉，让变压器各零部件接触良好。

(11) 低压线路发生接地或出现短路故障

当低压线路发生接地或出现短路故障时，变压器就会发出“轰轰”的噪声，短路点离变压器越近，噪声越大。

第四章　高压开关设备基本知识

高压开关设备是指额定电压在 1 kV 及以上，主要用于开断和关合导电回路的电器，是高压开关与其相应的控制、测量、保护、调节装置以及辅件、外壳和支持等部件及其电气和机械的联结组成的总称，是接通和断开回路、切除和隔离故障的重要控制设备。

高压开关设备一般包括高压断路器、高压真空接触器、隔离开关、负荷开关、高压熔断器及高压开关柜等。

第一节　高压断路器

一、概述

断路器是指能够关合、承载和开断正常回路条件下的电流，并能关合、在规定的时间内承载和开断异常回路的电流的开关装置。断路器按其使用范围分为高压断路器与低压断路器。高、低压界线的划分比较模糊，一般将 1 kV 及以上的称为“高压电器”。

高压断路器（或称“高压开关”）是变电所主要的电力控制设备，具有灭弧特性。当系统正常运行时，它能切断和接通线路及各种电气设备的空载和负载电流；当系统出现故障时，它和继电保护配合，能迅速切断故障电流，以防止事故范围扩大。因此，高压断路器工作的好坏直接影响到电力系统的安全运行，是电力系统中应用最多的设备。

高压断路器在电力系统中起着两方面的作用：一是控制作用，即根据电力系统运行需要，将一部分电力设备或线路投入或退出运行；二是保护作用，即在电力设备或线路出现故障时，通过继电保护装置作用于高压断路器，将故障部分从电力系统中迅速切除，以保证电力系统无故障部分的正常运行。

高压断路器的类型很多，但就其结构来讲，都是由开断元件、支撑绝缘件、传动元件、基座及操作机构 5 个基本部分组成的。开断元件是高压断路器的核心元件，控制、保护等方面的任务都需由它来完成。其他组成部分都是配合开断元件，为完成上述任务而设置的。

二、主要技术参数

（一）额定电压（标称电压）

额定电压是表征断路器绝缘强度的参数，是高压断路器长期工作的标准电压。为了适应电力系统工作的要求，高压断路器又规定了与各级额定电压相应的最高工作电压。对于3～220 kV 各级，最高工作电压较额定电压约高 15%；对于 330 kV 及以上各级，最高工作电压较额定电压约高 10%。高压断路器应能在最高工作电压下长期可靠地工作。

（二）额定电流

额定电流是表征高压断路器通过长期电流能力的参数，即高压断路器允许连续长期通过的最大电流。

（三）额定开断电流

额定开断电流是表征高压断路器开断能力的参数。在额定电压下，高压断路器能保证可靠开断的最大电流称为“额定开断电流”，其单位用高压断路器触头分离瞬间短路电流周期分量有效值的千安数表示。当高压断路器在低于其额定电压的电网中工作时，其开断电流可以增大。但受灭弧室机械强度的限制，开断电流有一最大值，称为“极限开断电流”。

（四）电动稳定电流

电动稳定电流是表征高压断路器通过短时电流能力的参数，反映高压断路器承受短路电流电动力效应的能力。高压断路器在合闸状态下或关合瞬间，允许通过的电流最大峰值称为“电动稳定电流”，又称为“极限通过电流”。高压断路器通过电动稳定电流时，不能因电动力作用而损坏。

（五）关合电流

关合电流是表征高压断路器关合电流能力的参数。因为高压断路器在接通电路时，电路中可能预伏有短路故障，此时高压断路器将关合很大的短路电流。这样，一方面由于短路电流的电动力减弱了合闸的操作力，另一方面由于触头尚未接触前发生击穿而产生电弧，可能使触头熔焊，从而使高压断路器损伤。高压断路器能够可靠关合的电流最大峰值称为“额定关合电流”。额定关合电流和电动稳定电流在数值上是相等的，两者都等于额定开断电流的 2.55 倍。

（六）热稳定电流和热稳定电流的持续时间

热稳定电流也是表征高压断路器通过短时电流能力的参数，但它反映高压断路器承受短路电流热效应的能力。热稳定电流是指高压断路器处于合闸状态下，在一定的持续时间内，所允许通过电流的最大周期分量有效值，此时高压断路器不应因短时发热而损坏。我国规定：断路器的额定热稳定电流等于额定开断电流。额定热稳定电流的持续时间为 2 s，需要大于 2 s 时，推荐 4 s。

（七）合闸时间与分闸时间

这是表征高压断路器操作性能的参数。各种不同类型的高压断路器的分、合闸时间不同，但都要求动作迅速。合闸时间是指从高压断路器操作机构合闸线圈接通到主触头接触这段时间，分闸时间包括固有分闸时间和熄弧时间两部分。固有分闸时间是指从操作机构分闸线圈接通到触头分离这段时间。熄弧时间是指从触头分离到各相电弧熄灭这段时间。所以，分闸时间也称为“全分闸时间”。

（八）操作循环

这也是表征高压断路器操作性能的指标。架空线路的短路故障大多是暂时性的，短路电流被切断后，故障即迅速消失。因此，为了提高供电的可靠性和系统运行的稳定性，高压断路器应具有能承受多次的关合、开断，或关合后立即开断的动作能力。此种按一定时间间隔进行多次分、合的操作称为“操作循环”。我国规定高压断路器的额定操作循环如下：

自动重合闸操作循环：分——t'——合分——t——合分。

非自动重合闸操作循环：分——t——合分——t——合分。

其中，分表示分闸动作；合分表示合闸后立即分闸的动作；t'表示无电流间隔时间，即断路器断开故障电路，从电弧熄灭起到电路重新自动接通的时间，标准时间为0.3 s或0.5 s，也即重合闸动作时间；t为运行人员强送电时间，标准时间为180 s。

通常用以上参数表征高压断路器的基本工作性能。

三、选择

为保证高压断路器在正常运行、检修、短路和过电压情况下的安全，应按下列条件选择：

（1）按正常工作条件（包括电压、电流、频率、机械荷载等）选择。

①按工作电压选择的高压断路器，其额定电压应符合所在回路的系统标称电压，其允许的最高工作电压U_{max}不应小于所在回路的最高运行电压U_y，即$U_{max} \geqslant U_y$。

②按工作电流选择高压断路器的额定电流I_n不应小于该回路在各种可能运行方式下的持续工作电流I_g，即$I_n \geqslant I_g$。

（2）按短路条件（包括短时耐受电流、峰值耐受电流、关合和开断电流等）选择。

（3）按环境条件（包括温度、湿度、海拔、地震等）选择。

（4）按承受过电压能力（包括绝缘水平等）选择。

（5）按短路时热效应校验和动稳定性校验要求选择。

四、分类

根据安装地点，高压断路器可分为户内和户外两种。根据使用的灭弧介质，高压断路器可分为以下几种类型。

（一）油断路器

1. 多油断路器和少油断路器

油断路器以绝缘油为灭弧介质，可分为多油断路器和少油断路器。

在多油断路器中，油不仅作为灭弧介质，还作为绝缘介质，因此用油量多，体积大。

在少油断路器中，断路器的导电部分与接地部分之间的绝缘主要靠瓷件完成。油只用作灭弧和触头开断后弧隙的绝缘介质，用油量比多油断路器少得多。

2. 缺点

（1）灭弧介质在一定条件下会燃烧爆炸。多油断路器和少油断路器都要充油，其作用是灭弧、散热和绝缘。作为灭弧介质的变压器油属可燃液体，在电弧作用下能分解出大量的易燃气体，在一定的条件下甚至会爆炸。它的危险性不仅是在出现故障时可能会引起爆炸，而且爆炸后由于油断路器内的高温油发生喷溅，还会形成大面积的燃烧，引起相间短路或对地短路，破坏电力系统的正常运行，使事故扩大，甚至造成严重的人身伤亡。

（2）不允许频繁操作。油断路器在切断电流熄灭电弧时要经历一个过程，电弧引起变压器油分解出来的气体的消散需要时间，油断路器油筒中的油纹力的缓解也需要时间。频繁操作轻则引起油喷，重则导致断路器爆炸。

（3）油会对环境造成污染。随着环境保护的要求越来越严格，油断路器的污染问题越来越突出。

（4）维护量大。油断路器需要维修的零部件较多，维修工作量较大，维修费用高，且影响使用。

以上缺点决定了油断路器会逐渐被真空断路器淘汰，目前已经基本上不再应用。

3. 运行检查

在运行时应经常检查油面高度，油面必须严格控制在油位指示器范围之内。当发现异常，如漏油、渗油、有不正常声音等时，应采取措施，必要时须立即降低负载或停电检修。当故障跳闸重复、合闸不良，而且电流变化很大，断路器喷油有瓦斯气味时，必须立即停止运行，严禁强行送电，以免发生爆炸。

（二）压缩空气断路器

压缩空气断路器是利用压缩空气来吹弧并作为操作能源的一类断路器。先用压缩空气机将空气压缩储存在灭弧室内，当进行分闸操作时，打开阀系统使灭弧室内的压缩空气按一定的要求自喷口喷出，对电弧进行强烈的冷却和气吹，从而使电弧熄灭。

空气断路器属于他能式断路器，当其工作时，高速气流吹弧对弧柱产生强烈的散热和冷却作用，使弧柱热电离，并迅速减弱以至消失。电弧熄灭后，电弧间隙即由新鲜的压缩空气补充，介电强度迅速恢复。

其缺点是结构复杂，加工和装配要求高，需要较多的有色金属，而且使用时还要附加空气压缩装置。

由于出现了结构简单、灭弧性能良好和电寿命长的真空断路器和六氟化硫（SF_6）断路器，压缩空气断路器也逐渐被淘汰。

（三）真空断路器

真空断路器因其灭弧介质和灭弧后触头间隙的绝缘介质都是高真空而得名，是一种以气体分子极为稀少、绝缘强度很高的真空空间为熄弧介质的新型开关。其触头是在密封的真空灭弧室内分、合电路的，当切断电流时，仅有金属蒸气离子形成的电弧，而无气体的碰撞游离。因金属蒸气离子的扩散及再复合过程非常迅速，从而能快速灭弧和恢复原来的真空度，可承受多次分、合闸而不降低开断能力，并且不产生高压气体及有毒气体（见图4-1-1）。

图 4-1-1　某真空断路器

1. 主要结构功能

真空断路器本体部分由导电回路、绝缘系统、密封件和壳体组成，整体结构为三相共箱式。其中导电回路由进出线导电杆、进出线绝缘支座、导电夹、软连接与真空灭弧室连接而成。

从功能上说，真空断路器主要包含三大部分：真空灭弧室、操作机构、其他部件。

（1）真空灭弧室。真空泡内的真空灭弧室是利用高真空作为绝缘灭弧介质，靠密封在真空中的一对触头来实现电力电路的通断功能的一种电真空器件，被称为真空断路器的“心脏”。当其断开一定数值的电流时，动、静触头在分离的瞬间，电流收缩到触头刚分离的一点上，使电极间电阻剧烈增大和温度迅速提高，直至发生电极金属蒸发，同时形成极高的电场强度，导致极强烈的发射和间隙击穿，产生真空电弧；当工频电流接近零时，触头开距同时增大，真空电弧的等离子体很快向四周扩散，电弧电流过零后，触头间隙的介质迅速由导电体变为绝缘体，于是电流被分断。由于触头的特殊构造，燃弧期间触头间隙会产生适当的纵向磁场，这个磁场可使电弧均匀分布在触头表面，维持低的电弧电压，从而使真空灭弧室具有较高弧后介质强度恢复速度、小的电弧能量和小的腐蚀速率，这样，就提高了真空灭弧室开断电流的能力和使用寿命。

按照开关形式不同，真空灭弧室分为外屏蔽罩式陶瓷真空灭弧室、中间封接杯状纵磁场小型化真空灭弧室、内封接式玻璃泡灭弧室，基本结构如图 4-1-2 所示。

①气密绝缘系统（外壳）。由陶瓷、玻璃或微晶玻璃制成的气密绝缘筒、动端盖板、静端盖板、不锈钢波纹管组成的气密绝缘系统是一个真空密闭容器。为了保证气密性，除了在封接上有严格的要求，还要求材料本身的透气性和内部放气量。

②导电系统。由定导电杆、定跑弧面、静触头、动触头、动跑弧面、动导电杆构成。触头结构大致有 3 种：圆柱形触头、带有螺旋槽跑弧面的横向磁场触头、纵向磁场触头。目前多采用纵磁场技术，此种灭弧室具有强而稳定的电弧开断能力。

图 4-1-2　真空灭弧室结构

③屏蔽系统。屏蔽罩是真空灭弧室中不可缺少的元件，有围绕触头的主屏蔽罩、波纹管屏蔽罩和均压用屏蔽罩等多种。

主屏蔽罩的作用是：防止燃弧过程中电弧生成物喷溅到绝缘外壳的内壁，从而降低外壳的绝缘强度；改善灭弧室内部电场分布的均匀性，有利于降低局部场强，促进真空灭弧室小型化；冷凝电弧生成物，吸收一部分电弧能量，有助于弧后间隙介质强度的恢复。

（2）操作机构。断路器的操作机构有电磁操作机构、气动操作机构、弹簧操作机构、液压操作机构、液压弹簧操作机构、永磁操作机构等。老式开关常用的 CD 10 和 CD 17 电磁操作机构、CT 8 弹簧操作机构、液压操作机构等基本被淘汰，现多用性能稳定的新式弹簧操作机构。此机构为电动储能、电动分合闸，同时具有手动功能。整个机构由合闸弹簧、储能系统、过流脱扣器、分合闸线圈、手动分合闸系统、辅助开关、储能指示等部件组成。

①储能过程。当储能电机接通电源时，电机带动偏心轮转动，通过紧靠在偏心轮上的滚子带动拐臂及连板摆动，推动储能棘爪摆动，使棘轮转动。当棘轮上的销与储能轴套的板靠住以后，二者一起运动，使挂在储能轴套上的合闸弹簧拉长。储能轴套由定位销固定，维持储能状态。同时，储能轴套上的拐臂推动行程开关切断储能电机的电源，并且储能棘爪被抬起，与棘轮可靠脱离。

②合闸操作过程。当机构接到合闸信号后（开关处于断开、已储能状态），合闸电磁铁的铁芯被吸、向下运动，拉动定位件向逆时针方向转动，解除储能维持，合闸弹簧

带动储能轴套向逆时针方向转动，其凸轮压动传动轴套，带动连板及摇臂运动，使摇臂扣住半轴，使机构处于合闸状态。此时，联锁装置锁住定位件，使定位件不能向逆时针方向转动，达到机构联锁的目的，保证了机构在合闸位置不能合闸操作。

③分闸操作过程。断路器合闸后，分闸电磁铁接到信号，铁芯吸合，分闸脱扣器中的顶杆向上运动，使脱扣轴转动，带动顶杆向上运动，顶动弯板并带动半轴向逆时针方向转动。半轴与摇臂解扣，在分闸弹簧的作用下，断路器完成分闸操作。

（3）其他部件。其他部件包括基座、绝缘支撑件、绝缘子等。

2. 优点

（1）触头部分为彻底密封的构造，在密封的容器中灭弧、电弧和火热气体不外露，不会因潮气、尘埃、有害气体等的影响而降低功能。

（2）因为无油，故无火灾风险，性能可靠，使用期长。

（3）触头开距小，10 kV 真空断路器的触头开距只有 10 mm 左右，操作机构的操作功小，机械部分行程小，其机械寿命就长。

（4）燃弧时间短，且与开关电流大小无关，一般只有半周波。

（5）熄弧后触头间隙介质恢复速度快，对开断近区故障性能较好。

（6）开断电流时磨损量较小，触头的电气寿命长，满容量开断达 30～50 次，额定电流开断达 5000 次以上。

（7）动导电杆的惯性小、噪声小，适于频繁操作。

（8）构造简单，体积小、质量轻。

（9）适用于开断容性负荷电流。

由于优点很多，所以真空断路器被广泛应用于变电站中，并成为中压领域的主导产品。

3. 运行维护

真空断路器的工艺水平适合我国企业的制造现状，价格相对较低，非常适合我国的国情，因此得到了普遍的应用。但是，由于真空断路器依赖真空实现快速灭弧开断，在检测中也出现过真空灭弧室漏气、机械特性失调、温升过高等现象，因此，在应用真空断路器时必须处理好几个关键问题。

（1）真空室漏气。真空灭弧室是真空断路器的核心部件，采用玻璃或陶瓷作支撑及密封，内部有动、静触头和屏蔽罩，室内有负压，真空度为 10^{-6}～10^{-4} Pa，以保证其开断时的灭弧性能和绝缘水平。随着真空灭弧室使用时间的增长和开断次数的增多，以及外界因素的作用，其真空度逐步下降，开断性能也随之降低。当真空度高于 1.3×10^{-2} Pa 时，将导致开断和关合能力不稳定。因此，应注意下列几点：

①真空灭弧室出厂时的真空度应不高于 1.3×10^{-5} Pa。

②出厂前真空断路器应经过严格的检查和装配，维修时应紧固灭弧室的各螺栓，以保证其受力均匀。

③保证导电杆同心度的设计。如果可动导电杆同心度调整不当，将使陶瓷、法兰与金属的封接强度不够稳定，致使真空灭弧室漏气。在错误的操作过程中，易引起波纹管的扭曲变形。为防止出现这种现象，在动导电杆的导向套部位可采用六边形设计、花键连接设计。

④不得用任何外力碰撞真空灭弧室，严禁敲击、拍打，搬动及维护时不得受力。禁止把任何物体放在真空开关上，以防止落下时打坏真空灭弧室。

⑤装调时如果发现螺纹配合不良，应查明原因后再处理，不要用很大的力气去拧动真空灭弧室开关，以防止波纹管受到损伤。

⑥严格控制触头行程。不能误以为开距大对灭弧有利而随意增加真空断路器的触头行程，因为真空断路器的行程比较短。一般额定电压为 10～15 kV 的真空开关触头行程仅为 8～12 mm，触头超行程仅为 2～3 mm。如果过多地增加触头的行程，会使开关合闸后在波纹管上产生过大的应力，引起波纹管损坏，破坏开关密封外壳内的真空。分闸缓冲器的回弹不应过大，否则会影响波纹管的寿命。

⑦合理选择使用和储存环境。真空灭弧室的存放和使用环境中应无化学腐蚀性气体存在。真空灭弧室的波纹管大多数是由 0.1～0.15 mm 厚度的不锈钢液压成型的。高压真空断路器应用环境的污秽等级、湿度、盐雾等选择不够合适，有害气体、凝露会造成波纹管点状腐蚀，导致波纹管、盖板及封接面的漏气。

⑧定期进行工频耐压试验。新装后和运行中应结合验收或预防性试验对真空灭弧室断口进行工频耐压试验，以检验其真空度。

⑨监控触头磨损值。当动、静触头的总磨损量达到制造厂的规定值时应更换真空灭弧室。真空灭弧室的触头接触面在经过多次开断电流后会逐渐磨损，触头行程增大，也就相当于波纹管的工作行程增大，因而波纹管的寿命会迅速下降，通常允许触头磨损的最大值为 3 mm。为了能够准确地控制每个真空灭弧室触头的磨损值，必须从灭弧室开始安装使用时起，每次进行预防性试验或维护时，准确地测量开距和超程并进行比较，触头磨损后累计减小值就是触头累计磨损值。当累计磨损值达到或超过此值时，真空灭弧室的开断性能和导电性能都会下降，真空灭弧室的使用寿命即已到期。新一代高压真空断路器普遍采用纵向磁场灭弧原理和铜铬触头材料，以减少触头烧损，延长使用寿命。

（2）操作机构配合。开关的分、合动作是通过操作机构来实现的。操作机构的工作性能和质量的优劣，对高压断路器的工作性能起着极为重要的作用。真空断路器由于其真空灭弧性能的优异，使其开断速度和电寿命大大增加。因此，与其配合的操作机构的机械动作性能及可靠性就成了较为突出的问题。

在实际安装和调试过程中，应做到：

①进行交接验收。真空断路器出厂前已做过试验，但在运往现场安装完毕后，应进行有关参数的复核，以防止设备在运输中参数发生变化，特别是操作机构与真空断路器连接后。主要复测的参数有合闸弹跳，分闸同期，开距，超程，合、分闸速度，合、分闸时间，直流接触电阻，断口绝缘水平。

②重视缓冲特性的调整。操作机构在高压真空断路器机械结构中是最为复杂、精度要求最高的部分，为了保证高压真空断路器的可靠性，一般采取分装式结构，即将操作机构与断路器主体分开，由配套工厂集中生产操作机构，然后再将机构的输出轴与断路器合而为一。所以机械参数的合理配置与调整，直接关系到高压真空断路器的技术性能和机械寿命。合格的缓冲特性应该是运动部件接触缓冲瞬间，缓冲器提供较小的反力，随着缓冲距离的增加，缓冲特性迅速变陡，最大限度地吸收分离能量，达到限制分闸反弹和分闸行程的目的。

③严格控制真空断路器的合、分闸速度。当真空断路器的合闸速度过低时，会由于预击穿时间加长，而增大触头的磨损量。又由于真空断路器灭弧室一般采用铜焊工艺，并且经高温去气处理，所以它的机械强度不高，耐振性差。如果断路器合闸速度过快，会造成较大的振动，还会对波纹管产生较大冲击，降低波纹管寿命。通常真空断路器的合闸速度为0.6～2 m/s，对一定结构的真空断路器有着最佳合闸速度。真空断路器断路时的燃弧时间短，其最大燃弧时间不超过1.5个工频半波，因此，需要严格控制断路器的分闸速度。此外，要求真空断路器的分闸缓冲器与合闸缓冲器有较好的特性，尽量减轻分闸或合闸时的冲击力，以保护真空灭弧室。

真空断路器的燃弧时间短，绝缘强度高，电气寿命也较长，触头的开距与行程小，操作的能量小，因此，机械寿命也较长。在日常的运行中，维护工作量很小，主要检查机构的运动部件磨损情况，紧固件有无松动，清除绝缘表面的灰尘，在活动部位注入一些润滑脂等。

（四）六氟化硫（SF_6）断路器

1. 概述

六氟化硫断路器是利用六氟化硫气体作绝缘介质和灭弧介质的新型断路器，六氟化硫气体是无色、无味、无毒、不可燃的惰性气体，具有很高的抗电强度和良好的灭弧性能，介电强度远远超过传统的绝缘气体。因此，其用于电气设备中，可以缩小设备尺寸，消除火灾，改善电力系统的可靠性和安全性。

近年来，六氟化硫断路器发展很快，尤其以六氟化硫断路器为主体的封闭式组合电器，是中高压和超高压电器的重要发展方向。

2. 工作原理

六氟化硫断路器内经常充满 3～5 个大气压的六氟化硫气体作为断路器的内绝缘。在断路器断开的过程中，由动触头带动活塞压气，以形成用来吹熄电弧的气流。

六氟化硫断路器灭弧室由动触头、绝缘喷嘴和压气活塞连在一起，通过绝缘连杆由操作机构带动。静触头制成管形，动触头是插座式，动、静触头的端部都镶有铜钨合金，绝缘喷嘴由耐高温、耐腐蚀的聚四氟乙烯制成。

断路器进行分闸时，动触头、活塞一起运动，动、静触头分开后产生电弧，活塞迅速移动时使气体受压缩，产生气流通过喷嘴，对电弧进行纵吹，使电弧熄灭。此后，灭弧室内的气体通过静触头内孔和冷却器排入开关本体内。

断路器进行合闸时，操作机构带动动触头、喷嘴和活塞运动，使静触头插入动触头座内，以使动、静触头有良好的电接触，达到合闸的目的。

3. 泄漏安全防护

在开关内的六氟化硫气体经电弧分解后，会产生许多有毒的、具有腐蚀性的气体和固体分解物，这不仅会影响到设备的性能，而且还会危及到运行和检修人员的安全。

六氟化硫开关利用六氟化硫密度继电器来监视气体的压力变化。当六氟化硫气体压力下降到第一报警值时，密度继电器动作，报出补气压力的信号。当六氟化硫气体压力下降到第二报警值时，密度继电器动作，报出闭锁压力的信号，同时把开关的跳合闸回路断开，实现分、合闸闭锁。

在处理漏气故障时，一定要注意做好防护措施。在运行中发生六氟化硫气体泄漏时，如嗅到有强烈刺激性气味，运行或检修人员必须穿戴防护用具。在工作中，若出现流泪、流鼻涕、咽喉中有热辣感、发音嘶哑、头晕以及胸闷、恶心、颈部不适等症状，应迅速离开现场，到空气新鲜处休息，必要时应到医院检查治疗。

当有大量六氟化硫气体泄漏时，运行人员在设备附近进行检查、操作和布置安全措施后，应将所使用过的保护用具清洗干净，人员也应及时洗手或洗澡。在进行上述工作时，必须有监护人在场，以确保安全。

此外，还有磁吹断路器和自产气断路器，它们具有防火防爆、使用方便等优点，但是一般额定电压不高，开断能力不强，主要用作配电用断路器。

第二节　高压真空接触器

一、概述

高压真空接触器利用真空灭弧室灭弧，用以频繁接通和切断正常工作电流，通常用于远距离接通和断开中、低压频繁启停的 6 kV、10 kV 交流电动机（见图 4-2-1）。

港口皮带流程性生产较多，所以高压真空接触器的应用较为广泛。

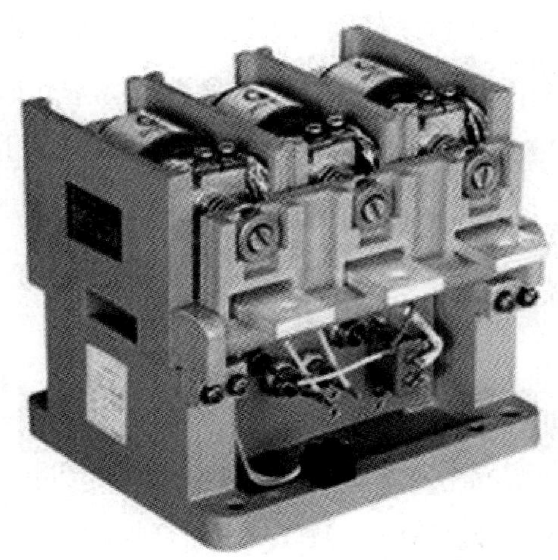

图 4-2-1　某高压真空接触器

二、真空接触器和真空断路器的区别

真空接触器和真空断路器相似，但也有不同之处。真空接触器属于控制电器，是一种反复操作的装置，可以频繁动作，开合正常工作电流，不具有短路保护作用，不能开断短路电流。而断路器则既能开合正常工作电流，又能开断短路电流。

三、结构特点

高压真空接触器主要由真空灭弧室和操作机构组成。

（一）真空灭弧室

真空灭弧室具有通过正常工作电流和频繁切断工作电流时可靠灭弧两个作用，但不能切断过负荷电流和短路电流。

高压真空接触器的灭弧室与断路器的灭弧室类似。真空外壳用玻璃或陶瓷绝缘材料制成，内部保持相对真空，触头开距可以做得很小，电弧也较容易被熄灭。触头一般用铜、锑、铁等合金制成。灭弧室内设屏蔽罩，其作用是：当分断电流时，凝结触头间隙中扩散出来的金属蒸气有助于熄弧，还可以防止金属蒸气溅落到绝缘外壳上而降低其绝缘强度。动触头与外壳下端用波纹管连接，动触头可以上下运动又不会漏气。

（二）操作机构

同样，高压真空接触器的操作机构与断路器的操作机构也有很多相似之处，按其动作原理特性目前主要有 2 类。

（1）分别设置分、合闸控制。同断路器操作方式，分别设分、合闸线圈，合闸时合闸线圈通电，吸引衔铁，接触器闭合；分闸时分闸线圈通电跳闸。

（2）只设合闸控制。只有合闸线圈，合闸时合闸线圈通电，吸引衔铁，接触器闭合；分闸时合闸线圈断电，使主触头分断，接触器断开。

根据合闸保持方式又分为机械保持和电气保持 2 种。机械保持采用机械锁扣，当合闸线圈通电时，接触器吸合，机械锁扣锁住；分闸时机械锁扣脱扣，接触器释放。电气保持则靠合闸线圈长期通电吸合保持。港口供配电系统中多采用电气保持方式。

第三节　隔离开关

一、概述

隔离开关是一种主要用于隔离电源、倒闸操作、连通和切断小电流电路、具有无灭弧功能的开关器件。隔离开关在分位置时，触头间有符合规定要求的绝缘距离和明显的断开标志；在合位置时，能承载正常回路条件下的电流及在规定时间内异常条件（如短路）下的电流。一般常用高压隔离开关，即额定电压在 1 kV 以上的隔离开关。它本身的工作原理及结构比较简单，但是由于使用量大，工作可靠性要求高，对变电所、电厂的设计、建立和安全运行的影响均较大。隔离开关的主要特点是无灭弧能力，只能在没有负荷电流的情况下分合电路。图 4-3-1 和图 4-3-2 分别为户内三极和户外 V 形隔离开关。

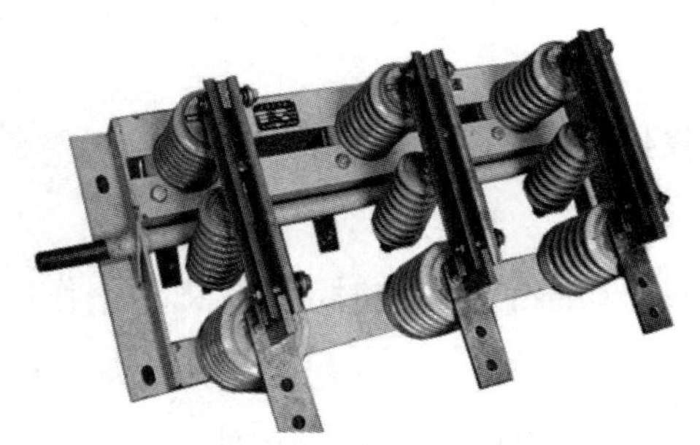

图 4-3-1　户内三极隔离开关

图 4-3-2　户外 V 形隔离开关

二、用途

隔离开关的主要用途是：隔离高压电源，并形成明显可见的间隔，以保证其他电气设备能够安全检修。

（1）分闸后，建立可靠的绝缘间隙，将需要检修的设备或线路与电源用一个明显断开点隔开，以保证检修人员和设备的安全。

（2）根据运行需要，换接线路。

（3）可用来分合线路中的小电流，如套管、母线、连接头、短电缆的充电电流，开关均压电容的电容电流，双母线换接时的环流以及电压互感器的励磁电流等。

（4）根据不同结构类型的具体情况，可用来分合一定容量变压器的空载励磁电流。

一般在断路器前后各安装一组隔离开关，目的均是将断路器与电源隔离，形成明显断开点。因为原来的断路器采用的是油断路器，而油断路器需要经常检修，故两侧就要有明显断开点，以利于检修。在一般情况下，出线柜是从上面母线通过开关柜向下供电，在断路器前面需要一组隔离开关与电源隔离；但有时断路器的后面也有来电的可能，如通过其他环路的反送、电容器等装置的反送，故断路器的后面也需要一组隔离开关。

隔离开关的触头全部敞露在空气中，具有明显的断开点，其没有灭弧装置，不能用来切断负荷电流或短路电流，否则在高压作用下，断开点将产生强烈电弧，并很难自行熄灭，甚至可能造成飞弧（相对地或相间短路），烧损设备，危及人身安全，这就是所谓“带负荷拉隔离开关”的严重事故。

三、特点

（1）在电气设备检修时，提供一个电气间隔，并且是一个明显可见的断开点。

（2）隔离开关不能带负荷操作（不能带额定负荷或大负荷操作），不能分合负荷电流和短路电流，但是有灭弧室的可以带小负荷及空载线路操作。

（3）一般送电操作时先合隔离开关，后合断路器或负荷类开关；断电操作时先断开断路器或负荷类开关，后断开隔离开关。

（4）选用时和其他的电气设备要求相同，其额定电压、额定电流、电动稳定电流、热稳定电流等都必须符合使用场合的需要。

四、类型

（一）按其安装方式的不同

隔离开关可分为户外隔离开关与户内隔离开关。户外隔离开关能承受风、雨、雪、污秽、凝露、冰及浓霜等恶劣条件，而户内隔离开关则无此功能。

（二）按其绝缘支柱结构的不同

隔离开关可分为单柱式隔离开关、双柱式隔离开关、三柱式隔离开关。其中单柱式隔离开关在架空母线下面直接将垂直空间用作断口的电气绝缘，因此，具有明显的优点：节约占地面积，减少引接导线，同时分合闸状态特别清晰。在超高压输电情况下，变电所采用单柱式隔离开关后，节约占地面积的效果更为显著。

按绝缘情况可分为普通型及加强绝缘型 2 类，按接地情况可分为带接地刀闸和不带接地刀闸 2 种。隔离开关一般为开启式，但在特定条件下也可定制成封闭式隔离开关。

五、配置

隔离开关配置在主接线上，保证了线路及设备检修时可形成明显的断口与带电部分隔离。

（1）断路器的两侧均应配置隔离开关，以便在断路器检修时形成明显的断口与电源隔离。

（2）中性点直接接地的高压主变压器，均应通过隔离开关接地。

（3）在母线上的避雷器和电压互感器宜合用一组隔离开关，以保证电器和母线的检修安全，每段母线上宜装设 1～2 组接地刀闸。

（4）接在变压器引出线或中性点的避雷器可不装设隔离开关。

（5）当馈电线路的用户侧没有电源时，断路器通往用户的那一侧可以不装设隔离开关。

六、主要参数

（一）额定电压

隔离开关额定电压应不小于系统最高电压。

（二）额定电流

额定电流标准值应大于最大负载电流的 150%。

（三）额定热稳定电流

选择大于系统短路电流的额定热稳定电流值。

七、操作场合

一般规定隔离开关允许进行以下操作：

（1）正常时拉合电压互感器和避雷器。

（2）拉合电网没有接地故障时的变压器中性点。

（3）拉合经开关或隔离开关闭合的旁路电流。

（4）10 kV 户外三联隔离开关拉合不超过 15 A 的负荷电流。

（5）10 kV 隔离开关拉合不超过 70 A 的环路均衡电流。

八、操作注意事项

（1）首先，在操作隔离开关时，应先检查相应回路的断路器是否在断开位置，以防止带负荷拉合隔离开关。

(2) 线路停、送电时，必须按顺序拉合隔离开关。当停电操作时，必须先拉断路器，后拉线路侧隔离开关，再拉母线侧隔离开关。送电操作顺序与停电顺序相反。这是因为当发生误操作时，按上述顺序操作可缩小事故范围，避免人为因素使事故扩大到母线。

(3) 在操作中，如发现绝缘子严重破损、隔离开关传动杆严重损坏等严重缺陷时，不得进行操作。

(4) 当对隔离开关进行操作时，应有值班人员在现场逐相检查其分合闸位置、同期情况、触头接触深度等项目，确保隔离开关动作正确、位置正确。

(5) 隔离开关一般应在主控室进行操作。当远控电气操作失灵时，可在现场就地进行手动或电动操作，但必须征得许可，并在有现场监督的情况下进行。

(6) 隔离开关、接地刀闸和断路器之间安装有防止误操作的电气、电磁和机构闭锁装置。当进行倒闸操作时，一定要按顺序进行。如果闭锁装置失灵或隔离开关和接地刀闸不能正常操作，必须严格按闭锁的要求条件检查相应的断路器、刀闸位置状态，只有核对无误后才能解除闭锁再进行操作。

九、维护

(1) 清扫绝缘子表面的灰尘，检查瓷件表面是否掉釉、破损，有无裂纹和闪络痕迹，绝缘子的铁、瓷结合部位是否牢固；若破损严重，应进行更换。

(2) 用汽油擦净刀片、触点或触指上的油污，检查接触表面是否清洁，有无机械损伤、氧化和过热痕迹及扭曲、变形等现象。

(3) 检查触点或刀片上的附件是否齐全，有无损坏。

(4) 检查连接隔离开关和母线、断路器的引线是否牢固，有无过热现象。

(5) 检查软连接部件有无折损、断股等现象。

(6) 检查并清扫操作机构和传动部分，并加入适量的润滑油脂。

(7) 检查传动部分与带电部分的距离是否符合要求；定位器和制动装置是否牢固，动作是否正确。

(8) 检查隔离开关的底座是否良好，接地是否可靠。

第四节　负荷开关

一、概述

负荷开关是一种功能介于断路器和隔离开关之间的电器，常与熔断器串联配合使用，用于控制电力变压器。负荷开关具有简单的灭弧装置，因此能通断一定的负荷电流和过负荷电流。但是它不能断开短路电流，所以它一般与熔断器串联使用，借助熔断器来进行短路保护。

在配电装置中，当负荷开关装有脱扣器时，在过负荷的情况下也能自动跳闸。

负荷开关及组合电器适用于中、高压电力系统中，或与成套配电设备及环网开关柜、组合式变电站等配套使用，广泛用于域网建设改造工程、工矿企业、高层建筑和公共设施等，可作为环网供电或终端，起着电能的分配、控制和保护的作用。

二、与断路器、隔离开关的区别

(1) 负荷开关是可以带负荷分断的，有自灭弧功能，但它的开断容量很小、很有限。

(2) 隔离开关一般是不能带负荷分断的，因结构上没有灭弧罩。也有能分断负荷的隔离开关，只是在结构上与负荷开关不同，相对来说简单一些。

(3) 负荷开关和隔离开关都可以形成明显断开点，大部分断路器不具备隔离功能。

(4) 隔离开关不具备保护功能，负荷开关的保护一般是加熔断器保护，只有速断和过流。

(5) 断路器的开断容量可以在制造过程中做得很高，依靠加电流互感器配合二次设备来保护，可具有短路保护、过载保护、接地保护等功能。

三、分类

(一) 固体产气式负荷开关

固体产气式负荷开关利用开断电弧本身的能量使弧室的产气材料产生气体来吹灭电弧，其结构较为简单，适用于 35 kV 及以下的产品。

(二) 压气式负荷开关

压气式负荷开关利用开断过程中活塞的压气吹灭电弧，其结构也较为简单，适用于 35 kV 及以下的产品。

(三) 压缩空气式负荷开关

压缩空气式负荷开关利用压缩空气吹灭电弧，能开断较大的电流，其结构较为复杂，适用于 60 kV 及以上的产品。

(四) SF_6 式负荷开关

SF_6 式负荷开关利用 SF_6 气体灭弧，其开断电流大，开断电容电流性能好，但结构较为复杂，适用于 35 kV 及以上的产品。

(五) 油浸式负荷开关

油浸式负荷开关利用电弧本身的能量使电弧周围的油分解气化并冷却熄灭电弧，其结构较为简单，但质量大，适用于 35 kV 及以下的户外产品。

（六）真空式负荷开关

真空式负荷开关利用真空介质灭弧，寿命长，应用较为广泛。

四、工作原理

负荷开关的工作原理与断路器相似，一般装有简单的灭弧装置，但其结构比较简单。如压气式高压负荷开关工作的过程是：当分闸时，在分闸弹簧的作用下，主轴顺时针旋转，一方面通过曲柄滑块机构使活塞向上移动，将气体压缩，另一方面通过两套四连杆机构组成的传动系统使主闸刀先打开，然后推动灭弧闸刀使弧触头打开，气缸中的压缩空气通过喷口吹灭电弧。当合闸时，通过主轴及传动系统使主闸刀和灭弧闸刀同时顺时针旋转，弧触头先闭合，主轴继续转动，使主触头随后闭合。在合闸过程中，分闸弹簧同时储能。由于负荷开关不能开断短路电流，故常与限流式高压熔断器组合在一起使用，利用限流熔断器的限流功能，不仅可完成开断电路的任务，并且可显著减轻短路电流所引起的热和电动力的作用。

五、注意事项

（1）垂直安装，开关框架、合闸机构、电缆外皮、保护钢管均应可靠接地（不能串联接地）。

（2）运行前应进行数次空载分合闸操作，各转动部分无卡阻，合闸到位，分闸后有足够的安全距离。

（3）与负荷开关串联使用的熔断器熔体应选配得当，即应使故障电流大于负荷开关的开断能力时保证熔体先熔断，然后负荷开关才能分闸。

（4）合闸时应接触良好，连接部无过热现象。

（5）巡检时应注意检查瓷瓶有无脏污、裂纹、掉瓷、闪烁放电现象，消弧装置是否完好，操作机构及传动装置是否完好，无异音、异味。

第五节　高压熔断器

一、概述

熔断器是指当电流超过规定值时，以本身产生的热量使熔体熔断、断开电路的一种电器。熔断器广泛应用于高、低压配电系统和控制系统以及用电设备中，作为短路和过电流的保护器（见图 4-5-1）。

图 4-5-1　熔断器

熔断器是一个热能响应器件，其内的熔片或熔丝用电阻率较高的易熔合金制成，或用截面积较小的良导体制成。为了保护线路及其他设备，它被有意设计和制造成线路中最弱的一部分。在线路正常工作的情况下，熔断器中的熔片或熔丝不会熔断，当系统中一旦发生短路或者严重过载时，熔片或熔丝会立即熔断。

二、用途

高压熔断器是常用的一种保护电器，其结构简单，常用于保护线路、变压器及电压互感器等设备。高压熔断器由熔体、支持金属体的触头和保护外壳 3 部分组成（见图 4-5-2），串联在电路中。若电路发生超负荷或短路故障，当故障电流超过熔体的额定电流时，熔体会被迅速加热熔断，从而切断电流以防止故障扩大。

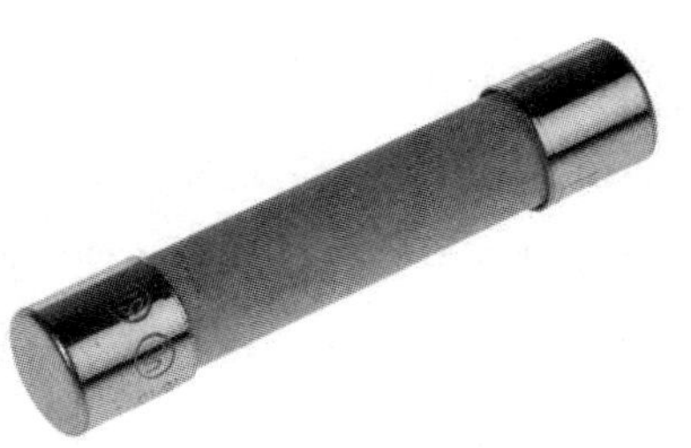

图 4-5-2　高压熔断器结构

三、类型

高压熔断器按使用场所可分为户内型和户外型 2 种。户内型一般制成固定式，而户外型则多为跌落式（熔丝熔断后，熔体管自动断开）。图 4-5-3 为跌落式熔断器。

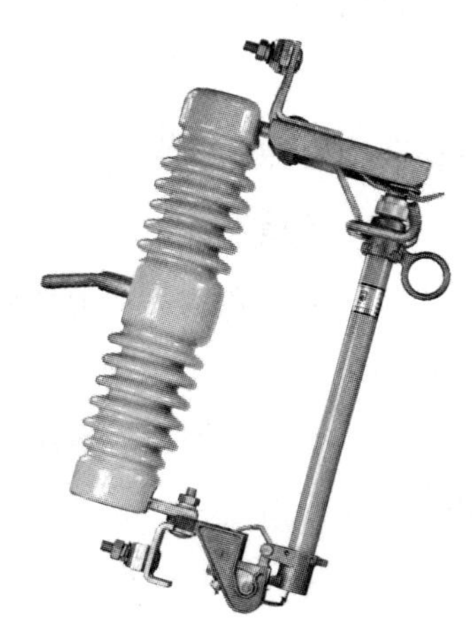

图 4-5-3　跌落式熔断器

四、结构特性

熔断器的熔体是控制熔断特性的关键元件。熔体的材料、尺寸和形状决定了熔断特性。熔体材料分为低熔点和高熔点 2 类。低熔点材料如铅和铅合金，其熔点低，容易熔断，由于其电阻率较大，故制成熔体的截面尺寸较大，熔断时产生的金属蒸气较多，只适用于低分断能力的熔断器。高熔点材料如铜、银，其熔点高，不容易熔断，但由于其电阻率较低，可制成比低熔点熔体较小的截面尺寸，熔断时产生的金属蒸气少，适用于高分断能力的熔断器。熔体的形状分为丝状和带状 2 种，改变截面的形状可显著改变熔断器的熔断特性。

五、安秒特性

熔断器的动作是靠熔体的熔断来实现的。熔断器有 1 个非常明显的特性，就是安秒特性。

对熔体来说，其动作电流和动作时间特性即熔断器的安秒特性，也叫“反时延特性”，即：过载电流小时，熔断时间长；过载电流大时，熔断时间短（见图 4-5-4）。

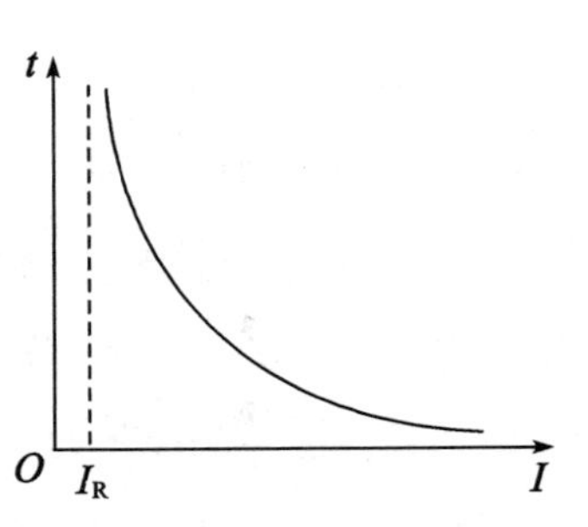

图 4-5-4　熔断器的安秒特性曲线

熔断器有各种不同的熔断特性曲线，可满足不同类型保护对象的需要。

六、使用注意事项

(1) 熔断器的保护特性应与被保护对象的过载特性相适应，考虑到可能出现的短路电流，选用相应分断能力的熔断器。

(2) 熔断器的额定电压要适应线路电压等级，熔体额定电流不等于熔断器额定电流，熔体额定电流按被保护设备的负荷电流选择，熔断器的额定电流要大于或等于熔体额定电流。

(3) 线路中各级熔断器熔体的额定电流要相应配合，保持前一级熔体的额定电流必须大于下一级熔体的额定电流。

(4) 熔断器要按要求使用相配合的熔体，不允许随意加大熔体或用其他导体代替熔体。

七、巡视检查

(1) 检查熔断器和熔体的额定值与被保护设备是否相配合。

(2) 检查熔断器外观有无损伤、变形，瓷绝缘部分有无闪络放电痕迹。

(3) 检查熔断器各接触点是否完好、接触紧密，有无过热现象。

(4) 检查熔断器的熔断信号指示器是否正常。

第六节　高压开关柜

一、概述

高压开关柜一般适用于交流 50 Hz、3～35 kV 电压的电力系统中，作为电能接收、分配的通断和监视保护之用。它由制造厂按照一定的接线方式，将同一回路的开关电器、母线、测量仪表、保护电器和辅助设备等都装配在封闭的金属柜中（见图 4-6-1），成套供应给用户。这种设备具有结构紧凑、使用方便等特点，因此被广泛用于控制和保护变压器、高压线路和电动机等设备中。

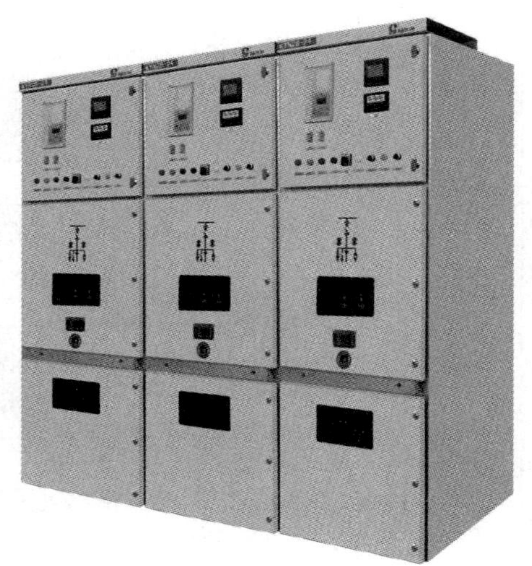

图 4-6-1　高压开关柜

在实际使用中，将断路器装入金属柜内可构成高压开关柜。开关柜中除了安装断路器之外，还要安装起隔离电路作用的隔离开关、起安全保障作用的接地开关、起测量或保护作用的电流互感器和电压互感器、起过电压保护作用的避雷器或 RC 吸收器，而且还要安装起继电保护作用的二次回路元件和线路，引接电缆或架空线都可以进入柜内，使开关柜成为一个有相对独立组合功能的配电装置。在发电厂的开关站、输电线路的变电站、接受电能的用户终端变电所中，都大量采用各种开关柜。

二、类型

高压开关柜有 3 种分类方式，每一种又有若干个基本类型，它们各有特点，具体如表 4-6-1 所示。

表 4-6-1　　**高压开关柜的分类及结构特点**

分类方式	基本类型	结构特点	优缺点
按断路器安装方式	固定式	①断路器固定安装 ②柜内装有隔离开关	①柜内空间较宽敞，检修容易 ②易于制造，成本较低 ③安全性差
	移开式	断路器可随移开部件（手车）移出柜外	①断路器可移出柜外，更换、维修方便 ②省却隔离开关 ③结构紧凑 ④加工精度较高，价格贵些
按柜内隔室的构成	半封闭式	柜体正面、侧面封闭，柜体背面和母线不封闭	①结构简单，造价低 ②安全性差
	箱式	隔室数目较少，或隔板防护等级低于 IP1X	①母线也被封闭，安全性好些 ②结构复杂一些，价格稍高
	间隔式	①断路器及其两端相连的元件均有隔室 ②隔板由非金属板制成	①安全性更好些 ②结构复杂，价格贵些
	铠装式	结构与间隔式相同，但隔板由接地金属板制成	①安全性最好 ②结构更复杂，价格更高
按柜内绝缘介质	空气绝缘	极间和极对地的绝缘靠空气间隙保证	①绝缘性能稳定 ②造价低 ③柜体体积大些
	复合绝缘	极间和极对地绝缘靠较小的空气间隙加固体绝缘材料来保证	①柜体体积小，但防凝性能不够可靠 ②造价高一些
	SF_6 气体绝缘	全部回路元件置于密闭容器中，充入 SF_6 气体	①柜体体积小，但防凝性能不够可靠 ②造价高一些

三、中置式开关柜

金属铠装移开式开关柜是开关柜的一种形式，其特征是：开关柜的母线室、断路器室、电缆连接室、二次继保室 4 个隔室相对独立分隔，开关隔室内配装手车式开关。“铠装”就是在产品的最外面加装一层金属保护，以免内部的部件在运输和安装时受到损坏。

在移开式开关柜中，目前大量采用一种从国外引进的中置柜，其移开部件（俗称“手车”）更加小巧，高度降低，几乎是将断路器的底座添些部件就作为手车。

中置柜的全称为“铠装型移开中置式金属封闭开关设备”，其分为 3 层结构，上层为母线和仪表室（相互隔离），中间层为断路器室，下层为电缆连接室。由于断路器在中间层，所以也称为“铠装型移开中置式金属封闭开关设备”，简称“中置柜”。

（一）高低结构与等高结构

标准的中置柜为高低结构，前侧高度为 2300 mm，后侧高度为 2000 mm；而等高结构的前后高度一致。高低柜的母线为品字形布置，仪表室为独立结构，可拆卸；等高柜的母线为垂直一字形布置，仪表室与柜体为一体结构。等高结构比高低结构有更大的安装空间，也便于制作和运行维护。

（二）接地开关后置与中置

中置柜的接地开关有后置和中置 2 种安装方式。当接地开关后置时，进行电缆施工或维护时必须从中置柜的前侧下柜门进入，不便于施工，中置柜的前、后门都要与接地开关进行“五防”联锁。当接地开关中置时，电缆施工或维护从后侧下柜门进入，通常柜的下部前、后两侧用铁板隔开，前侧无带电导体，后门与接地开关进行“五防”联锁。目前，中置柜基本上采用接地开关中置的等高结构。

四、高压开关柜的“五防”

（1）高压开关柜内的真空断路器小车在试验位置合闸后，小车断路器无法进入工作位置（防止带负荷合闸）。

（2）高压开关柜内的接地刀在合位时，小车断路器无法合闸（防止带接地线合闸）。

（3）高压开关柜内的真空断路器在合闸工作时，盘柜后门用接地刀上的机械与柜门闭锁（防止误入带电间隔）。

（4）高压开关柜内的真空断路器在合闸工作时，合接地刀无法投入（防止带电挂接地线）。

（5）高压开关柜内的真空断路器在合闸工作时，无法退出断路器小车的工作位置（防止带负荷拉刀闸）。

五、一般操作程序

（一）送电操作步骤

（1）先装好后封板，再关好前下门。

（2）操作接地开关使之分闸。

（3）用搬运小车（平台车）将手车（处于分闸状态）推入柜内（试验位置）。

（4）把二次插头插到静插座上（试验位置指示器亮），关好前中门。

（5）用手柄将手车从试验位置（分闸状态）推入到工作位置（工作位置指示器亮，试验位置指示器灭）。

（6）合闸断路器。

（二）停电（检修）操作步骤

（1）将断路器分闸。

（2）用手柄将手车从工作位置（分闸状态）退出到试验位置。

（3）工作位置指示器灭，试验位置指示器亮。

（4）打开前中门。

（5）把二次插头拔出静插座（试验位置指示器灭）。

（6）用搬运小车将手车（处于分闸状态）退出柜外。

（7）操作接地开关使之合闸。

（8）打开后封板和前下门。

第七节　高压开关设备常见故障的分析与处理

一、真空断路器常见故障的分析与处理

（一）断路器拒合、拒分

在断路器得到合闸（分闸）命令后，合闸（分闸）电磁铁动作，铁芯顶杆将合闸（分闸）掣子顶开，合闸（分闸）弹簧释放能量，带动断路器合闸（分闸），但断路器灭弧室不能合闸（分闸）。

1. 故障原因分析

当操作机构发生拒动现象时，一般先分析拒动原因，是二次回路故障还是机械部分故障，然后进行处理。在检查确认二次回路正常后，发现操作机构主拐臂连接的万向轴头间隙过大，虽然操作机构正常动作，但不能带动断路器分合闸连杆动作，导致断路器不能正常分合闸。

2. 处理方法

检查操作机构所有连接部件的间隙，对于不合格的部件，更换新的高硬度的合格零件。

（二）断路器误分

断路器在正常运行状态、不明原因的情况下动作跳闸。

1. 故障原因分析

在正常运行状态下，没有外施操作电源及机械分闸动作，断路器不能分闸。在确认没有进行误操作的情况下，检查二次回路及操作机构，发现操作机构箱内辅助开关接点有短路现象，分闸电源通过短路点与分闸线圈接通，造成误分闸。

2. 处理方法

更换辅助开关触点。

（三）断路器机构储能后，储能电机不停

断路器在合闸后，操作机构储能电机开始工作，但弹簧能量储满后，电机仍在不停地运转。

1. 故障原因分析

断路器在合闸后，操作机构储能电机开始工作，弹簧能量储满后，发出弹簧已储能信号。储能回路中串有一对常开辅助接点和一对行程开关常闭接点，断路器合闸后，辅助开关的常开辅助接点接通，储能电机开始工作，弹簧储满能量后，机构摇臂将行程开关常闭接点打开，储能回路断电，储能电机停止工作。储能电机一直工作的原因是在弹簧储满能量后，机构摇臂未能将行程开关常闭接点打开，所以储能回路一直带电，储能电机不能停止工作。

2. 处理方法

调整行程开关安装位置，使得摇臂在最高位置时能将行程开关常闭接点打开。

（四）断路器直流电阻增大

断路器在运行一定时间后，灭弧室触头的接触电阻不断增大。

1. 故障原因分析

由于真空灭弧室的触头为对接式，触头接触电阻过大，在载流时触头容易发热，不利于导电和开断电路，所以接触电阻值必须小于出厂说明书要求。触头弹簧的压力对接触电阻有很大影响，必须在超行程合格情况下测量。接触电阻值的逐渐增大也能反映出触头电磨损情况，是相辅相成的。触头电磨损和断路器触头开距的变化，是造成断路器直流电阻增大的根本原因。

2. 处理方法

调整灭弧室触头开距和超行程。接触电阻可以用直流压降法测量（电流要在 100 A

以上），否则更换灭弧室。

（五）断路器合闸弹跳时间增长

断路器在运行一定时间后，合闸弹跳时间不断增长。

1. 故障原因分析

当真空断路器合闸时，触头总有些弹跳，但若过大易使触头烧伤或者熔焊。真空断路器触头弹跳时间技术标准为不高于 2 ms。随着断路器运行时间的增长，引起合闸弹跳时间增长的主要原因为触头弹簧弹力的下降和拐臂、轴销间隙磨损的变大。

2. 处理方法

（1）适当增大触头弹簧的初始压力，或更换触头弹簧。

（2）若拐臂、轴销间隙超过 0.3 mm，可更换拐臂、轴销。

（3）调整传动机构，利用机构在合闸位置超过主动臂死点时传动比很少的特点，将机构向靠近死点方向调整，可减小触头合闸弹跳。

（六）断路器中间箱 CT 表面对支架放电

在断路器运行过程中，电流互感器表面对中间箱支架放电。

1. 故障原因分析

断路器中间箱内装有电流互感器，在断路器运行时，电流互感器表面会产生不均匀电场。为避免这一现象，互感器制造厂在互感器表面涂有一层半导体胶，使得表面电场均匀。在断路器装配过程中，受空间限制，互感器固定螺栓周围的半导体胶被刮落，断路器运行中互感器表面产生不均匀电场，导致互感器表面对支架放电。

2. 处理方法

在互感器表面均匀涂抹一层半导体胶，使得表面电场均匀。

（七）断路器灭弧室不能断开

在进行分闸操作后，断路器不能断开或非全相断开。

1. 故障原因分析

在正常情况下，无论是手动分闸操作还是保护动作跳闸，断路器均能有效断开电路，切断电流。

真空断路器的灭弧原理与其他形式断路器不同，是指触头在真空中关合、开断的开关设备，也就是利用真空作为绝缘及灭弧介质的断路器。真空泡的真空度下降，真空泡内会有一定的电离现象，并由此产生电离子，使灭弧室内绝缘下降，导致断路器不能正常开断。

2. 处理方法

若通过检测，真空灭弧室的真空度确已降至要求值以下，应更换真空灭弧室。

具体步骤：

(1) 将要换上的真空灭弧室须经真空度检测，并合格。

(2) 拆下原真空灭弧室并换上新真空灭弧室。安装时要垂直，注意动导电杆和灭弧室的同轴度，操作时不应受到扭力。

(3) 安装好新真空灭弧室后，应测量开距和超程（接触行程）。若不满足要求，应作相应调整：

①调整绝缘拉杆的螺栓可调整超程。

②调整动导电杆的长度可调整灭弧室的开距。

(4) 采用电力开关综合测试仪测量分合闸速度、三相同期性、合闸弹跳等机械特性，若不合格应作调整。

（八）断路器运行中出现放电现象

某 10 kV 系统运行中出现单相接地故障，经选线装置判定为某馈线问题，到现场后发现该馈线真空断路器出现较严重的对地放电现象，幸亏发现得及时，否则会发展为相间短路事故。

1. 故障原因分析

该开关柜为进口合资品牌，质量可靠。现场发现开关柜上面的天花板有滴水现象，原因是楼上装修，水渗漏到高压室，并滴到开关柜上渗入触头等部分，发生对地放电。

2. 处理方法

停电检修，更换静触头、触头盒、母线挡板等。

（九）断路器合闸操作时不能合闸，出现烟雾及焦糊味

某真空断路器采用老式 CD10 型电磁操作机构，合闸操作时不能合闸，出现烟雾及焦糊味。

1. 故障原因分析

CD10 型电磁操作机构属老式淘汰型，现断路器多采用弹簧操作机构。电磁操作机构完全靠电磁力合闸，合闸电流大，达 100 A 以上，合闸线圈经受如此大电流的考验时，如果质量不过关或绝缘老化易发生烧毁故障。拉出断路器检查，发现合闸线圈烧毁，导致不能合闸。

2. 处理方法

选择质量可靠的合闸线圈进行更换。

二、真空接触器常见故障的分析与处理

（一）动触头偏心严重、前端紧固弹簧脱落造成短路、烧坏开关的恶性事故

某变电所皮带机供电真空接触器柜运行中出现严重短路故障，短路电流达 9300 A，

A、B 两相高压熔断器熔断，上级开关及时保护跳闸。该接触器电源侧 C 相动触头严重烧伤，6 指梅花触头完全散开，1 指烧熔，另外 5 指烧黑；绝缘筒灼黑，触指前端紧固弹簧在将军帽内基本烧熔，触指前端六角支撑钢片完好掉落手车室前端底部，柜内相对应的 C 相静触头严重烧伤。A、B 两相高压熔断器两侧支座板有明显的拉弧烧蚀痕迹，边角烧熔。柜体顶部泄压顶板打开，2 个铆钉断裂，柜室内隔板变形严重。由于故障后果严重，该接触器无法继续使用。

1. 故障原因分析

本次故障短路点明显位于接触器电源侧 C 相动触头处，分析是由于动触头前端紧固弹簧脱落，导致 C 相动触头 1 个或多个触指以无压力接触静触头，接触电阻骤然增大，由本应几十微欧增加百倍以上，导致该处过热，机械强度、物理性能下降，长时间运行后内部温度越来越高，空气电离形成导电通道，C 相触头放电与就近 A、B 两相高压熔断器支座（裸露的金属导电体）形成电弧通路，引发较严重的弧光相间短路。A、B 两相触头因位于绝缘的套筒内无短路电弧通道，故触头未受损，现场看 A、B 两相高压熔断器裸露的金属支座邻近 C 相一侧的边角烧熔即说明此处拉弧较严重。另外，A、B 两相高压熔断器裸露的金属支座后部边角也有烧熔的痕迹，说明此处也有弧光发生，导致 A、B 两相高压熔断器熔断。

本次故障的起因是 C 相动触头前端紧固弹簧脱落。该种接触器采用的梅花式触头是一种较为成熟的产品，但由于产品质量问题，长时间运行后动触头偏心严重、前端紧固弹簧脱落，从而造成事故。

2. 处理方法

对该真空接触器柜进行大修，更换触头、绝缘件等部件。为防止出现此类故障，可考虑配置触头温度在线监测系统，以及时发现问题。

（二）接触器自带变压器质量问题，造成高压熔断器熔断而失去控制电源

某日产东芝接触器不能工作，经检查发现高压熔断器熔断。

1. 故障原因分析

该种接触器自带电源变压器，将一次 6 kV 高压变为 100 V 电压为接触器提供操作电源，若其质量不可靠，会使接触器不能正常工作。某高压真空接触器就是因为电源变压器质量不过关而屡次将一次保险烧坏，最后电源变压器本身直接烧毁，导致接触器不能工作。检查的方法是对电源变压器一次加压不低于 21 kV（1 min）。若发生击穿，说明质量不可靠，不能投入使用。

2. 处理方法

更换电源变压器。

（三）接触器自身整流元件烧坏，无法吸合

某接触器在工作中出现不能吸合现象。

1. 故障原因分析

该种接触器引入交流操作电源，自身设整流元件变为直流电。由于整流元件和端子排结合在了一起，不太起眼，一般人容易忽视此问题。但整流端子也是重要部件，因为其整流质量的好坏，通过加到线圈上的电压，直接影响到接触器的吸合。出现故障后，对该接触器进行全面检查试验，未发现异常。测量其引入的交流电后显示为正常，后测量其整流回路，发现整流元件已经烧坏，不起作用，导致不能吸合。

2. 处理方法

更换整流元件。

（四）接触器电磁线圈短路，吸合时出现振动鸟啄现象

某真空接触器运行时出现故障，吸合时出现振动鸟啄现象，且伴随着打火。

1. 故障原因分析

仔细检查真空接触器，未见任何异常。由于接触器能吸合但保持不住，怀疑是接触器磁路问题。为此，利用调压器给电磁线圈加压，测量其最低保持吸合电压，然后与完好的接触器比较；发现完好接触器的保持吸合电压为 1.6 V 左右，而吸合不力的则为 14.7 V，远高于完好接触器的，由此说明电磁线圈有问题。拆除后仔细检测，发现线圈匝间短路，是电磁线圈出现的问题。

维护检修时可利用调压器、电压表分别测量接触器起始接触电压和释放电压，起始接触电压应低于 85％额定控制电压，释放电压则应高于 20％额定控制电压。一般来说，还应分别在 85％、100％、110％额定操作电压下试验接触器能否可靠合闸。

2. 处理方法

更换电磁线圈。

（五）接触器柜辅助触点接触不良，无法吸合

某国产接触器在工作中出现不能吸合现象。

1. 故障原因分析

该种接触器为落地式手车结构，辅助行程开关位于开关柜侧面，手车推入开关柜后将操作手臂压下，接通辅助行程开关，操作电源引入。经检查，发现辅助行程开关触点接触不良，导致操作电路不通，从而造成接触器无法吸合。

2. 处理方法

更换辅助行程开关。

（六）开关柜机构故障，接触器手车推不到位

某接触器拉出开关柜后，无法推入工作位置。

1. 故障原因分析

将真空接触器拉至检修位置后，该开关柜后侧金属活门自动把静触头盒遮盖，使接触器与母线室和电缆连接室可靠地隔离。正常情况下靠两侧拉杆挑起关闭金属活门，对本次故障进行排查，发现是拉杆机构卡涩造成的。

2. 处理方法

停电进行维修后正常。

三、隔离开关常见故障的分析与处理

（一）隔离开关的常见故障

（1）接触部分过热。

（2）瓷质绝缘损坏和闪络放电。

（3）拒绝分合闸。

（4）分合闸不到位。

（二）隔离开关在运行中接触部分过热的原因

隔离开关在运行中过热，主要是由负荷过重、接触电阻增大、操作时没有完全合好引起。

（三）隔离开关接触电阻增大的原因

刀片和刀嘴接触处斥力很大，刀口合得不严，造成表面氧化，使接触电阻增大。隔离开关拉合过程中会引起电弧，烧伤触头，使接触电阻增大。

（四）判断隔离开关触头是否过热

可根据隔离开关接触部分变色漆或试温片颜色的变化来判断，也可根据刀片的颜色发暗程度来判断，一般根据红外线测温结果来确定。

（五）隔离开关触头、接点过热的处理

当发现隔离开关触头、接点过热时，首先汇报调度，设法减少或转移负荷，加强监视，然后根据不同接线进行处理。

（1）双母线接线。如果一母线侧刀闸过热，通过倒母线，将过热的隔离开关退出运行，停电检修。

（2）单母线接线。必须降低其负荷，加强监视，并采取措施降温，如条件许可，尽量停止使用。

（3）带有旁路断路器的可用旁路断路器倒换。

（4）如果是线路侧隔离开关过热，其处理方法与单母线处理方法基本相同，应尽快

安排停电检修。在维持运行期间，应减小负荷并加强监视。

（5）对于母线侧隔离开关触头、接点过热，在拉开隔离开关后，经现场检查，满足带电作业安全距离的，可带电解掉母线侧引下线接头，然后进行处理。

（六）隔离开关电动操作失灵的检查处理

当隔离开关电动操作失灵后，首先检查操作有无差错，然后检查操作电源回路、动力电源回路是否完好，熔断器是否熔断或松动，电气闭锁回路是否正常。

（七）隔离开关触头熔焊变形、绝缘子破损、严重放电的处理

遇到这些情况应立即停电处理，在停电前应加强监视。

（八）隔离开关拒绝分合闸的处理

1. 拒绝合闸

因为轴销脱落、楔栓退出、铸铁断裂等机械故障，或电气回路故障，可能发生刀杆与操作机构脱节，从而引起隔离开关拒绝合闸。此时应用绝缘棒进行操作，或在保证人身安全的情况下，用扳手转动每相隔离开关的转轴。

2. 拒绝分闸

当隔离开关拉不开时，如系操作机构被冻结，可以轻轻摇动，并观察支持瓷瓶和机构的各部分，以便根据何处发生变形和变位找出障碍点。如果障碍点出现在隔离开关的接触部分，则不应强行拉开，否则支持瓷瓶可能因受破坏而引起严重事故，此时只能改变设备的运行方式后再加以处理。

（九）隔离开关合不到位的处理

隔离开关合不到位，多数是机构锈蚀、卡涩、检修调试未调好等原因引起的，出现这种情况时可先拉开隔离开关再合闸，必要时应申请停电处理。

四、熔断器常见故障的分析与处理

（一）熔体熔断原因

当熔体熔断时，要认真分析熔断的原因。可能的原因如下：

（1）因短路故障或过载运行而正常熔断。

（2）使用时间过久，熔体因氧化或运行中温度高，导致特性变化而误断。

（3）熔体安装时有机械损伤，使其截面积变小而在运行中引起误断。

（二）拆换熔体

拆换熔体时，要求做到：

（1）安装新熔体前，要找出熔体熔断原因，未确定熔断原因，不要拆换熔体试送。

（2）更换新熔体时，要检查熔体的额定值是否与被保护设备相匹配。

（3）更换新熔体时，要检查熔断管内部烧伤情况，如有严重烧伤，应同时更换熔

管。瓷熔管损坏时，不允许用其他材质管代替；填料式熔断器更换熔体时，要注意填充填料。

（三）熔断器维护

熔断器应与配电装置同时进行维护工作。

（1）清扫灰尘，检查接触点接触情况。

（2）检查熔断器外观（取下熔断器管）有无损伤、变形，瓷件有无放电闪络痕迹。

（3）检查熔断器、熔体与被保护电路或设备是否匹配，如有问题应及时调查。

（4）检查熔断器时，应按安全规程要求切断电源，不允许带电摘取熔断器管。

五、开关柜常见故障的分析与处理

开关柜常见故障的分析与处理措施如表 4-7-1 所示。

表 4-7-1　　**开关柜常见故障的分析与处理措施**

容易产生内部故障的部位	内部故障可能产生的原因	处理措施
断路器	维护不良、机构螺钉松动、绝缘裕度不足	定期按规定进行维护，制订规程、增加绝缘隔板
隔离开关、负荷开关、接地开关	误操作、接触不良或发热严重	加联锁，制订规程；精心研磨触头，细心调整，敷导电膏
互感器	铁磁谐振	采用合适的电路设计，避免该类电效应
电缆室	设计不当	选择合适的尺寸
	布置不当	避免电缆交叉连接，进行安装质量检查
	绝缘的损坏	现场进行质量检查，进行绝缘耐压试验
螺钉连接面和接触头接触面	电化腐蚀、装配不当	使用防腐蚀接触层或导电膏，检查装配质量
五防联锁	失灵、位置松动，零件损坏	进行维护、例行检查时试操作，分析原因，更换零件
电缆连接室	工作人员的错误	用遮栏限制人员接近，带电部分以绝缘包裹，制订规程，挂警示牌
	在电场作用下老化	进行例行试验检查
	污染，潮气、灰尘和小动物的进入等	采取措施改进运行环境条件
	过电压	进行防雷保护，进行现场绝缘耐压试验，加避雷器或 RC 吸收装置
	闪络放电	加强绝缘检查，在柜体开设压力释放窗口

第五章　SF_6 组合电器

第一节　SF_6 气体的特性和安全使用

一、SF_6 气体的理化特性

SF_6 气体是目前世界上最优良的绝缘介质和灭弧介质，无色、无味、无嗅、无毒，不燃烧，气体密度是空气密度的 5.1 倍。SF_6 为惰性气体，在常温常压下化学性能稳定。它的分子由 1 个硫原子和 6 个氟原子构成，具有不易分解、不易电离的特性。温度不同，SF_6 气体的液化点也有所不同。由于 SF_6 气体有以上性能，所以近年来被广泛用作耐受高电压的绝缘介质。

（一）液化问题

在 -40 ℃$<T<$80 ℃、$P<0.8$ MPa 范围内，气态占优势，不存在液化问题。在高寒地区，需考虑采取措施，如加热、采用 SF_6-N_2 混合气体。

（二）毒性分解物

电子碰撞、热以及光辐射，易导致 SF_6 气体分解，产生有毒分解物。电弧的高温、火花放电、电晕或局部放电都会使 SF_6 分解。

（三）含水量

水分影响气体分解物，与 HF 形成氢氟酸，引起材料腐蚀，导致机械故障；在低温时引起固体介质表面结露，使闪络电压降低。因此在设备安装、运行时要检测含水量，不得超过允许值。

（四）SF_6 混合气体

采用 SF_6-N_2、CO_2、空气的混合气体，使液化温度降低，可减小对电场的敏感度，同时也可降低价格。

二、SF_6 气体的绝缘性能

断路器开断后，触头间的间隙绝缘能力的恢复是电弧熄灭的重要因素，间隙中带电粒子的多少决定了绝缘能力的大小。当触头分开产生电弧后，带电粒子主要是热游离和碰撞游离产生的，由于 SF_6 气体是负电性的气体，而且体积比较大，对电子捕获较易，并能吸收其能量生成低活动性的稳定负离子，所以其自由行程短，使间隙间难以再产生

碰撞游离，大大减少了间隙中的带电粒子数。SF_6 气体在 0.29 MPa 压力下时，绝缘强度与变压器油相当，灭弧能力是空气的 100 倍。与传统绝缘油相比，其绝缘性能和灭弧性能都要好得多。

SF_6 具有高电气强度的原因：氟是卤族元素中电负性最强的，因此 SF_6 分子具有很强的电负性，容易吸附电子成为负离子，阻碍放电的形成和发展；SF_6 分子的直径比氧、氮分子的要大，使得电子在 SF_6 气体中的平均自由行程缩短，不易积累能量；而 SF_6 的电离电位又比氧、氮分子的大，因而减小了电子碰撞电离的可能性；当电子与 SF_6 分子相遇时，还会因极化等过程增加能量损失，减弱其碰撞电离的能力。

三、SF_6 气体的安全使用

SF_6 在空气中的含量超过 35%，将导致人体缺氧，甚至窒息。

尽管 SF_6 具有很强的稳定性，但在温度很高的情况下还是可以被分解的，而带有负荷分断的燃弧过程恰好具备了这个条件。SF_6 气体被分解后一部分生成低氟化物（如 SF_4、SF_2），一部分以游离的 F^{-1} 和 S^{+6}、S^{+4}、S^{+2} 状态出现，同时气体内残余的 H_2O 分子也被分离成 H^+ 和 O^{-2}，从而组成新的化合物 HF 和 SO_2 等。其中 SF_4 是有毒物质，HF 是具有很强腐蚀性的物质。

一般采取在开关本体内装大量吸附剂（常用活性氧化铝和分子筛等）的措施，其作用除吸收残余的水分之外，最主要就是吸附这些有毒物质。尽管如此，在对分断过的开关本体解体时仍要特别注意安全。

四、SF_6 组合电器室发生 SF_6 泄漏的危害

SF_6 组合电器室内空间较封闭，一旦发生 SF_6 气体泄漏，流通极其缓慢，毒性分解物在室内沉积，不易排出，从而对进入其中的工作人员产生极大的危险。而且 SF_6 气体的比重较氧气大，当发生 SF_6 气体泄漏时，SF_6 气体将在低层空间积聚，造成局部缺氧，使人窒息。另外，SF_6 气体本身无色无味，发生泄漏后不易被人察觉，这也增加了对进入泄漏现场工作人员的潜在危险性。

被泄漏气体伤害后的主要症状如下：

（1）呼吸系统：刺激呼吸道，打喷嚏，咳嗽，咽部干燥，有烧灼感，继而呼吸不畅，胸闷气短；严重时呼吸困难，喉头水肿、溃烂。

（2）眼部：流泪，怕光，有烧灼感，充血，水肿。

（3）皮肤：瘙痒，皮疹，接触处可能有红肿。

（4）消化道：吞咽困难，恶心，呕吐，腹痛。

（5）神经系统：突然头痛，头昏，全身软弱无力，感觉抑郁；严重时惊厥，抽搐，

休克，猝倒，昏迷。

所以在室内进行 SF_6 气体处理时要特别注意通风，以免发生事故。

五、防护方法

（1）设备安装位置应与主控制室隔离，防止泄漏气体进入主控室。设备安装室内应有良好的排风系统，通风孔应设在室内下部，底部应设 SF_6 气体泄漏报警器和氧量仪。

（2）因工作需要进入前应先观察 SF_6 气体含量情况，若无 SF_6 气体含量显示器，应先通风 15 min。进行气体采样及处理渗漏时，工作人员要穿戴防护用品，并在通风条件下进行。

（3）减少 SF_6 气体的排放量，提高气体的回收率。设备内的 SF_6 气体不得向大气排放，应采用净化装置回收，经处理合格后方准使用。

（4）发生紧急事故应立即开启全部通风系统进行通风；发生设备防爆膜破裂事故时，应停电处理，并用汽油或丙酮擦拭干净。

六、现场急救办法

如果怀疑发生中毒，应采取以下措施：

（1）组织人员立即撤离现场，开启通风系统，保持空气流通。

（2）观察中毒者，如有呕吐应使其侧位，避免呕吐物吸入，造成窒息。

（3）皮肤污染时，应立即用清水冲洗，换衣服。

（4）眼部伤害或污染时，应用清水冲洗并摇晃头部。

（5）应弄清毒物性质，并保留呕吐物待查。

（6）现场应配备必要的药品。

第二节　GIS 设备

一、概述

SF_6 气体具有优异的绝缘性能和灭弧性能。20 世纪 50 年代，高压电器的绝缘介质就用 SF_6 气体代替了空气；60 年代中期，美国制造了第一套高压配电装置，使高压电器发生了质的飞跃，也给配电装置带来了一次革命。高压配电装置具有占地面积少、元件全部密封、不受环境干扰、可靠性高、运行方便、检修周期长、维护工作量少、安装迅速、运行费用低等优点，引起了世界电力部门的普遍重视。

目前，生产高压配电装置的国外厂商主要有 ABB、西门子、阿尔斯通、东芝、三菱、日立等。我国高压配电装置的研制工作起步于 20 世纪 60 年代，与世界其他国家基本同步。国内生产厂家有西安西电开关电气有限公司、平高集团有限公司、西安高压电器研究所电器制造厂、泰开集团有限公司、正泰电气股份有限公司、江苏现代南自电气有限公司、湖北永鼎开关有限公司、天水长城开关厂、思源电气公司等。国内这些厂家坚持自主创新，产品技术不断改进和完善，性能指标已经达到国际水平。

（一）基本概念

GIS是英文Gas Insulated Switchgear的缩写，意思是气体绝缘开关，顾名思义是以气体为绝缘介质的开关设备，是由断路器、母线、隔离开关、电压互感器、电流互感器、避雷器、母线、套管8种高压电器组合而成的高压配电装置。GIS也可以称为“高压全封闭组合电器”，是20世纪60年代以后迅速发展起来的高压组合电气设备，它将整个变电站的设备（除变压器外）全部封闭在一个接地的金属外壳内，壳内充以2.5～3个大气压的SF_6气体。由于SF_6气体具有良好的绝缘性能，所以GIS的体积可以做得很小，同时也可以将该变电站若干功能集成制作到一起，从而更有效地缩小占地面积，这也是GIS能够迅速普及的主要原因之一。

GIS是各高压电器的集合，通常采用积木式结构，断路器、隔离开关、接地开关、互感器等元件均可随意组合。

（二）GIS的优点

GIS一般由各种不同的间隔组成，与传统敞开式配电装置相比具有以下几个方面的显著优点：

（1）GIS占地面积小、体积小、质量轻，元件全部密封，不受环境干扰。

（2）操作机构无油化、无气化，具有高度运行可靠性。

（3）GIS采用整块运输，安装方便，周期短，安装费用较低，检修工作量小、时间短。

（4）由于SF_6断路器开断性能好，加上SF_6气体绝缘性能稳定，又无氧化问题，因此断路器的检修间隔可以大大延长。

（5）损耗少、噪声低。GIS外壳上的感应磁场很小，因此涡流损耗很小，减少了电能的损耗。弹簧机构的采用，使得操作噪声很低。

（三）GIS的发展趋势

目前，GIS正向着高电压、大容量、小型化、复合化、二次智能化方向发展。

1. 高电压

电压等级：72.5～252～550～800～1200 kV。

2. 小型化

在550 kV级，将断路器的断口数从双断口减为单断口，则可使GIS小型化。根据实践，GIS采用单断口断路器比采用双断口断路器，布置长度将减至45%，占地面积将减为 37％，可见减少断口数能有效地使 GIS 小型化。

在 72.5～300 kV 级，GIS 明显趋向于三相共筒化。所谓“三相共筒”，是将主回路元件的三相装在公用的接地外壳内，内充 SF_6 气体绝缘，并用环氧树脂浇注绝缘子加以支撑和分隔。

3. 复合化

将 2 种或几种一次设备集成在一起，如隔离开关/接地开关组合，还有将断路器、互感器、隔离开关、接地开关等置于一个充 SF_6 气体的气罐内。如三菱公司新开发的全新概念超小型复合化 GIS，其安装面积仅为原来的 40％，体积约为原来的 30％。

4. 二次智能化

目前，国内外厂商都在研制二次智能 GIS，由传统的机电系统发展成以计算机为中心的现代智能化系统——Smart GIS。它将微电子技术、计算机技术、传感技术以及数字处理技术同电气控制技术结合在一起应用在 GIS 的一次部分和二次部分，将传统的机电系统发展成以计算机为中心的现代智能化系统。

（四）GIS 的分类

1. 按安装地点

GIS 可分为户外式和户内式 2 种。

2. 按电压

GIS 可分为 72.5 kV、126 kV、145 kV、252 kV、275 kV、363 kV、550 kV、800 kV、1200 kV。

3. 按结构

GIS 可分为全三相共箱式、主母线三相共箱其余分箱式和全三相分箱式。

二、基本构造

GIS 的所有带电部分都被金属外壳包围，由铝合金、铸铝、无磁铸钢等材料做成，外壳用铜母线接地，内部充有一定压力的 SF_6 气体。

（一）基本构造

GIS 设备由 4 部分构成。

1. 导体

导体的作用是传输电能。

导体一般采用铝管加工，对于大电流要求可采用铜管，在导体端部（连接部）需镀银。导体与触头一般采用滑动连接结构，以防止导体热膨胀对绝缘子产生机械应力。

2. 金属壳体

金属壳体的作用是封闭导体。

壳体采用板材焊接或铸铝而成，在壳体端部有法兰，用于螺栓连接，壳体外表面涂漆（保护），内表面一般不涂漆。

与钢外壳相比，铝制壳体有着下述优点：

（1）材料电阻率低，大大减小了因回路电流而产生的发热。

（2）无磁性材料就不会导致电磁损失，即无涡流。

（3）轻质材料提供了较好的抗震性能。

（4）良好的导电性能确保电磁屏蔽的效果。

3. 绝缘子

绝缘子的作用是支撑和固定导体，并使导体与壳体间绝缘。

绝缘子采用环氧树脂浇注，并填充三氧化二铝，可提高耐电弧和机械性能。其主要功能为支撑导体，并确保导体与壳体间的绝缘。一般设计为锥形结构，以增加导体和接地壳体间的绝缘距离。

4. SF_6 气体

SF_6 气体的作用是确保导体与壳体间的绝缘。

运行中的 GIS，其绝缘性能取决于其制造质量：

（1）零部件加工质量（绝缘件表面及内部缺陷、导体表面缺陷等）。

（2）工厂及现场的装配质量（灰尘、金属颗粒等）。

（二）标准间隔模块

供电系统中常用的 GIS 线路变电站一次原理接线图如图 5-2-1 所示，该间隔融合了高压变电站的基本结构。

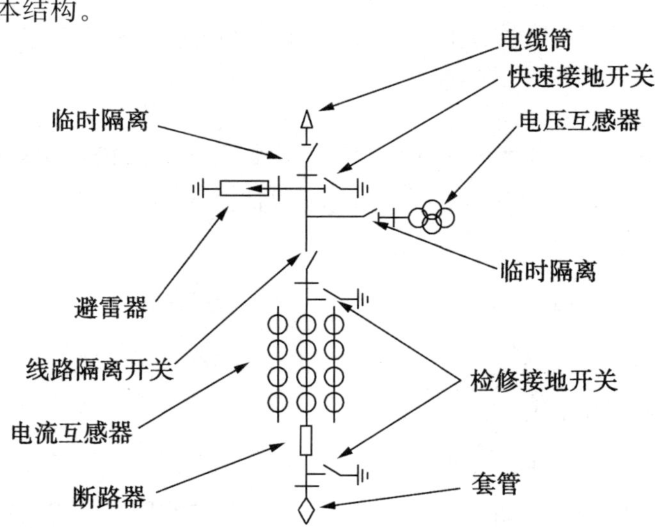

图 5-2-1　GIS 线路变电站一次原理接线图

常用的标准间隔模块有 4 种：套管出线间隔（见图 5-2-2）、电缆出线间隔（见图 5-2-3）、母联间隔（见图 5-2-4）、测保间隔（见图 5-2-5）。

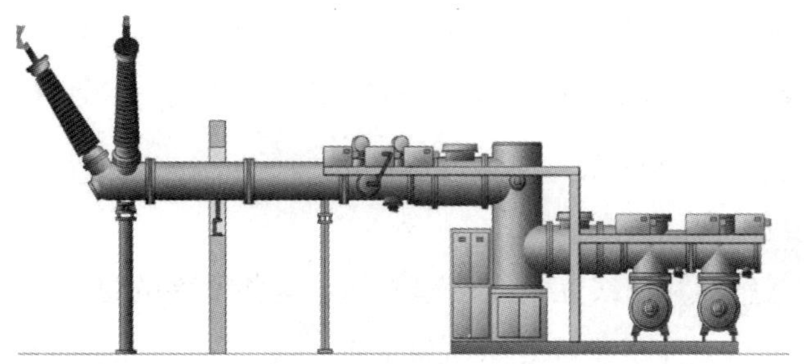

图 5-2-2　套管出线间隔示意

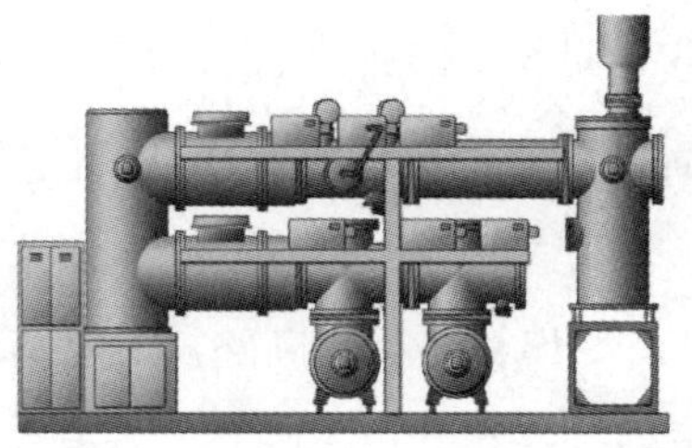

图 5-2-3　电缆出线间隔示意

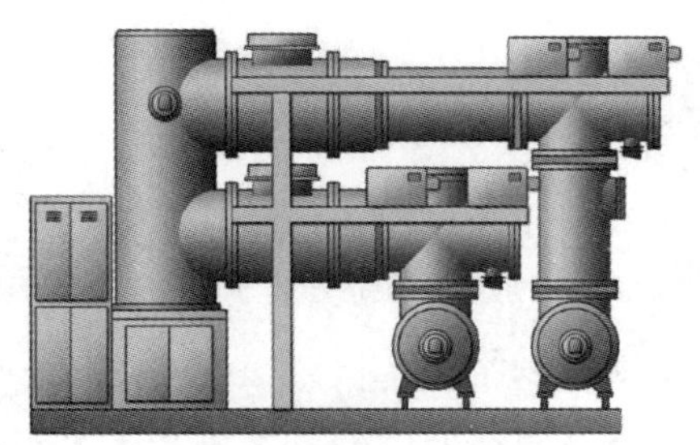

图 5-2-4　母联间隔示意

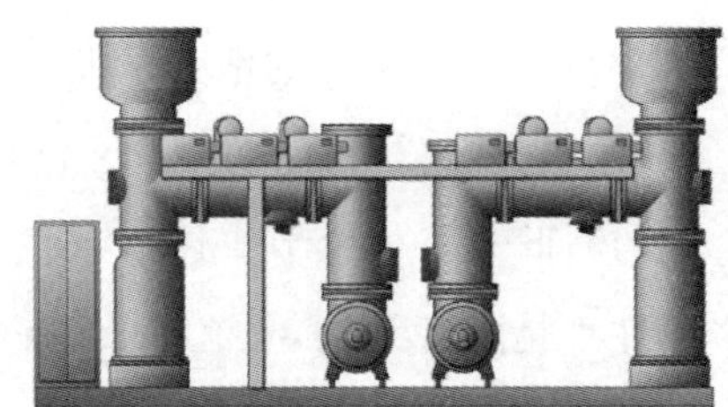

图 5-2-5　测保间隔示意

（三）功能系统

1. SF_6 气体系统

GIS SF_6 气体系统的设计原则是按照设备各元件的执行功能并尽可能地减少气隔的数量，同时考虑减小事故和检修时涉及的范围来设置的。

根据各个元件的不同作用，SF_6 气体系统分成若干个气室，其原因如下：

（1）因 SF_6 气体的压力不同，分为若干个气室。断路器在开断电流时，要求电弧迅速熄灭，因此要求 SF_6 气体的压力要高些。隔离开关切断的仅是电容电流，所以压力要低些。

（2）因绝缘介质不同分为若干个气室。因 GIS 设备必须与架空线、电缆、主变压器相连接，而不同元件所用的绝缘介质不同，如与变压器的连接因为油与 SF_6 2 种绝缘介质而采用油气套管。

（3）因 GIS 设备检修的需要，分为若干个气室。由于元件与母线要连接起来，当某一元件出现故障时，要将该元件的 SF_6 气体抽出来才能进行检修，分成若干个气室能减小故障范围。

（4）为了监视 GIS 设备各气室中 SF_6 气体是否泄漏。在 GIS 设备的每个气室里，都装有测量压力的压力表、测量气室是否漏气的密度计、防止气体压力过高的压力释放装置以及进行充气和排气的气嘴。

2. 电气控制系统

电气控制系统直接反映元件的工作状态、电力系统的运行状态和变电站的运行方式，可实现就地及远方操作，实现 GIS 元件的闭锁和元件之间的联锁，与主控屏连接后，可实现自动跳闸和重合闸。

3. 伸缩补偿系统

GIS 设备是由断路器、隔离开关、互感器和母线互相连接起来的，这些元件的材料不同，膨胀系数也不一样。若温度变化时各个元件不能自由伸长和缩短，由于温度应力的作用，势必损坏元件。为此，在 GIS 设备的母线管内要配置伸缩节头，其配置原则如下：

（1）土建结构有伸缩缝的地方。

（2）会产生振动的地方，如 GIS 设备与主变压器相连接的地方。

（3）母线过长的地方。

（4）此外，伸缩节头还能补偿 GIS 设备因加工而造成的误差，因为 GIS 设备的各个元件都是刚性结构，加工时如有一些误差就可能安装不上。

（5）伸缩节一般是用厚度为 1 mm 以下的铝合金薄板做成的，若干片铝带组合在一起成为一个伸缩节头；当温度变化时，节头可以伸长和缩短，削弱了因温度的变化而产生的温度应力。

4. 外壳保护系统

GIS 设备的外壳用铝台金制成。当母线管或元件出现内部故障时，电弧使 SF_6 气体的压力升高，若没有防爆装置，则可造成外壳爆炸。当内部出现故障引起对外壳的电弧放电，而不能及时切断故障点时，电弧能将外壳烧穿，造成故障的进一步扩大。GIS 设备外壳被电弧烧穿的时间与外壳的材料、厚度和故障电流的大小有关。

G1S 设备外壳的保护有 2 种方法：一种用防爆装置，另一种用快速接地隔离开关。

防爆膜的破坏值是正常压力的 4 倍，小气室可以达到这个压力，而大气室达不到，所以一般小气室用防爆装置，而大气室用快速接地隔离开关。为了不致使故障扩大，在变电站的进线线路上安装快速接地隔离开关，使开关直接接地，通过保护装置切断电源。

5. 外壳感应电压防护

（1）感应电压的产生。GIS 设备的母线和外壳是一对同轴的电极，构成稍不均匀电场。当电流通过母线时，将在外壳感应电压，使外壳产生涡流而发热，使 GIS 设备的容量减小。当运行人员接触时会发生触电，危及人身安全。

为了使 GIS 设备既不降低输送容量又不危及人身安全，要使 GIS 设备外壳的感应电压在规定的安全范围之内，且外壳也不发热。

另外，GIS 设备的支架、管道、电缆外皮与外壳连接之后，有感应电压也有环流产生；外壳与上述零件接触不良的地方还会产生火花，使管道、电缆外皮产生腐蚀。

（2）解决方法

①在 GIS 设备外壳采用全链多点接地方法，它的优点是 GIS 外壳的感应电压为零，但会引起环流，金属外壳仍然发热，输送容量还要下降。

②将 GIS 外壳分段绝缘，每一段只有 1 个接地点，这样 GIS 外壳不产生环流，但有感应电压。

三、主要元件

GIS 总体上由断路器、隔离开关、接地开关、母线、电流互感器、电压互感器、避雷器、就地控制器等构成。

（一）断路器

断路器是 GIS 中最重要的设备之一。由于 SF_6 气体具有优良的绝缘灭弧性能，所以断路器以 SF_6 气体作为绝缘和灭弧介质，采用指针式密度控制器对其压力和密度进行监控。断路器由气罐（内装有灭弧室）和操作机构组成。

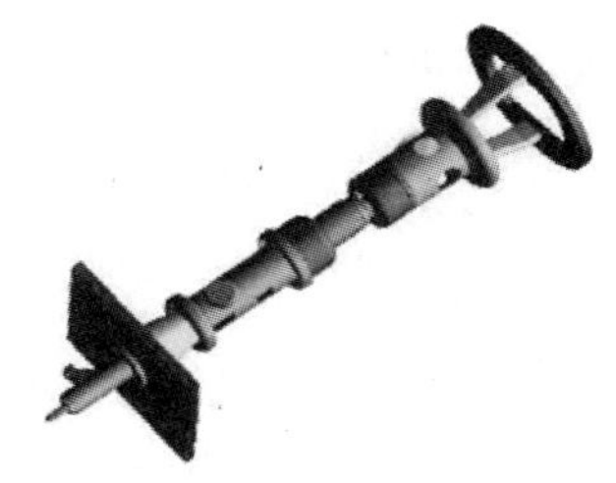

图 5-2-6　断路器灭弧室

SF_6 气体绝缘断路器具有尺寸小、质量轻、开断容量大、维护工作量小等优点。SF_6 气体绝缘断路器应用在高压、超高压领域的同时，也在向中压（10～35 kV）领域发展。除了采用压气式灭弧室外，还出现了采用旋弧式和自能吹弧式灭弧室的新型 SF_6 断路器（见图 5-2-6）。

1. 布置

断路器的布置方式有 2 种：立式和卧式。220 kV 以下的用立式断路器，220 kV 以上的用卧式断路器。由于电压超过 220 kV 的断路器的高度增加，为了降低 GIS 设备的厂房高度，多用卧式断路器。2 种布置方式虽然不同，但断路器的结构基本上是一致的。

2. 内部功能附件

一般三极灭弧室呈品字形布置，传动系统可实现三极灭弧室的机械联动，通过每极灭弧室动、静触头座上的电连接可实现与其他元件的对接。

由于系统电压较高，在断路器中还包含了一些专用功能附件。

（1）合闸电阻。在电力系统中，存在着种类繁多、特性各异的操作过电压，断路器操作是大部分操作过电压的起因。在超高压电网中，随着断路器灭弧能力的提高和避雷器的装设，合空载线路引起的过电压成为主要的操作过电压，特别是长距离的超高压输电线路的空载线路合闸，过电压更加严重。

为了限制合空线过电压，在长距离的超高压输电线路中，在断路器断口装设并联电阻作为限制合空线过电压的主要措施。这种为限制合空线过电压而并联的电阻称作“合闸电阻”，电阻值约几百欧。

在断路器合闸过程中，合闸电阻开关先合上，把合闸电阻接入系统中，约 10 ms 后断路器主断口再合上，约几十毫秒后，合闸电阻开关断开，把合闸退出系统，这样就完成了一次合闸的全部操作。

（2）并联电容。对于双断口高压开关，正常运行或者同时操作时，每一个断口上承担 1/2 的额定电压。但是它的 2 个断口不可能做到完全同时断开和合闸，当某一个断口合闸时，另一个未合闸的断口上将承受 100％的额定电压，失去了双断口的作用。因此，在断口上设计安装 2 个电容值相等的并联电容，无论在断开状态还是合闸状态，以及合分过程中，2 个断口上的电压基本上是按电容值进行分配的，即每个断口上承担 1/2的额定电压。这样既避免了任一个断口承受高电压，也降低了断口的设计额定电压。

3. 灭弧室

灭弧室由支持绝缘筒安装于外壳内，绝缘操作杆与机械联动装置相连，联动装置与弹簧操作机构连接，由一台机构进行三相联动操作，吸附剂安装于顶部盖板上。

绝缘操作杆运动时驱动灭弧室的动触头运动，进行分闸或合闸。

（1）动作原理。灭弧室的动触头部件与绝缘操作杆连接，外拐臂传递给拐臂，由在外壳外面的拐臂通过连杆带动而运动。

①合闸操作。当绝缘操作杆向上运动时，操作杆、动弧触头、动主触头及喷口随之向上运动，动弧触头及动主触头分别与静弧触头及静主触头接触并达到合闸位置。电流通过梅花触头、中间触头、动主触头及静主触头流到另一侧的梅花触头。

②分闸操作。顺序与合闸操作相反。分闸时，动触头部分向下。

（2）自能式灭弧室的工作原理。自能式灭弧室利用电弧能量建立起灭弧所需要的压力值进行吹弧。

当断路器接到分闸指令后，以操作杆、气缸、动弧触头、喷口等组成的动触头部件在机构分闸弹簧力的作用下使操作杆受力向下运动，静主触头先与动主触头分离，电流转移至仍在闭合的动、静弧触头上，随后动、静弧触头分离便形成电弧。

灭弧室中的气缸按其结构在灭弧过程中所起的作用可分为热膨胀室和压气室 2 个部分。热膨胀室下部装有单向阀，压气室下部（即活塞端部）装有回气阀和释压装置。

在开断短路电流时，弧触头间的电弧能量很大，弧区大量热气流流入热膨胀室，在其内进行热交换，形成低温高压气体。此时，由于热膨胀室压力大于压气室压力，故单向阀关闭。当电流过零时，热膨胀室内的高压气体吹向断口的电弧上使电弧熄灭。同时在分闸过程中，压气室内的气体开始被压缩，当达到一定的气压值时，底部的弹性释压阀打开，一边压气，一边放气，使机构不必克服更多的压气反力，从而大大降低了操作功。

当开断小电流时（通常在几千安以下），由于电弧能量小，热膨胀室内产生的压力小。此时压气室内的气体压力高于热膨胀室内的气体压力，单向阀打开，被压缩的气体向断口的电弧吹去。

当电流过零时，这些具有一定流速的气体吹向断口，使电弧熄灭。

4. 弹簧操作机构的工作原理

弹簧操作机构安装在断路器的前面，同电气控制部分安装在同一个柜体内。

操动断路器所需的能量储存在三极共用的合闸弹簧和分闸弹簧中。

（1）机构合闸弹簧储能。首先合闸弹簧处于无能量状态，储能电机通电转动使棘爪轴旋转，带动棘爪运动，推动棘轮旋转，对合闸弹簧完成储能过程。

合闸弹簧的储能动作如下：

①电动机启动，使棘爪轴旋转。

②偏心的棘爪轴上的 2 个棘爪在棘爪轴的转动中与棘轮上的齿交替进行推动，使棘轮转动。

③棘轮沿顺时针方向旋转，带动合闸弹簧上的拉杆使合闸弹簧被储能。

④拉杆过死点后，棘轮轴由合闸弹簧给予顺时针方向的转动力矩，此力矩通过轴销被储能保持掣子锁住。

（2）合闸操作。断路器及机构均处于分闸位置，合闸弹簧已储能。棘轮轴承受连接在棘轮上的合闸弹簧顺时针方向的力矩，此力矩被储能保持掣子和合闸掣子锁住。

合闸操作的步骤如下：

①合闸电磁铁的线圈接受合闸信号后带电，掣子动作，冲击合闸掣子。

②合闸掣子向逆时针方向旋转，释放储能保持掣子。

③储能保持掣子顺时针旋转释放轴销，棘轮在合闸弹簧力的作用下沿顺时针方向旋转，同时带动棘轮轴顺时针旋转，使安装在轴上的凸轮转动，推动拐臂沿逆时针方向旋转，并带动拐臂轴上的拐臂沿逆时针方向旋转，拐臂同时压缩分闸弹簧储能。

④逆时针旋转的拐臂带动与其相连接的拐臂逆时针旋转，同时拐臂带动绝缘操作杆向上运动，便带动了动触头快速合闸。

⑤合闸过程完成后，轴销被合闸保持掣子锁住。

（3）分闸操作。断路器及机构在合闸位置，分闸弹簧与合闸弹簧均已储能。拐臂受分闸弹簧顺时针方向的力矩作用，但此力矩被合闸保持掣子限制，不能转动。

分闸操作的步骤如下：

①分闸线圈得电，动铁芯动作，冲击分闸掣子。

②分闸掣子沿逆时针方向旋转，释放合闸保持掣子。

③合闸保持掣子沿逆时针方向旋转，释放轴销。

④拐臂受分闸弹簧的推力，绕拐臂轴沿顺时针方向旋转。

⑤顺时针旋转的拐臂通过与绝缘操作杆相连，使动触头和静触头快速分离，从而完成断路器的分闸。

（4）防跳装置。在弹簧操作机构中，由电动机给合闸弹簧储能，合闸操作一完成，断路器合闸回路立即断电，除非合闸弹簧再储能，否则断路器不可能再合闸。但是如果合闸信号一直保持到弹簧储能完成，可以实现机械防跳。

①合闸掣子保持合闸弹簧的储能状态，掣子由轴承支承在支架上，轴销与合闸弹簧相连并带动负载。

储能保持掣子由轴销施加旋转力，并由合闸掣子保持，合闸掣子与储能保持掣子上的滚轮接触并保持。

②当合闸信号触发合闸电磁铁时，铁芯与掣子运动并触动合闸掣子，掣子压紧防跳销子和弹簧，此时储能保持掣子的约束被解除，并在合闸弹簧力的作用下逆时针旋转，推动合闸掣子顺时针转动，同时合闸掣子的一端推动掣子逆时针至释放防跳销子位置，掣子被防跳销子锁至倾斜位置。

③此时若合闸命令一直保持，当产品完成一个合—分操作并处于合闸储能位置时，产品仍不能进行合闸操作，此为机构的“防跳装置”。只有当产品解除合闸命令后，掣子才会恢复到合闸状态。

（二）隔离开关

隔离开关主要用于电路无电流投入和切除，动触头一般由电力操作机构驱动的绝缘旋杆传动。为了适应不同的电气主接线和GIS结构布置的需要，隔离开关具有多种结构形式，从而保证了GIS整体设计时的灵活性。隔离开关未来的发展趋势是：随着断路器结构的进一步缩小，质量的进一步减轻，隔离开关和断路器有可能集成在一起。

1. 特点

GIS设备的电场是稍不均匀电场，两极要做成同轴圆柱体。为此，GIS隔离开关不能和常规隔离开关一样，做成刀闸式的，而要做成动、静触头头部是圆柱体，且能互相插入的结构。

2. 分类

（1）按用途：GIS 隔离开关根据用途不同有 3 种类型。

①隔离开关，只切断主回路，使供电的主回路有 1 个断开点。

②接地隔离开关，将主回路通过这种隔离开关直接接地，也就是直接接在母线管的外壳上。

③快速接地隔离开关。前面 2 种隔离开关不能切断主电流，只能切断电容电流和电感电流，而快速接地隔离开关能合上接地短路电流。这是因为当 GIS 设备内部发生接地短路时，在母线管里会产生强烈的电弧，它可以在很短的时间里将外壳烧穿，或者使母线管爆炸。为了能及时切断电弧电源，人为地使电路直接接地，通过继电保护装置将断路器跳闸，从而切断故障电流，保护设备不致损伤过大，人们发明了快速接地隔离开关。

使用快速接地开关是熄灭潜供电弧的一种有效方法。采用快速接地开关后，线路上维持潜供电弧存在的潜供电流和恢复电压都有很大程度的降低，确保了潜供电弧的自熄。潜供电流是在单相接地故障发生后，故障相两端断路器跳开，由故障相与健全相以及可能的相邻线路通过静电耦合和电磁耦合向故障点提供的电流。恢复电压是在潜供电弧熄灭后瞬间出现在弧道上的电压。

快速接地隔离开关通常安装在进线侧。

（2）按结构：隔离开关分角形隔离开关和线形隔离开关 2 种形式。

①角形隔离开关，用于主回路转折处。

②线形隔离开关，用于主回路非转折处。

（3）按所配机构：根据所配机构的不同，隔离开关分为快速和普通 2 种形式。快动时配电动弹簧操作机构，慢动时配电动操作机构。

①电动操作机构。普通隔离开关配用电动操作机构。电动操作机构由电动机、传动机构、微动开关、辅助开关等组成。它由电动机带动蜗杆、蜗轮转动，使隔离开关和接地开关通过连杆系统实现分合闸操作。

②电动弹簧操作机构。电动弹簧操作机构由电动机、传动机构、储能弹簧、缓冲器、微动开关、辅助开关等组成。它由电动机带动蜗杆、蜗轮转动，再带动拐臂转动使弹簧压缩储能。当弹簧能量释放时，带动机构的输出轴转动，通过连杆系统使隔离开关和接地开关实现分合闸操作。为了监视隔离开关的断口状况，在外壳上可以开设观察窗。隔离开关的分合闸位置可以由操作拐臂与隔离开关制动螺钉之间的间隙确定。

（三）母线

母线通过导电连接件与组合电器的其他元件连通并满足不同的主接线方式来汇集、

分配和传送电能。

母线多由铝合金管制成，母线两端插入触头座。母线可以做成三相共筒的，也可以做成单相的。母线的表面要求光洁度高，没有毛刺和凸凹不平之处。它由环氧树脂浇注的盆式绝缘子或母线绝缘子支撑着，同时设有伸缩节、波纹管调节装置等。

三相共筒的母线筒内导体为三角形布置，盘式绝缘子通过导体和触头将三相母线固定于一定的位置上，并对地起绝缘作用。

（四）电压互感器

GIS 中的电压互感器用来测量主电路电压值，分为电容分压式和电磁式 2 种。EOVT 是近年来新出现的、有望取代传统电压互感器的光电传感器，根据泡克尔斯效应原理工作，整个装置包括承受被测电压的光学晶体、光学元件（包括发光二极管）、光电二极管和光纤、电子组件（模拟与数字处理单元和数模转换器）。EOVT 的晶体装在充有 SF_6 气体的金属筒中，由于泡克尔斯元件（晶体）光的双折射率随电场强度而变化，因此可以根据光电二极管的输出电压来确定施加于晶体上的电场强度亦即电压的大小。

（五）电流互感器

测量主回路电流的电流互感器用于电力系统的电流测量和系统保护，采用一次穿心式结构，用环氧树脂浇注在一起，作为 GIS 设备外壳的一部分，其一次绕组就是母线管。铁芯做成环形，二次绕组绕在环形铁芯上。

长期以来，GIS 一直采用电磁式电流互感器取得测量和保护信号，近年来出现了光电电流传感器（MOCT）。

（六）避雷器

避雷器主绝缘为 SF_6 气体，芯体是氧化锌阀片，其非线性电阻特性比碳化硅优异。在运行电压下阻性泄漏电流小，没有串联火花放电间隙，不存在续流和放电迟延问题。其接地端子经放电记录器和短路片（供测量泄漏电流用）再经内部一根导线从底部引出至大地。

避雷器在正常运行电压下，基本上处于绝缘状态，仅流过数百微安的泄漏电流，其中大部分还是容性电流。当过电压侵入时，避雷器工作在伏安特性的低阻区域，放电电流经过避雷器泄入大地。当过电压过后，避雷器又恢复到正常运行电压下的工作状态。

（七）与外部连接的装置

1. 套管

套管的作用是供架空线与 GIS 连接使用，内部为 SF_6 绝缘，外部为空气绝缘。其结构包括接线板、导电杆、瓷套装配、屏蔽环、连接筒、分子筛、静触头、接头、绝缘子等部分。

2. 电缆连接装置

电缆连接装置用于组合电器与电缆进出线的连接。

3. 与变压器的连接

GIS 设备与主变压器之间一般用 SF_6/油套管相连接，也有用铝绞线相连接的。

（八）盆式绝缘子

盆式绝缘子可以做成全密封式和有孔洞的 2 种（见图 5-2-7）。它有 2 个作用：一是支持导电元件；二是将 GIS 设备内部分隔成若干个气室，且互不相通，当出现故障时，可以抽出故障气室里的 SF_6 气体进行解体维修，而不影响其他气室的正常运行。

图 5-2-7　盆式绝缘子

（九）SF_6 气体密度开关

SF_6 气体密度开关的作用是监测气室是否漏气。

1. 密度开关结构

SF_6 气体密度开关主要由弹性金属曲管、齿轮机构、指针、双层金属带等零部件组成，实际上是在弹簧管式压力表机构中加装了双层金属带而构成的。空心的弹性金属曲管与气室相连，端部与起温度补偿作用的双金属带通过铰链连接，双层金属带与齿轮机构和指针机构通过铰链连接。

2. 准确测量要求

在气室内外温度达到平衡之后，才能准确测量出 SF_6 气体的压力值。断路器在运行时，密度表读数误差的大小取决于断路器的负荷电流和回路电阻所引起的温升的大小。

四、GIS 组合电器的运行与维护

（一）运行

1. 基本要求

（1）运行人员经常出入的户内 GIS 设备室，每班至少通风一次，换气 15 min，换气量应大于 3～5 倍的室内体积，抽风口应安装在室内下部；对不经常出入的设备场所，在进入前一般先通风 15 min。

（2）对于维修人员易触及的部位，在正常情况下，外壳及构架上的感应电压不应超过 36 V。其温升在运行人员易触及的部分不应超过 30 K，运行人员易触及但操作时不触及的部分不应超过 40 K，运行人员不易触及的个别部位不应超过 65 K。

（3）GIS 设备巡视主要进行外观检查，以检查设备有无异常，并做好记录。

2. 运行规定

（1）断路器投运前必须做一次远方分合闸试验，断路器两侧隔离开关必须拉开。

（2）当正常运行时，断路器的操作一般在后台进行，方式选择开关置于远方位置。当调试或处理事故时，允许就地操作。

（3）SF_6 气体、操作机构的液压油和氮气等应满足质量要求。

（4）使用液压机构的断路器在合闸运行状态时，若液压机构失压，不得重新打压，应将断路器退出运行，在断路器不承受工作电压的条件下重新打压，以避免断路器失压后再打压时出现慢分闸事故。

（5）必须在退出运行、不承受工作电压时，才能对断路器进行慢分、慢合闸操作。

（二）巡视检查

1. 运行监视

（1）检查记录各气室 SF_6 气体密度、环境温度、元件负荷电流。

（2）检查各气室内有无异常声音。

（3）检查就地控制柜内合分位置指示器、指示灯显示等各种信号指示、位置指示正确与否；控制开关的位置是否正确，是否有信号继电器动作；动作计数器的指示状态和动作情况。

（4）检查 GIS 外壳温度是否正常，有无变形、变色。

（5）检查就地控制柜密封是否完好，柜内有无潮气，有无锈蚀。

（6）检查 GIS 各部件、螺栓、法兰、接地导体有无锈蚀。

（7）检查操作机构是否正常。

2. 日常巡视检查项目

日常巡视检查项目如表 5-2-1 所示。

表 5-2-1　日常巡视检查项目和内容

序号	检查项目	检查内容
1	断路器、隔离开关	断路器、隔离开关、接地开关、快速接地开关的位置指示器是否正常，与当时实际工况是否相符，闭锁装置是否正常；隔离开关、接地开关从窥视孔检查，其触头接触是否正常
2	异常声音	当 GIS 内部出现局部放电时，会通过 SF_6 气体和外壳传出具有某些特征的声音。电流通过导体产生的电磁力、静电力而出现的微振动、螺母松动等，都会从外壳传出的声音变化反映出来。在巡视检查时，应留心辨别音质特性的变化、持续时间的差异，并判别出是否有异常声音

续表

序号	检查项目	检查内容
3	其他部件	检查操作机构的连板、连杆系统有无开口销、弹簧、挡圈等连接部件脱落；检查压缩空气系统和油压系统中储气（油）罐、控制阀、管路系统密封是否良好，有无漏气、漏油痕迹，油压、气压是否正常；检查操作箱的防水、防尘作用，内部有无水迹及尘埃痕迹；检查机构是否变形，油漆是否脱落，气压表有无生锈和损坏，SF_6 气体管路和阀门有无变形，阀门开、闭位置是否正常，以及导线绝缘是否安好，加热器是否按规定投入或切除
4	发热、异常气味	巡视检查时应注意外壳、扶手等处温升是否正常。当怀疑温升异常时，应测量温度分布，查明发热部位
5	信号指示灯	检查各种指示灯、信号灯指示是否正常
6	SF_6 气体压力	日常巡视检查并记录好各气室的 SF_6 气体压力及当时环境温度。检查各气室是否有 SF_6 压力降低报警、压力闭锁信号
7	金属部件生锈	注意检查金属外壳、台架等结构的连接部位，有无锈蚀、损伤，瓷套有无开裂、破损或污秽情况。对操作箱和控制柜，应检查密封情况，防止潮气进入而结露
8	分合闸指示器、动作读数器	检查分合闸指示器及指示灯显示应符合实际：检查动作读数器的指示状态和动作情况。检查避雷器的动作计数器指示值是否正常，避雷器泄漏电流有无变化
9	通风系统	检查是否正常
10	压力释放装置	检查防护罩有无异样，其释放出口有无障碍物
11	带电显示装置	检查是否指示正确

3. GIS 的投运要求

（1）GIS 设备固定牢靠，外表清洁完整，无锈蚀。

（2）电气连接可靠且接触良好，引线、金具完整，连接牢固。

（3）各气室气体漏气率和含水量符合规定。

（4）组合电器及其传动机构的联动应正常，无卡阻现象，分合闸指示正确。当调试操作时，辅助开关及电气闭锁装置动作正确可靠。

（5）各气室配备的密度继电器的报警、闭锁值符合规定，电气回路传动正确。

（6）出线套管等瓷质部分完整无损、表面清洁。

（7）油漆完整，相色标识正确，外壳接地良好。

（8）机构箱、汇控柜内端子及二次回路连接正确，元件完好。

（三）维护

1. 日常检查

GIS 设备投运后的维护工作量极小，日常只需做如下检查：

（1）位置指示、报警检查。

（2）气室气压检查。

（3）操作机构外观检查。

（4）就地控制柜功能检查。

（5）其他功能检查，如避雷器动作次数等。

2. 气密性检查

（1）用肥皂水检查气密性。在检漏时，将肥皂水涂在被检查部分，检查有无气泡产生（观察 30 s 以上）。如果有气泡产生，说明有漏气存在，必须加以处理；如果没有气泡产生，将肥皂水擦净即可。

（2）用 SF_6 气体检漏仪检漏。用塑料薄膜将需检测部位包封起来，放置约 4 h，然后用气体检漏仪进行检漏。

3. SF_6 气体的充入及补气操作

当进行充气及补气时，首先应旋去基座下自封阀的保护螺母，连接充气装置。气瓶内的 SF_6 气体通过减压阀、充气管和接头上的自封阀向 GIS 本体内充气。

充气前应先用 SF_6 气体冲洗减压阀和充气管 3～5 s，以排除管路内可能有的空气和水分。在充气过程中，注意观察减压阀表数值和密度控制器数值。当充气完成后，将充气装置与四通件下的自封阀分离，在自封阀上再次装好保护螺帽，并妥善保存充气装置以备后用。

五、GIS 组合电器的故障与处理

GIS 组合电器能否安全可靠地运行，与设备制造质量、安装质量、运行监测及检修质量等因素密切相关。

（一）故障产生的原因

1. 制造方面

制造车间清洁度差造成金属微粒、粉尘和其他杂物残留在 GIS 内部；装配的误差大造成元件摩擦产生金属粉末并遗留在零件隐蔽部位；材料质量不合格等。

2. 安装方面

安装现场清洁度差，导致绝缘件受潮、被腐蚀，外部的尘埃、杂物侵入 GIS 内部；不遵守工艺规程造成零件错装、漏装；与其他工程交叉作业时造成异物进入 GIS 内部。

GIS 投入运行后，上述因素会造成内部闪络、绝缘击穿、内部接地短路和导体过热等故障。根据目前国内 GIS 设备的运行情况，盆式绝缘子和隔离开关出现故障的概率最高。

（二）常见的故障与处理

（1）异常响声。当气室内部电气元件发生异常响声时，应根据声音的变化判别是屏蔽罩松动、内部有异物，还是故障放电，当出现明显放电声时应停电处理。

（2）当室外 GIS 设备发生爆炸或严重漏气等事故时，人员接近设备要谨慎，应选择从上风侧接近设备，穿安全防护服并佩戴隔离式防毒面具、手套和护目眼镜；对室内安装运行的 GIS 设备，为防止 SF_6 气体漫延，必须将通风机全部开启 15 min 以上，进行强力排换，待含氧量和 SF_6 气体浓度符合标准，并采取充分措施准备后，才能进入事故设备装置室进行检查。

（3）设备防爆膜破裂，说明内部出现严重的绝缘问题，电弧使设备部件损坏，引起内部压力超过标准，因此必须进行停电处理。

第三节　PASS 设备

一、概念

PASS（Plug And Switch System，接插式开关系统）设备是一种介于常规空气绝缘开关设备和气体绝缘开关设备之间的户外封闭式组合电器，于 1998 年由 ABB 首先推出。它以 GIS 技术为基础，将一个开关间隔所有必要的功能如断路器、隔离开关、接地开关、电流互感器等全部集成在同一个充满 SF_6 气体的封闭金属（铸铝）罩壳中作为一个模块，并且根据变电所的接线要求，装上 2 只或 3 只套管，通过绝缘套管与变电所母线和进出线相连接，每相为独立支架。三相 PASS 模块组件即相当于一个完整的高压间隔，除母线外其他带电设备全部封闭组装。

PASS 也可理解为“Performance And Save Space”，即优越的性能并节省空间。PASS 把开关间隔的所有功能统一归并到一个密封舱中，具有结构简单、紧凑、可靠性高、安装维护简便等特点，为变电所的建设、改造、扩建提供了新的选择。图 5-3-1 为 PASS 与传统间隔的比较。

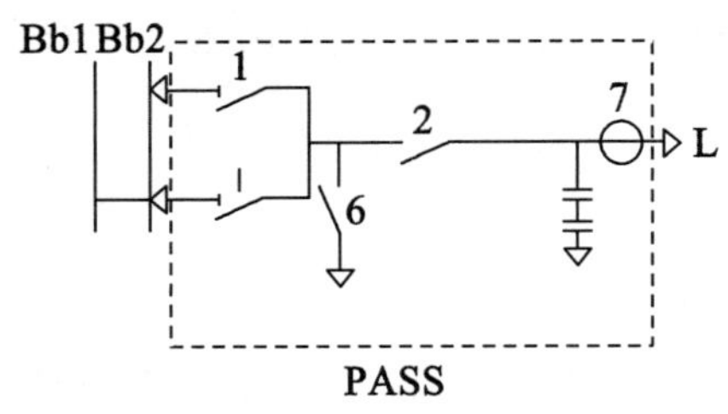

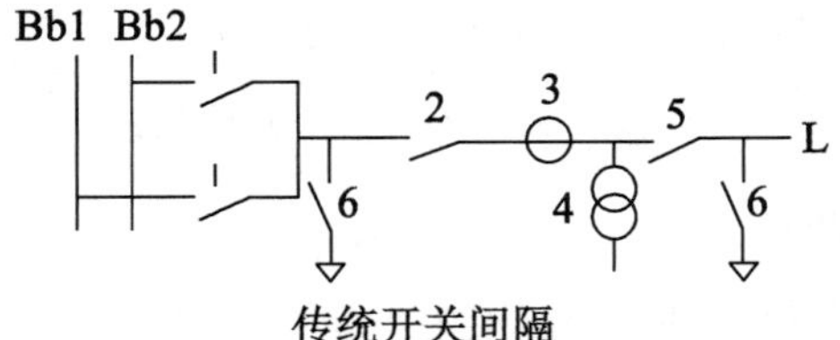

图 5-3-1 PASS 与传统间隔的比较

二、功能特点

（一）小型紧凑

（1）构造简单、紧凑。

（2）满足变电站各种接线需要。

（3）使用弹簧操作机构，可靠，功耗低。

（4）可大大减少变电站用地，与以往的空气绝缘变电站相比节约 70%。

（二）绝缘性和灭弧性优良且可靠性高

（1）断路器和隔离开关、接地开关均为 SF_6 气体绝缘，具有优良的绝缘性和灭弧性。

（2）每一相作为独立模块放在单独舱内，可靠性较高。

（三）维护保养量少

同 GIS 设备类似，其维护工作量极小。

三、与 GIS 的主要区别

GIS 把整个变电站的一次设备包括断路器、避雷器及母线等集成在一个 SF_6 气体的密闭室中，俗称“SF_6 全封闭组合电器”。但是它有一个缺点，由于集成度过高，一旦有一个断路器出问题，整个变电站都要停电，扩大了停电范围，损失比较大。另外，由于其将所有的电气设备放在一个气室内，相应地就增加了事故的隐患。如常见的漏气问题，由于范围较大，很难查出故障点，增加了停电检修的难度，延长了停电的时间。而 PASS 是把一相断路器加隔离开关和接地开关作为一个模块放在 SF_6 密封舱中，每一相有独立的外壳，其可靠性和灵活性较高。对 PASS 来说，如果某一相有问题就只更换那一相即可，缩小了停电范围和检修时间。

PASS 既吸收了 GIS 的成功运行经验，又解决了 GIS 由于集成度过高而带来的负面影响等诸多问题，并且更符合减少投资、节能降耗和环保的要求。从国际、国内的变电站发展趋势来看，利用 PASS 对变电站进行改造和建设不失为一种选择。

四、结构功能

（一）主体结构

PASS 包括 3 个单独的开关室，断路器水平放置，断路器机构采用弹簧操作机构。组合式隔离刀和地刀放置在每相的 SF_6 气室内，机构为三相联动操作机构。与架空线和母线相连接的 SF_6/空气绝缘套管安装在进出线侧，所有设备安装在一个钢支架上，按照标准的安装条件，控制柜安装在支架的一侧。

PASS 除母线之外的带电部分（断路器、隔离开关、接地开关、电流互感器）都封装在一个接地的、充有 SF_6 的铝合金壳体中，每极都有独立的外壳以增强其可靠性和安全性。

（二）功能附件

1. 组装在每相上的附件

（1）2 个气体进出口，用于充气、抽气。

（2）1 个防爆膜。

（3）1 个观察孔（窗），用以检查组合式隔离刀/地刀运行的位置。

2. 组装在每个单元上的附件

（1）带 3 个触点的密度表 1 个，报警触点 1 个，闭锁触点 2 个。该仪器有温度补偿系统，以 bar/MPa 和颜色区来指示压力，并且测量 SF_6 气体的有效密度。

（2）用于指示断路器位置信号的装置 1 个，红色代表闭合，绿色代表断开。

（3）用于指示组合式隔离刀位置信号的装置 1 个。

①线路：红色代表闭合，绿色代表断开。

②接地：绿色代表断开，红色代表闭合。

3. 断路器

用于 PASS M0 装置的断路器的原理为自能式气自吹 SF_6 断路器，所需的合闸能量储存在 BLK222 驱动装置的弹簧中，分闸弹簧位于每相中，随时能够提供开关分闸所需的能量。

断路器舱主要包括外壳、断路器与组合式隔离刀动触点连接的静触头、动触头、喷口、触头弹簧、开关销、上防护罩、下防护罩、用于支撑的绝缘筒、拉杆、分闸弹簧、吸附器、母线、防爆膜。

4. 组合式隔离刀

PASS M0 装置配有组合式隔离刀。当动触头转动 90°时，母线侧的隔离刀断开，再转动 90°时，断路器侧的接地触头闭合。

组合式隔离刀主要包括动触头、静触头、接地静触头、转动绝缘子、舱室固定支撑、断路器保护罩、转动绝缘子壳、接地侧壳、防护罩、密封垫、驱动装置壳、轴承。

5. SF_6/空气绝缘套管

SF_6/空气绝缘套管包括：

（1）带有环氧树脂浸透过的玻璃纤维的坚固内筒，用来承受机械负载（内压、悬负载、端子负载等）。

（2）基座法兰和盖子，通过热处理和黏结方式固定在圆筒上。

（3）上端子接在盖子的外部，一次母线接在内部。

（4）硅橡胶套在该圆筒的外部与玻璃纤维套筒结合形成一个独立的部件，防止污秽及提供电气绝缘。

该绝缘子的主要优点为：无爆炸的危险，绝对安全；在污染的环境和雨天中的性能极佳；抗沙尘暴；质量轻；免维护。

6. 弹簧储能操作机构

弹簧储能操作机构包括电机储能合闸弹簧装置和分闸弹簧，其中分闸弹簧位于断路器拉杆上。

合闸操作使得储能合闸弹簧能随时闭合断路器并对分闸弹簧储能，分闸操作使储能分闸弹簧随时可以控制断路器（已处于闭合状态）进行分闸操作。

每次分闸操作后合闸弹簧自动储能。

7. 隔离刀驱动装置

隔离刀驱动装置是一个手动和电动控制元件，用以操作 PASS 的组合式隔离刀。

驱动装置主要由电动机、减速齿轮、传动轴、辅助触点盒、位置指示仪、手动操作手柄的机械闭锁、手动操作手柄、二次电缆插座等部分组成。

五、操作

（一）控制模式选择

位于 PASS 控制箱的选择开关可以选择远方或就地控制模式，断路器通常采用远方控制，在控制室的控制屏或后台进行远方操作。

当处于就地状态时，PASS 控制箱有分闸和合闸按钮。一般只有当隔离刀断开、地刀处于断开位置时才能操作断路器。

（二）合闸操作

利用按钮或远方信号进行合闸操作时必须满足下列条件：

（1）选择开关必须处于远方或就地位置。

（2）合闸操作必须对弹簧完全储能。

（3）断路器必须处于断开位置。

（4）气体密度必须高于闭锁压力。

（三）分闸操作

当断路器处于合闸位置时，可以就地进行分闸操作。当选择开关处于就地位置时，通过相关按钮，分闸线圈带电就可进行分闸。

（四）手动储能

如果电机的电压不能保证弹簧储能，弹簧可通过下列方式储能：打开机构盖，插入手柄，转动手柄对弹簧进行储能，当指示器显示到红色标志的位置时停止储能。

（五）释放合闸弹簧

1. 电动释放

断开控制柜中的电机电源开关，选择开关位置为就地，按照“分—合—分”的顺序操作，检查弹簧已释放，断路器位于“开”的位置，弹簧储能释放显示器指示弹簧已释放。

2. 手动释放

断开控制柜中的电机电源开关，打开控制盖，插入手柄后转动以释放弹簧，当滚柱释放了驱动力时就表示弹簧已彻底放开。

（六）闭锁

在中央控制柜的控制装置中设置电动闭锁。

（1）当气体密度低于闭锁压力时，合闸信号会被闭锁。

（2）当外壳打开时，电机电源会断开。

第六章　港口供配电系统常用中压开关

《电力安全工作规程》以 1 kV 为界，不低于 1 kV 为高压，低于 1 kV 为低压。在电力系统中，低于 1 kV 为低压，1～330 kV 为高压，330～500 kV 为超高压，高于 500 kV为特高压。中压是引进的国外概念，一般指 6～35 kV 这个等级。

第一节　西门子 3AH 型真空断路器

一、概述

西门子于 1978 年推出真空断路器以取代少油断路器，产品从 3AF 型开始，随后推出 3AG 型、3AH 型、3AH2-EP 型（苏州工厂推出）、3AE-SION 型等系列，其灭弧技术引自英国 GEC 技术，处于世界领先地位。

3AH 型系列为其成熟产品，为最具有代表性的敞开式真空断路器，技术成熟，质量可靠，在港口供电系统中被广泛应用。3AH 型系列产品中有标准型、大电流型、频繁型及经济型等类型，3AH3 型系列针对大容量市场，3AH5 型系列针对小容量市场。

该产品为适应中国电力系统的运行工况采用了大爬距绝缘设计，增大了绝缘件的爬距，配用了大爬距真空灭弧室。断路器符合 IEC56、IEC694、BS531 以及 DINVDE0670 的所有条款，满足中国标准《交流高压断路器》（GB 1984）和 DL403（绝缘部分），并具有可靠的联锁功能。

二、使用条件

正常条件如下：

环境温度：最高温度＋40 ℃，最低温度－25 ℃，日平均值不大于＋35 ℃。

环境湿度：日平均相对湿度≤95％，月平均相对湿度≤90％。

断路器装置地点的海拔高度最高 1000 m。

地震烈度不超过 8 级。

无火灾、爆炸危险、严重污秽、化学腐蚀及剧烈振动。

三、组成结构

真空断路器由带有储能机构的操作机构箱、控制元件、带灭弧室的三相极柱装配、环氧树脂浇注绝缘子以及绝缘拉杆组成。

断路器安装位置为垂直（相对于灭弧室）。

额定电流为 800～6300 A，额定短路开断电流为 25～72 kA。

额定开断电流为 40 kA 及以上的断路器，具有快速负荷转移功能，31.5 kA及以下的则同时具有快速重合闸功能。

（一）真空灭弧室

1. 安装结构

灭弧室安装在 2 个陶瓷绝缘子之间，静触头被直接连接在柜上，动触头被安装固定在导轨中的接线端子螺栓上，金属波纹管形成到灭弧室的真空密封连接。

2. 触头结构

断路器的真空灭弧室采用一次封排技术制造，触头材料为独特工艺自制的 Cr-Cu 合金，经电弧冶炼而成。触头采用先进的设计形状和结构，具有极高的耐电弧能力和很小的弧压降。因此，在保证开断额定短路电流的前提下，灭弧室的体积可以具有较小的尺寸。西门子的这种真空灭弧室还具有截流值小的特点。因此，断路器在开断变压器等一类感性负载时，不会出现危害的操作过电压，真空灭弧室与弹簧操动的优良机械特性配合，还使 3AH 型真空断路器能够多次成功地合分电容器组，而不会出现重燃过电压。

真空灭弧室采用 2 种不同结构的触头：横向磁场触头和纵向磁场触头。

根据不同的开断容量，可以选择多种触头形状及尺寸大小。

横向磁场触头：电流在约小于 10 kA 时呈扩散状，电流更大时则呈集聚状，并绕触头旋转。

纵向磁场触头：电弧始终保持扩散状，即使电流高达 72 kA 也是这样。

当触头分离时，被遮断的电流产生金属蒸气，电流通过金属蒸气通道维持至下一电流零点，电弧在过零处被遮断。金属蒸气在数微秒内丧失导电性能，这样，触头间隙的介质强度能迅速地重新恢复。

真空灭弧室的特点如下：

（1）绝缘强度高。真空灭弧室的真空度高于 10^{-9} Pa，6～20 mm 的触头开距足以保证真空灭弧室的绝缘强度。

（2）截流值小。截流值的大小主要取决于所使用的触头材料，通过优化铜铬材料可以使截流值平均为 3 A。

（3）触头烧损小。由于真空中金属蒸气等离子体具有良好的导电性能，开断过程中电弧电压低（仅 20～200 V），电弧能量低，燃弧时间短，因此真空灭弧室触头烧损小、寿命长。

（4）接触电阻小。在真空中，触头表面无杂质和污染，使用导电性能良好的触头材料能确保接触电阻值最小。

真空灭弧室 2 根导电杆之间的接触电阻阻值为 8～15 μΩ，因此温升也相应较低。

（5）真空密封好。由于采用一次封排工艺，焊接质量可靠且接头不会老化，使得真空灭弧室在整个寿命期内都保持良好的密封性。

3. 优点

（1）稳定的绝缘性能。在真空环境下，没有分解物，由于密封严格，外界环境对其无影响。

（2）恒定的触头接触电阻。由于真空下无氧化，能保持触头表面的清洁。因此，在设备的整个寿命周期内，触头接触电阻一直维持在较小水平。

（3）开断次数高。额定电流开断次数最高达 30000 次，短路电流开断次数可达 100 次。

（4）10000 次操作内免维护。在正常条件下，3AH 型断路器在 10000 次操作内免维护，触头磨损很小，电弧电压只有 20～200 V。燃弧时间最大仅 15 ms，触头间隙间的能量消耗很小。

（二）操作机构

断路器的操作机构采用弹簧储能，可以电动储能，也可以手动储能，用手柄对断路器的合闸弹簧储能直到“弹簧已储能”指示出现并且听到一声清脆的响声，这表明合闸棘爪已被锁定，此时可通过手动或电动方式使断路器合闸。

该机构中的各个零部件都是经过精密加工、装配而成的，关键部件和材料采用特殊的工艺制造，确保了整个操作机构具有很小的摩擦力，各零件之间配合精确，动作可靠。

1. 二次基本配置

（1）机械联锁和操作计数器。储能机构可装配一机械/电气联锁装置用于断路器手车在某一位置的联锁。

（2）合闸线圈。合闸线圈通电动作使合闸弹簧释放能量，这就是电气合闸，交、直流操作均可。合闸完成后，合闸线圈失电。操作电压可在－20％～＋10％（直流）额定电压或－15％～＋10％（交流）额定电压的范围内波动。

（3）分闸线圈。分闸线圈是断路器基本结构的标准脱扣器，可以直接用线圈的铁芯“打开”锁扣机构，于是断路器分闸，交、直流操作均可。操作电压可在－35％～＋20％（直流）额定电压或－15％～＋20％（交流）额定电压的范围内波动。

（4）二次侧 64 针接插件。断路器机构箱内的控制单元的所有接线均被引至低压接插件，标准型号提供的是 64 针接插件。

（5）电气防跳。

（6）马达操作储能机构。

（7）11 常开和 11 常闭辅助开关。

2. 操作机构动作原理

（1）储能。合闸弹簧的储能操作是通过合闸单元、齿轮传动机构来实现的。齿轮传动机构由一套蜗轮、蜗杆构成的齿轮箱和固定在齿轮箱体上的储能电动机、手动储能摇柄插孔以及贯穿固定在箱体上的储能轴组成。合闸弹簧装在固定于储能轴一端的拐臂上，并能随之转动而运动。储能轴的另一端与凸轮相连，凸轮上装有起制动作用的滚子。当齿轮传动机构被电动机或摇柄驱动时，储能轴随之旋转，并带动棘齿。储能轴一直转动到它停留在拐臂处于储能位置顶端死点的附近为止。当拐臂突然转动释能时，合闸弹簧被储能。在储能位置，储能轴被滚子制动，同时棘爪顶住滚子的下方，棘齿从凸轮的槽内退出，储能轴与齿轮箱之间立刻脱离关系。当储能结束时，拐臂带动连杆驱动微动开关，并将储能指示牌翻转，显示“已储能”标志。微动开关切断电动机供电电路，并可发出“已储能”的电信号。此时，真空断路器处于准备合闸状态。

在通电及合闸弹簧能量释放状态下，电动机自动启动储能并在储能结束后切断电源。在弹簧储能的部分时间内，电动机处于过负荷状态。

（2）合闸。在合闸操作中，无论是用手按下合闸按钮还是远方操作合闸线圈，都能使控制储能弹簧的棘爪解锁。于是，合闸弹簧向下拉动拐臂，转动储能轴上的凸轮，使之进入合闸位置。这时，滚轮与凸轮脱离，力通过连杆作用到主轴上，使之旋转到一个角度，将断路器合闸。

在主轴向合闸位置转动时，轴上的 3 对拐臂驱动触头弹簧、绝缘杆以及与动触头相连的拐臂，于是三相触头闭合。触头弹簧上的储能用于保持触头所需要的接触压力。

与此同时，主轴上的拐臂对分闸弹簧储能。主轴上连接的另一个拉杆，使“合/分”指示牌翻动，显示“合”的标志。同时，主轴还拉动操纵计时器的不锈钢短连杆和另一个带动辅助开关的不锈钢长连杆，随之实现计数器计数、辅助开关切换到合闸位置的动作。

释能之后，合闸弹簧变为松弛，“已储能”指示牌复位，相应的电信号也被取消。同时，微动开关闭合，电动机供电回路再次接通。齿轮传动机构立即工作，对合闸弹簧储能。如用手动操作，也可以立即再次人工对合闸弹簧储能。

（3）分闸。既可用手按下分闸按钮，也可靠分励脱扣器的动作来驱动棘爪，使机构解锁，实现分闸操作。

触头弹簧和分闸弹簧储存的能量使真空灭弧室的触头分离，并转动主轴恢复到分闸位置。主轴又带动辅助开关使之恢复到分闸位置。在分闸过程的最后时刻，断路器运动部分的动能由油减震器所吸收，分闸弹簧的剩余能量则给予动触头，用于抵消灭弧室内的真空负压力，使动触头保持分闸状态。

四、维护检修

（一）正常使用寿命

（1）在正常使用条件下，断路器完全免维护。

（2）断路器开断 50 次短路故障电流或开断 15000 次额定电流，应更换真空灭弧室。

（3）操作满 30000 次，应进行调换。

（4）运行满 20 年后应进行设备评估。

（二）定期维护检查项目

维护前需确保断路器处于分闸状态，机构处于释能状态，并切断辅助回路电源。

1. 操作机构部分

（1）目测所有元件和机械连接件有否损坏。如有损坏，应及时进行更换。

（2）检查各连接件的紧固螺栓、螺母是否松动；开口销、挡卡有无在运动中断裂、脱落。

（3）检查机构内部传动及摩擦部位并润滑清洁。若有零部件更换，当重新装上时，应在其运动及摩擦部位涂润滑脂。

（4）检查计数器动作是否正确。

（5）检查断路器与手车间的联锁是否正常。

（6）检查油缓冲器是否漏油，运动有无卡滞，必要时需进行更换。

（7）检查辅助开关、微动开关螺栓是否紧固，触点是否良好，动作位置是否正确。

（8）检查分、合闸线圈是否完好，否则应更换线圈。

（9）检查二次回路接线端子有否松动，必要时紧固端子。

2. 机构与断路器连接部分

（1）检查连接部分的挡卡、销等有无震动断裂、脱落。

（2）检查连接部分，较脏时需擦拭并重新涂 TOPLASL32 润滑脂。

3. 本体

（1）检查与擦拭。检查与擦拭真空灭弧室外壳、绝缘子、绝缘罩，紧固有关螺栓。

（2）目测检查。目测检查主要是观察手车内有无其他杂物，手车内部的清洁状况，绝缘件表面的完好状况，导电体是否有因过热而引起的表面变色或变形，各传动联锁部分是否有变形现象，触头接触状况，静、动触头上是否有烧损（如果有烧损应更换），动触头上的弹簧是否挂紧（检查其间距是否均匀）。

（3）清洁。对绝缘件的清洁一般用干净的布擦拭，必要时可用少量的酒精。

对传动结构件先用干布将原有油脂擦拭干净，必要时可用少量的酒精或其他无腐蚀性、不易燃的清洗液清洁。

对触头的清洁可用干净的布擦拭，必要时可用少量的酒精。

（4）润滑。润滑可直接用小号漆刷将 TOPLASL32 润滑脂涂在需润滑的传动结构件上。

在触头上用手指涂上少量黑色润滑油脂，涂抹均匀。

（三）定期测试项目

（1）对断路器进行分（合）闸时间、分（合）闸速度、分（合）闸同期性及触头合闸弹跳时间测试。

（2）检查导电回路连接部件螺栓是否紧固，测试断路器每相主回路直流电阻。

（3）测量断路器绝缘电阻。

（4）对断路器进行耐压试验。

（5）检查断路器低电压分合闸特性。

（6）对断路器进行继保整组试验。

（7）外观维护内容。

（四）真空灭弧室的更换

（1）将断路器置于分闸、未储能状态。

（2）将绝缘拉杆与拐臂连接的轴上的卡簧取下，轴销拔出。

（3）将拐臂与灭弧室动导电端下部连接的轴上卡簧取下，拔出轴销。

（4）用内六角扳手及套筒扳手松开导电夹上的螺栓，使导电夹与真空灭弧室导电杆脱离。

（5）松开上极帽与绝缘支撑杆固定的螺栓。

（6）用套筒扳手旋出真空灭弧室的上端固定螺栓，并松开上极帽与绝缘子固定的螺栓，此时先把极帽取下来，再将真空灭弧室取出。

（7）新灭弧室的安装按与上述相反的过程进行。安装有眼螺栓时，应使导电杆端面至有眼螺栓的轴心距离与被拆下灭弧室上此两者间的距离相同。导电夹必须向上紧贴于灭弧室动导电杆，各导电接触面安装时应先擦干净，再涂上薄薄一层中性凡士林。灭弧室动导电杆与有眼螺栓连接时，应在连接螺柱上涂上少量厌氧胶，之后拧入螺柱并拧紧。安装完毕后进行开距、触头弹簧超程等机械特性检测。

（五）临时性检修

出现下列情况之一时，应退出运行，进行维护检修。

（1）出现绝缘不良、放电、闪络或击穿现象。

（2）出现元器件损坏现象，如合、分闸线圈烧坏。

（3）因断路器零件损坏造成不能分、合闸。

（4）出现其他影响安全运行的异常现象。

（六）维护后的调试

1. 触头开距测量

用卡尺分别测量断路器在合、分闸状态时触头断开、闭合时的间隙。触头的开距就是间隙变化量。把卡尺的顶端顶在灭弧室下部的导电夹的平面上，卡尺的另一端靠在下出线端极帽底部的平面上。测量断路器合闸与分闸状态下的数值，它们之间的变化量就是触头的开距。

2. 断路器开距的调整

断路器开距靠螺母来调整。使机构处于分闸位置，卸下拐臂与拉杆连接处的卡簧，将轴销拔出，此时由于大气压的作用，真空灭弧室的动触头处于合闸位置。将螺母朝拉杆方向右旋，则触头开距增大，反之触头开距减小。断路器开距经以上粗调后应先合分操作几次，然后再测量各相触头开距。若各相开距在标准范围内，则开距调整结束。若开距还没有达到标准范围，则继续按上述办法调节。

第二节　西门子 3AE 型真空断路器

3AE-SION 型真空断路器是西门子公司为应对 ABB 等研发生产的主流固封式断路器，是在 3AH 系列真空断路器的基础上，针对中国电力市场开发和生产的新一代非敞开式产品。其将真空灭弧室、上下出线座、导电夹、软连接和绝缘拉杆科学有机地组装在一起，提高了装配的质量和机械的可靠性。

一、特点

（1）紧凑型设计，适用于 7.2～24 kV 的任何开关柜，电气参数最大 40 kA、3150 A。

（2）模块化设计，使安装简单化、接线灵活化，可选的相距和极距满足各种特殊需要。

（3）机电寿命可达 30000 次。在正常工况下，10000 次操作内免维护。

（4）革新的绝缘设计和新材料的利用，提高了绝缘强度。断路器采用大爬距绝缘设计，配用大爬距真空灭弧室，更适合中国电力系统的技术标准和全绝缘工况运行的要求。

为保证陶瓷与有机树脂的紧密结合，在真空灭弧室和环氧树脂中采用特殊的过渡材料连接，保证了其机械强度及灭弧室的电气性能。其特殊的工艺可避免灭弧室在灌封过程中受损。

（5）高可靠性。减少了装配调整环节，提高了机械可靠性。主回路外爬距的增强，提高了灭弧室的外绝缘水平及抗污秽能力。

（6）小型化。采用环氧树脂作为绝缘介质，相与相之间的距离缩小，减小了真空断路器及其配用的开关柜体积。

（7）免维护。灭弧室的免维护为断路器的免维护创造了条件。

二、触头

与 3AH 型断路器采用的鸭嘴触头不同，3AE 型采用了梅花触头。

梅花触头的优点：每片触指的内圆的两棱边与圆形导电体形成线接触，接触电阻稳定，自清洗作用好，接通时触头的弹跳很轻微，短路电流通过时接触也很稳定。

第三节　ABB VD4 真空断路器

一、概述

VD4 真空断路器为厦门 ABB 公司于 1993 年推出的产品，采用德国 ABB Calor Emag Schaltanlagen AG 技术，使用 ABB 驰名的灭弧室和浇注极柱研发制造技术，其灭弧室被整体浇注在环氧树脂内，结构更坚固，可保护真空灭弧室，减少灰尘和潮湿对灭弧室外绝缘的影响。断路器手车框架采用冷轧钢板经折弯及焊接而成，相同规格的断路器可实现完全的互换。VD4 断路器为典型的固封式断路器，其过硬的质量受到了用户的青睐，在我国中压开关领域一直以来独占鳌头（见图 6-3-1）。

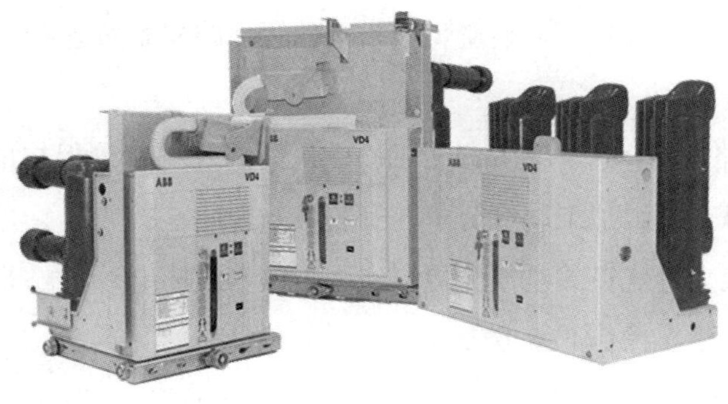

图 6-3-1　VD4 真空断路器

二、正常使用条件

（一）温度

最高值：+40 ℃。

24 小时内平均值不高于：+35 ℃。

最低值（户内）：−25 ℃。

（二）湿度

24 小时内测得的相对湿度平均值不超过 95%。

24 小时内测得的水蒸气压力平均值不超过 2.2 kPa。

1 个月内测得的相对湿度平均值不超过 90%。

1 个月内测得的水蒸气压力平均值不超过 1.8 kPa。

海拔高度不高于 1000 m。

三、特点

（1）灭弧室将开关的主触头永久密封在真空环境中，构成了开断灭弧单元。

真空断路器不需要灭弧和绝缘的介质。实际上，灭弧室中不存在可被电离的物质。在任何情况下，当触头分离时，触头间的电弧通道仅仅由触头材料的金属蒸气构成。

电弧只能由外部能量维持，当主回路电流在自然过零点时刻消失，电弧即不能维持。在此刻，急速下降的载流密度和快速凝聚的真空金属蒸气使触头之间迅速恢复了绝缘。真空灭弧室因此恢复了绝缘能力以及耐受系统瞬态恢复电压的能力，最终将电弧熄灭。

即使在很小的开距下，真空也有很高的绝缘强度，因此只要在电流过零点的数毫秒之前将真空灭弧室的触头分开，即能保证成功开断。

特殊设计的触头几何形状和触头材质，以及很短的燃弧时间和极低的电弧电压，使触头烧蚀程度非常低，保证了灭弧室的长寿命。此外，真空还可以防止触头被氧化和污染。

（2）极柱整体浇注技术。真空灭弧室安装在三相立式绝缘套筒内，可有效防止真空灭弧室受外力作用而导致损坏，能避免因粉尘和污秽的积累而造成沿面闪络，并改善灭弧室周围的电场分布。

（3）VD4 断路器手车上的动触头采用 ABB 集团获得专利保护的梅花式触指系统。触指系统结构设计合理，加工制造简单，安装维修方便，具有接触电阻小、承受热稳定电流和动稳定电流大等优良的电气性能。当手车摇入或摇出时，触指系统接触或分离自如，方向性极佳，手车操作非常方便。

四、结构功能

VD4 断路器包括了能固定断路器并摇进、摇出的手车，可适用于 UniGear ZS1 开关柜。断路器电气附件的电缆通过二次线进出口连接到连接器（二次航空插头）上，开关柜活门的驱动器安装在断路器的两侧，带有把手的横梁位于手车的前部，依靠手车操作手柄可以进行摇进、摇出操作。断路器配有隔离触指（梅花触指）。

可抽出式断路器的前横梁装有定位联锁件，该定位联锁件和开关柜相配合，只有手车完全摇到隔离位置（手车底盘和横梁完全靠紧）时，横梁上的把手才能活动。手车操作手柄插入时必须到位。

当接地开关闭合时，有闭锁装置禁止断路器摇进工作位置。此外，还有闭锁装置闭锁断路器处于合闸状态下进行摇进、摇出操作。当断路器处于中间位置时，也有闭锁装置闭锁断路器不能合闸（无论电气和机械操作）。安装于手车底盘上的手车闭锁电磁铁在未通电的情况下，使闭锁断路器不能摇进、摇出。根据要求，还可配置断路器室门打开状态下不能摇进、摇出的闭锁装置。

（一）整体浇注极柱

整体浇注极柱结构包括上出线端、真空灭弧室、环氧树脂壁、动出线杆、下出线端、软连接、触头压力弹簧、绝缘拉杆、极柱固定嵌件、操作机构连接处。

（二）灭弧室

灭弧室结构包括出线杆、扭转保护环、波纹管、端盖、屏蔽罩、陶瓷绝缘外壳、触头。

（三）真空灭弧室的开断原理

（1）在真空灭弧室内，真空电弧随着载流触头的分离而产生，并维持到电流过零点结束，电弧可受到磁场的影响。

随着触头的分离，阴极触头的整个表面形成多个独立的斑点，阴极斑点产生的金属蒸气维持着真空电弧。在真空灭弧室的额定电流范围内，电弧总是发散型的。发散型真空电弧的特征是电弧扩散覆盖到触头表面并平均分配热应力。触头的烧蚀可以忽略不计，因此额定电流开断次数可以非常高。

随着开断电流的升高（超过了额定值），根据霍尔效应，发散型电弧有向收缩型电弧转变的趋势。电弧从阳极开始收缩，随着电流的进一步增加，电弧的轮廓将收缩得更加锐利和明显。在燃起电弧的区域中，触头温度将会升高，同时带来巨大的热应力。

为了防止触头过热及过度烧蚀，电弧被磁场驱动保持旋转。旋转的电弧可以看作一段通过电流的运动着的导体。

（2）ABB 螺旋触头的特殊形状可在弧柱运动的范围内产生一个横向的磁场，并且在触头边缘的区域磁场强度最大。

电磁场由电弧本身产生，切线方向的电流分量产生的磁场导致电弧围绕触头轴线快速旋转。相比固定不动的收缩型电弧，被驱动旋转的电弧掠过了更大范围的触头表面。这种方式不光减少了触头上的热应力、大幅减小了触头的烧蚀，还使极高短路电流的真空开断变成可能。

ABB 的真空灭弧室属于电流零点开断灭弧室。当电流过零时电弧自然熄灭，残留的电荷和金属蒸气快速复合或凝聚，在微秒级的时间内触头间的绝缘强度就可以建立起来。

（四）操作机构

VD4 断路器的操作机构属于弹簧储能式，标准配置含机械防跳装置，可装配各种闭锁机构以防止错误操作。只有当所有的先决条件都满足后，每个操作顺序才能被正确地执行。

操作机构的组成部件有分合闸辅助开关、储能马达、内置的储能杆、断路器分合闸机械指示、计数器、电气附件的插头、插座连接、储能状态指示、脱扣器、合闸指示、分闸指示、弹簧储能、未储能指示等。

五、储能

（一）电动储能

电动储能采用交、直流两用单相串激电动机，储能时间小于 15 s。开关处于工作状态后（不管开关的主回路是否带电），储能电机的电气回路就处于工作状态，电机就进行储能。合闸弹簧储能到位后，位置开关自动断开储能回路。

（二）手动储能

一般只在开关空载调试和检测时使用手动储能。

往复操作内置的储能杆（最大扳动角度约 90°）直到储能态指示装置显示储能完毕。储能杆的操作力为：≤200 N（≤31.5 kA）和≤250 N（40 kA）。

六、断路器合、分闸

（1）手动合、分闸。当断路器弹簧加载后，手动按断路器面板上的“合”按钮，断路器合闸；手动按“分”按钮，断路器分闸。

（2）电气合、分闸回路。电气的合、分闸又分为就地、远控 2 种。

七、断路器小车位置

正常时具有 3 个位置。

（1）检修位置。断路器小车由柜内拉出柜外，一次回路和控制回路均断开，隔室内的静触头被金属活门屏蔽。

（2）试验位置。断路器小车推入柜内试验位置，主回路与柜内断开；控制回路可以与柜内断开，也可以接通。

（3）运行位置。断路器小车摇入柜内，主回路和控制回路与柜内接通。

八、防止误操作的联锁/保护

（1）只有在断路器和接地开关处于分闸位置时，断路器手车才能从试验位置推至工作位置。

（2）断路器只有在工作位置或者试验位置时才能被合闸（机械闭锁，同时还要电气闭锁，以防止电动合闸）。

（3）当没有二次电源时，断路器只能被手动分闸（闭锁电磁铁），而不能被手动合闸。

（4）断路器只有在试验位置时，二次插头才能被拔出。

（5）接地开关只有在断路器处于试验位置或者被抽出后，才能被合闸。

（6）断路器处于合闸位置时不能从工作位置摇至试验位置。

（7）断路器室门打开时，手车不能被摇进工作位置。

（8）如果手车在工作位置或者中间位置，断路器室门不能被打开。

（9）如果电缆连接室门被打开，则接地开关不能合闸。

（10）如果接地开关分闸，则电缆连接室门不能被打开。

（11）母线带电时，接地刀不能进行操作。

九、防跳装置

VD4 断路器的 EL 型操作机构装配有机械防跳装置，可防止断路器在持续的机械或电气命令下再次合闸。

当一个合闸命令和分闸命令（远方或就地）同时存在时，断路器将会持续不断地反复分、合闸。防跳装置保证了如果一次合闸操作后紧跟一次分闸操作时，前面的这个合闸命令不会引起第二次合闸操作，从而防止了不利情况的产生。如果要进行第二次合闸操作，则前一个合闸命令必须先消失，之后再重新发出。

此外，VD4 的防跳装置使得断路器仅在以下条件都满足时才能被合闸：

（1）操作机构储满能。

（2）分闸按钮未按下和（或）分闸脱扣器未启动。

（3）断路器处于分闸状态。

第四节　施耐德 HVX 真空断路器

一、概述

HVX 真空断路器是施耐德采用模块化设计的最新型真空断路器，是针对中国市场开发的，适用于空气绝缘开关柜，可以和同类标准产品实现互换。

HVX 真空断路器符合如下标准：《高压交流断路器》（GB 1984）、《高压开关设备和控制设备标准的共用技术要求》（GB/T 11022）、《高压交流断路器》（DL/T 402）、《高压交流真空断路器》（DL/T 403）、《高压开关装置和控制器》（IEC 62271-100）等。

二、优点

（1）采用先进可靠的卷簧操作机构，做功减少 30%，可靠性大大提高，增加了使用寿命（机械寿命 30000 次，电气寿命 10000 次，开断短路电流 100 次）。

（2）采用带纵向磁场设计的真空管使电弧尽量呈扩散状，减少了触头的烧损，提高了熄弧能力。

（3）采用先进的 Cu-Cr 触头材料，使断路器开断电流大、截流小、操作过电压低。

（4）提高相间及相对地的绝缘性能，结构紧凑。

（5）绝缘支撑外壳使得开关具有较高的机械防护性能。

三、技术特点

（1）通过固封技术，将真空灭弧室、一次回路和绝缘拉杆完全固封在一个环氧树脂的极柱内，实现了一次导电回路与外部的完全隔离。使极柱获得了最高的外部环境适应性，满足了断路器在恶劣环境下正常运行的需求。

（2）操作机构采用单轴单盘簧操作机构，三相独立的凸轮输出，为真空灭弧室提供了较佳的特性配合。传动机构一级输出和特有的轴承传动设计，具有较佳的传动效率，确保了节能环保和机构稳定可靠。

通过电动马达或手动的摇柄，在蜗旋盘簧上储存能量。真空灭弧室的合、分闸运动是由凸轮控制完成的。在完成合闸之后，弹簧自动重新储能，为一个完整的自动重合闸循环储存所需的能量。其特殊的合、分闸保持机构设计，可吸收在快速合、分闸操作后的多余能量。

操作机构具有电动和手动 2 种储能装置。储能完成后，其相应的闭锁机构会防止误操作。

（3）可靠的 VG 系列真空灭弧室。VG 系列真空灭弧室吸收 GEC、AEG、东芝等多方的独立技术，采取先进的表面处理工艺和一次封排工艺等生产工艺，减少了生产过程中的人为污染。采用 Cu-Cr 触头横向或纵向磁场开断，参数达 8000 A、63 kA。其真空灭弧室以高稳定性、小体积、长寿命在中压真空领域独树一帜。

VG 系列真空灭弧室由陶瓷外壳、波纹管、导电杆、动触头、静触头、屏蔽罩等部分组成。

VG 系列真空灭弧室有横向磁场和纵向磁场 2 种灭弧设计，由触头结构在电流流经触头时产生不同的磁场。横向磁场可以拉长电弧，使阴极班点移动，减少阴极表面的烧蚀，增大电子发射的难度，使电弧赖以存在的自由电子减少。纵向磁场设计是电流从触头流过时产生纵向磁场，纵向磁场像磁镜一样将自由电子约束在弧道内。这样，电弧弧柱的电阻就小，电弧的导电性能就好，系统向电弧输入的能量就小，熄灭电弧时就容易。这些都是熄灭电弧的不同方法，灭弧原理分别如图 6-4-1 和图 6-4-2 所示。

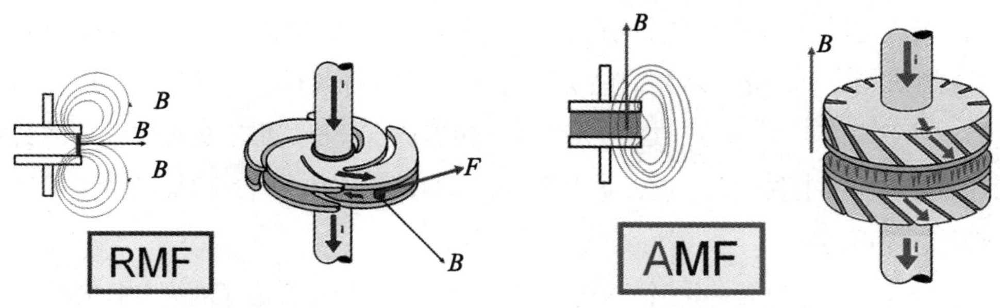

图 6-4-1　横向磁场灭弧原理　　　图 6-4-2　纵向磁场灭弧原理

（4）主导电回路安全设计。为了保障主回路安全可靠，HVX 真空断路器强化了绝缘、支撑与散热，绝缘外壳既起绝缘作用，又起机械支撑加固作用，触头之间的真空管不受机械应力。同时，断路器较好地解决了机械受力和散热问题。

第五节　厦门华电 VEP 真空断路器

一、概述

VEP 真空断路器为德国 GELPA 公司与厦门华电开关有限公司研发的中压固封式真空断路器。其符合《高压交流断路器》(GB 1984)、《高压开关设备和控制设备标准的共用技术要求》(GB/T 11022)、《高压交流断路器》(DL/T 402)、《高压交流真空断路器》(DL/T 403)、《高压开关装置和控制器》(IEC 62271-100) 等相关标准。

二、特点

（一）独特固封设计

VEP 中压固封式真空断路器的极柱通过先进的自动压力凝胶工艺（APG）将小型

化超低阻型真空灭弧室和主回路其他零件直接固封在环氧树脂内，简化了极柱的装配工艺，可防止真空灭弧室导电回路连接螺栓由于运行中的振动而导致的松动，提高了可靠性，而且使真空灭弧室外表面不受外部机械力和外部环境（如灰尘、潮气、污秽、高海拔、小动物）的影响，进一步改善了极柱的电场分布状况。

由于真空灭弧室陶瓷外壳的热膨胀系数与环氧树脂浇注绝缘层的膨胀系数差异较大（1∶10），为了避免断路器固封极柱在制造、运输过程中由于受环境温度变化的影响而造成环氧树脂浇注绝缘层开裂的问题，VEP 中压固封式真空断路器的极柱在超低阻型真空灭弧室的表面和环氧树脂浇注绝缘层之间设有一层高介电强度、高气密性、高弹性的原装进口的缓冲层，用于吸收 2 种不同热膨胀系数材料之间的相互挤压力，因而彻底地保证了环氧树脂浇注绝缘层在气温变化条件下不会开裂。

（二）小型化超低阻型真空灭弧室

VEP 中压固封式真空断路器采用为固封极柱专门开发的高真空度小型化超低阻型真空灭弧室，由于其应用了特殊的触头结构而形成的纵吹磁场，从而具有分断能力高、截流值小（平均值为 2～3 A）、绝缘恢复速度快等特点。正是由于这种特殊的触头结构形式以及触头加工工艺，真空灭弧室内部的电场得以优化和改善，因而满足了固封极柱工艺所要求的小型化。

相比于空气绝缘的第一代绝缘子悬臂式真空断路器和复合绝缘的第二代套筒式全包容或半包容真空断路器，第三代真空断路器的固封极柱中真空灭弧室的热辐射散热和对流散热能力都有所降低。VEP 中压固封式真空断路器所采用的超低阻型的真空灭弧室在额定的触头压力下具有极低的接触电阻，其电阻值为：I_n=1250A，R=（9±1）μΩ；I_n=3150 A，R=（7±1）μΩ。由于超低阻型的真空灭弧室所减少的电阻值在相同电流下单位时间内所产生的热效应足以补偿固封所引起的相同单位时间内所少散发出去的热量，所以可以保证固封极柱的温升不会超过允许的温升值，解决了大容量固封式断路器发热的难题。

（三）模块化的弹簧操作机构及二次控制线路板

弹簧操作机构包括合闸与分闸两大功能模块，具有维护方便、更换快捷、停电检修时间短的特点。另外，用作备品备件的合分闸功能模块均已采用专用油脂润滑和调整且具有很长的保存期，因而合分闸模块更换之后无须对整个断路器的操作机构进行再调整，也不会改变断路器的动态特性，使得维护检修工作减轻到最小。故障的合分闸模块经制造厂维修和重新保养之后还可以作为备品备件。

二次控制线路板也采用模块化的设计，与机构的电气连接应用带自扣紧的插接头，既方便了更换，也保证了电气连接的可靠性。

（四）标准的合分闸模块

合分闸模块是标准唯一的，适用于任何规格的 VEP 真空断路器，使得备品备件的品种和数量大为减少，降低了维护成本。另外，通用的合分闸模块有利于标准化的生产。

（五）固封式极柱安装端内外双裙边设计

在 VEP 中压固封式真空极柱的安装端，绝缘拉杆和上下导电端头之间均按照Ⅱ级污秽等级所要求的 20 mm/kV 爬电比距进行设计，特别是固封式极柱的安装端采用内外双裙边的设计，充分考虑了断路器在各种环境下运行的可靠性。

（六）二次控制插头具有插针止缩设计

二次控制插头的设计除了考虑其他产品的兼容性外，在插针安装和固定方式上又有所创新，增强了插针止缩的设计，避免了二次控制插头插针退缩而引起二次控制回路断线或接触不可靠酿成的事故，因而大大提高了断路器二次控制回路的可靠性。

（七）分闸缓冲器

高性能分闸缓冲器的应用大大减小了 VEP 固封式真空断路器分闸时动触头过冲和动触头反弹的幅值，也因而避免了触头过冲造成的真空灭弧室波纹管局部过度疲劳而引起的机械寿命降低现象。

由于触头反弹幅值的减小，VEP 固封式真空断路器电弧重燃和重击穿的概率极小。进行切电容器组的试验中，VEP 固封式真空断路器严格按照 GB 1984—2003 的要求。在整个严酷的试验过程中，未发现任何的电弧重燃和重击穿。

（八）采用大量通用零部件

采用通用的合分闸脱扣器。采用统一规格的合闸弹簧，通过采用 1 根或 2 根合闸弹簧来满足不同开断能力的断路器所要求的不同的机械功。二次控制回路线路板不因控制电压不同而变化，通过分压短接线的剪除与否来投入或退出分压电阻和防跳继电器，从而满足不同的设计要求。通用零件的采用，提高了所提供零部件质量的稳定性，也保证了 VEP 断路器质量的稳定性。

第六节　西门子 8BK20 开关柜

一、结构特点

（一）柜型

西门子户内 8BK20 型开关装置是采用空气绝缘、金属铠装/金属封闭的可移开式中压开关装置。为适应中国电力系统的需求，柜内装有几乎免维护及加强绝缘强度的 3AH 型真空断路器，并通过形式试验，在使用安全性、可靠性、经济性和高效性方面进行了优化。

其操作简单、质量可靠、外观简洁、高度适中（比常规中置柜低 20 cm 左右），加之有人性化的设计，所以在港口供电系统中应用极为广泛。

（二）柜体设计

每个开关柜均由 4 个隔室组成：母线室、可移开部分隔室、电缆连接室、低压室。

各隔室由螺栓连接的镀锌钢板件组成。开关柜的防护等级为 IP4X（IP40），可移开部分隔室和电缆连接室间的下隔板可以拆卸，以方便进行电缆的安装和调试。同样，可移开部分隔室和母线室间的上隔板也可以拆卸，以便于现场安装。

开关柜柜门、前面框架和两侧端板喷涂灰色粗纹环氧树脂漆（RAL7032）。一旦发生电弧故障，对于自由安装，其母线室、可移开部分隔室、电缆连接室内的压力通过其顶部的压力释放板向上释压。当开断短路电流为 50 kA 时，母线室、可移开部分隔室内的压力向上释放；电缆连接室内的压力则通过电缆连接室的后盖板向柜后释放，柜后的安装通道在通电运行时不允许人员通行。

（三）高压门

高压门关闭后才可操作开关装置。高压门上具有抗压力的观察窗，可用来检查可移开部分的位置、断路器的合/分指示器、操作次数计数器和弹簧储能指示器。

（四）可移开部分

根据柜型不同，可以配置下述开关装置（功能）：

（1）移开式真空断路器。

（2）移开式真空接触器、高压限流熔断器。

（3）移开式真空负荷开关部分。

（4）移开式隔离排连接部分。

（5）移开式测量部分。

当高压门关闭时，真空断路器、真空接触器和真空负荷开关在试验位置和工作位置可以进行合闸和分闸操作。可移开部分和低压室之间的控制电缆是通过具有联锁功能的 64 针插拔式连接器连接的。通过搬运小车，可移开部分可以方便地移进、移出。可移开部分的移动靠机械滚轴系统，因此对开关室的地面平整度要求不高。

动触头是表面镀银的鸭嘴式扁平触头。该触头可在较大公差范围内与静触头配合，接触可靠，不会发生过热现象。

（五）真空断路器

1. 额定电流下的开断次数

在几乎不需维护的情况下：

（1）3AH（31.5 kA，40 kA）真空断路器在额定电流下的开断次数为 30000 次。

（2）3AH（25 kA）真空断路器在额定电流下的开断次数为 20000 次。

（3）3AH（50 kA）真空断路器在额定电流下的开断次数为 10000 次。

2. 短路电流下的开断次数

（1）短路电流不超过 31.5 kA 时开断次数为 50 次，理论研究值可达 100 次。

（2）短路电流为 40 kA 时开断次数为 30 次，理论研究值可达 50 次。

（3）短路电流为 50 kA 时开断次数为 20 次，理论研究值可达 35 次。

3. 维护

在正常情况下仅需在操作 10000 次后再维护，例如润滑操作机构。

4. 开断截流值小

西门子真空断路器的优点是能够开断所有不同性质的负载。断路器开断截流值不大于 4 A，因此一般不需装设过电压保护装置。

5. 设手动机械分合闸

由于其设有断路器操作延伸杆，在失去操作电源的情况下可以实现手动机械分合闸操作。

6. 断路器小车的三个位置

（1）工作位置：断路器小车推入，动、静触头紧密接触，开关装置将母线与开关柜接线装置连接在一起，低压二次插头插入插座。

（2）断开/试验位置：断路器小车拉出，动、静触头分离明显，可以确保由母排到这部分不会产生电弧。低压二次插头插入插座。

（3）检修位置：断路器小车拉出柜外，一、二次回路均断开。

（六）可移开部分隔室

当移动可移开部分时，金属活门可自动开启或关闭，遮住固定在母线室和电缆连接室里触头罩内的静触头，免遭触摸。

可移开部分隔室和母线室、电缆连接室及相邻柜之间均有金属板隔开。

控制电缆通道在可移开部分隔室的左边，并用可拆卸的金属板封盖。

（七）电缆连接室

电缆连接室与母线室、可移开部分隔室及相邻柜之间均有金属板隔开。需要从柜前部连接电缆/母排时，可卸下可移开部分隔室和电缆连接室间用螺栓连接的隔板。需要从柜后部通道连接电缆/母排时，可卸下电缆连接室后部用螺栓连接的盖板。

电缆或母排可经快速接地开关（具有短路开断能力）接地，但只有在开关断开、高压门关闭的前提下才能进行操作。

电缆连接室后盖板上设有观察窗，可以观察到电缆密封终端的位置。

电缆试验设备能在不卸下电缆的情况下工作。

接地排为 30 mm×5 mm 的矩形铜排（最大为 50 mm×5 mm）。

（八）母线室

母排采用矩形铜排，根据柜宽用螺栓在柜间连接，且固定在通用型的环氧树脂浇注支柱绝缘子上。

绝缘材料的使用降至最低限度，只使用具有高度抗漏电特性的带裙边的绝缘子作为必要的导体支撑件。

母排用电解铜制造。在标准设计时，母排是裸露的，仅为空气绝缘，少用绝缘材料可避免漏电和电晕问题，从而大大降低开关柜的整体事故率。

（九）低压室

低压室位于柜前，独立于开关柜其他隔室，用以安装保护控制装置、测量元件和仪表，用具有防震动、抗压的隔板与高压室隔开。可移开部分与柜内固定部分的电气连接是通过金属软管内的软导线与 64 针低压插拔式连接器实现的，电流互感器回路的导线连接至低压室的端子排上，柜间小母线放置于低压室的顶部，低压元器件安装在低压室门和室内带 U 形导轨的继电板上，二次接线位于接线槽内，其截面积足以承载负荷电流，外部控制电缆从开关柜底部二次电缆进线孔经控制电缆通道引入。

（十）操作

所有的开关操作都在高压门关闭后进行。

(1) 在试验或工作位置合分开关装置。

(2) 可移开部分在试验位置与工作位置间移动。

(3) 合分接地开关。

完全实现“五防”功能。

（十一）联锁操作

1. 可移开部分从试验/断开位置移至工作位置的前提条件

(1) 可移开部分插入柜内并锁定。

(2) 低压插头插入。

(3) 高压室门关闭并锁定。

(4) 开关装置处于分闸位置。

(5) 馈电柜接地开关在分闸位置。

2. 可移开部分从工作位置移至试验/断开位置的前提条件

开关装置处于分闸位置。

3. 操作开关装置

可移开部分只有锁定在终端位置（工作或试验/断开位置）时才可操作。

4. 操作馈线侧接地开关

可移开部分锁定在试验/断开位置，或解除电气联锁。

5. 操作母线侧接地开关

机械或电气联锁解锁。

6. 打开高压门

可移开部分锁定在试验/断开位置。

二、操作

（一）由运行转检修作业

1. 操作前的准备工作

（1）人员要求：操作票准备，劳保穿戴整齐，戴绝缘手套，检查操作工具及相关操作点。

（2）低压室操作点：合闸按钮、分闸按钮、转换开关、门钥匙孔。

（3）高压室操作点：门钥匙孔、黑色手柄摇把、观察孔、手动合闸按钮、手动分闸按钮、操作孔、接地刀闸孔、接地刀操作把手。

2. 操作步骤

（1）将低压室柜门上的转换开关由遥控位置打至就地位置。

（2）按下分闸按钮，听见断路器“啪”的分闸声，绿色指示灯亮。

（3）检查高压断路器确已分闸（从观察孔处观察分闸后位置为绿色的“O”）。

（4）将钥匙插入高压室柜门下方的钥匙孔内，顺时针旋转 90°，操作孔打开。

（5）将操作摇把插入操作孔内逆时针摇至摇不动为止（约 25 下），将钥匙逆时针旋转 90°后取下。

（6）将接地刀操作手柄水平插入接地刀孔，顺时针旋转 90°后合上接地刀闸，拔出接地刀操作手柄。

（7）检查接地刀闸确已合上（从观察孔内观察到红色的“I”）。

（8）将钥匙插入低压柜门钥匙孔内逆时针旋转 90°，打开低压柜门，拉开柜内控制电源。

（9）检查控制电源确已拉开（绿色指示灯灭）。

（10）将钥匙顺时针旋转 90°关上低压室柜门，拔下钥匙。

（11）将钥匙插入高压柜门右上方钥匙孔内逆时针旋转 90°，将黑色手柄垂直向上拉至最高位置，打开高压室柜门。

（12）向下压插头盖板，拔下二次插头，将二次插头挂在高压柜门内侧的挂钩上。

（13）将搬运小车推至高压柜前。

（14）调整搬运小车两臂高度，使两臂前的定位销插入高压柜内的定位孔中。

（15）将搬运小车上的 2 个锁紧手柄左顺右逆旋转锁住。

（16）检查搬运小车确已锁住。

（17）向上提起断路器上的 2 个锁紧手柄，左顺右逆旋转 90°解锁。

（18）将断路器手车开关拉至搬运小车的滑道里，至顶点锁住。

（19）检查断路器手车开关与搬运小车确已锁住。

（20）将搬运小车两侧的锁紧手柄左逆右顺旋转 90°解锁。

（21）将搬运小车的调整手柄顺时针摇约 2 圈，推至指定地点。

（22）关上高压柜门，将黑色手柄垂直向上拉至最高位置后向下压手柄至最低位置，将钥匙逆时针旋转 90°后拔下。

（23）在高压开关柜门把手上悬挂“禁止合闸，有人工作”标示牌。

（24）操作完毕。

（二）由检修转运行作业

1. 操作前的准备工作

（1）人员要求：操作票准备，劳保穿戴整齐，戴绝缘手套，检查操作工具及相关操作点。

（2）低压室操作点：合闸按钮、分闸按钮、转换开关、门钥匙孔。

（3）高压室操作点：门钥匙孔、黑色手柄摇把、观察孔、手动合闸按钮、手动分闸按钮、操作孔、接地刀闸孔、接地刀操作把手。

2. 操作步骤

（1）取下高压开关柜门把手上悬挂的“禁止合闸，有人工作”标示牌。

（2）将钥匙插入高压柜门右上方钥匙孔内，逆时针旋转 90°，将黑色手柄垂直向上拉至最高位置，打开高压柜门。

（3）将搬运小车推至高压柜前。

（4）将搬运小车的定位销插入高压柜内的定位孔中。

（5）将搬运小车的 2 个锁紧手柄左顺右逆旋转锁住搬运小车。

（6）检查搬运小车确已锁住。

（7）将搬运小车上的解锁手柄向左向后拉 90°，使手车开关与搬运小车解锁。

（8）将断路器手车开关推至高压柜内，向上提起手车开关上两侧的锁紧手柄，左逆右顺旋转 90°锁住。

(9) 将搬运小车的调整手柄逆时针摇约 2 圈。

(10) 将搬运小车两侧的锁紧手柄左逆右顺旋转解锁，推至指定地点。

(11) 将二次插头插入，推上插头压板。

(12) 关上高压室柜门，将黑色手柄垂直向上拉至最高位置后向下压手柄至最低位置，将钥匙逆时针旋转 90°后拔下。

(13) 将接地刀操作手柄垂直插入接地刀孔，逆时针旋转 90°拉开接地刀闸，拔出接地刀操作手柄。

(14) 检查接地刀闸确已拉开（从观察孔内观察到绿色的“O”）。

(15) 将钥匙插入低压柜门钥匙孔，逆时针旋转 90°，打开低压室柜门。合上柜内控制电源。

(16) 检查控制电源确已合上（绿色指示灯亮）。

(17) 关上低压室柜门，将钥匙顺时针旋转 90°后拔下。

(18) 将钥匙插入高压柜下方钥匙孔内，顺时针旋转 90°打开操作孔。

(19) 将操作摇把插入操作孔内，逆时针摇至摇不动为止（约 25 下）。将钥匙顺时针旋转 90°后拔下。

(20) 检查手车开关确已摇至运行位置。

(21) 按下合闸按钮，听到断路器“啪”的吸合声，红色指示灯亮。

(22) 检查高压断路器确已合闸（从观察孔处观察合闸后的位置为红色的“I”）。

(23) 将低压室柜门上的转换开关由就地位置打至遥控位置。

(24) 操作完毕。

三、西门子 8BK30 真空接触器柜

(一) 特点

西门子户内 8BK30 型开关柜为高压真空接触器柜，其独特的“一柜双装”结构在高压真空接触器领域独树一帜，所以在港口供电系统中应用广泛。

8BK30 型开关柜在结构上属于左右布置的双回路，将接触器和熔断器装在狭长的小车上，成为可移开式单元。它同样具有防内部故障电弧功能，在开关室和母线室设置有释压板，电缆连接室用熔断器的限流作用使短路电流幅值很小，不足以造成危害，不需释压板。柜内及小车上设有完善的机械联锁系统，能有效防止误操作。

其尺寸与 8BK20 型开关柜完全一致，可以直接拼装，但其一面开关柜内空间装设了 2 个单独的真空接触器回路，大大节省了空间，优势明显。2 个真空接触器的一、二次回路之间用隔板完全隔开，相互之间不存在任何影响，可各自独立发挥作用。

（二）结构功能

8BK30 开关柜同 8BK20 一样，操作简单，质量可靠，外观简洁，具有 3 个位置，联锁系统完整可靠，完全可以实现“五防”功能。内装免维护的高压真空接触器，手车为落地式结构，可在柜内工作位置和断开位置之间移动，也可直接拉出柜外，推至指定位置。

手车上装有 3TL6 真空接触器、高压熔断器、避雷器和两组触头，操作时用 T 形手柄推、拉手车在工作位置和断开位置之间移动。打开门后，手车处于断开位置。

第七节　ABB UniGear ZS1 开关柜

UniGear ZS1 高压柜是由 ABB 公司设计开发的金属铠装式开关柜，配备性能优良的 VD4 真空断路器手车及先进可靠的控制保护单元。为进一步提高开关柜在 100％湿度及盐雾环境中的安全可靠性，采用复合绝缘技术，高压带电部分无裸露导体，避免了盐分高、湿度大对裸露导体造成的影响，并配合电场均衡措施使开关柜性能更优。

UniGear ZS1 开关柜为典型的中置式开关柜，其基本结构由断路器室、母线室、电缆终端室、低压室、泄压通道五大部分构成。

一、概述

（一）基本结构

开关柜从结构上考虑了内部故障电弧的影响，可以有效保护前、后、左、右各方向的操作人员和设备的安全。开关柜的基本柜型为进线/馈线柜，由固定的柜体和可移开的真空断路器手车组成。柜体分为 4 个隔室：母线室、断路器室、电缆连接室和低压室。除基本柜型外，还有其他派生方案，以满足现场的具体需求。

在母线分段系统中，有 2 台专用的开关柜：带有断路器手车的母线连接柜和母线提升柜。

（二）外壳和隔板

1. 外壳和隔板

开关柜的外壳和内部隔板由 2 mm 厚的优质进口敷铝锌板制成，具有极强的抗氧化、耐腐蚀功能，室门板装设特殊密封圈。3 个高压隔室（母线室、断路器室和电缆连接室）的顶部都装有压力释放板。当开关柜内部产生电弧时，高压隔室内气压升高，由于柜门紧闭并可靠密封，高压气体将打开压力释放板而从开关柜顶部释放出来。电缆连接室门和断路器室门是分开的，各自带有由防爆玻璃制成的观察窗。柜体的前部被这两扇承压的门板封闭，门板的开启角度是 130°。相邻的开关柜由各自的隔板隔开，拼柜后仍有空气缓冲层，可以防止开关柜被贯穿熔化。

开关柜外壳顶部上的压力释放板按照分支母线电流的大小，由钢板或网状波纹板制成。下部的底板则由不导磁的金属板拼接而成。压力释放板的一端用钢质螺栓固定，另一端用塑料螺栓固定。当开关柜内部压力过大时，塑料螺栓断裂，压力释放板被打开。

母线室的后隔板、中隔板、带活门的主安装板及水平隔板形成了开关柜的内部隔离。即使母线带电，开关柜的内部隔板也能保证接近断路器室和电缆连接室内人员的安全。低压室通过隔离钢板与高压部分隔开。

整排开关柜末端的终端盖板保证开关设备表面美观，且在终端开关柜发生内部故障电弧时，对电弧具有机械和热防护能力。

断路器室和电缆连接室的门板需要承受压力，有螺栓旋紧和手柄机构 2 种紧闭门板的方式可供选用。

2. 柜体散热

母线和分支母线额定电流高到一定程度时需要在外壳开启散热用的风道。

断路器室的冷却气流经水平隔板部件的进气口吸入，水平隔板部件内的挡板还可以满足 IP4X 防护等级的要求，并可以阻止燃弧故障发生时热气流向外喷射。对于出气口，压力释放板的材质则由网状波纹板来构成。

（三）开关柜内的隔室

1. 母线室

串接于柜体之间的主母线采用 ABB 专利的 D 型母线，具有良好的导电性能，改善了电场分布，加强了母线的动、热稳定效应。使用美国 Raychem 公司生产的热缩套管包覆，具有较好的绝缘性能。

主母线由矩形的分支母线支撑，并可由穿墙套管板支撑，无须特殊的联结夹。分支母线采用 $R5$ 圆角的矩形铜母线，可避免尖端放电，并包覆热缩套管。母线连接处螺栓用绝缘罩罩住，形成可靠的复合绝缘。分支母线直接固定在静触头盒上，取消了母线室的支撑绝缘子，减少了因灰尘积累而造成沿面闪络的机会。套管板和母线套管形成了柜体母线室之间的间隔。

2. 断路器室

断路器室包括与手车部件操作相关的必要装置，像母线室一样，断路器室为金属全封闭。

控制线插座安装在断路器室内。放置静触头的触头盒安装在主安装板上，断路器室还包括遮盖触头盒的金属活门。手车移向运行位置过程中，活门被手车上的驱动块和连杆顶开，手车移开后活门自动关闭。手车在试验/隔离位置时，活门将手车与主回路隔离。手车在试验/隔离位置时二次插头不用拔下就可进行测试。

在试验/隔离位置时，手车完全处在开关柜内，此时断路器室门可以关闭。断路器室柜门设有观察窗，当断路器位于运行位置时，可以通过观察窗察看断路器上的分、合闸按钮，分、合闸和弹簧储能/未储能的指示器。

主开关操作在门关闭的情况下进行，也可安装一个附加的机械装置来实现断路器在运行位置时的闭门紧急操作。

3. 断路器手车

断路器手车由手车底盘、触臂、触指系统和控制线插头组成，手车底盘和断路器之间的连线经由多针控制线插头连接。手车底盘实现断路器和柜体之间的机械连接，被锁定在开关柜上。当门板关闭时，通过丝杠的传动，可以用手动或电动方式让可移动的断路器本体在试验/隔离位置和运行位置之间移动。运行和试验/隔离位置与各自的辅助开关相对应，即到达极限位置时，也就是传动丝杠到达止动位时辅助开关应动作。

手车和开关柜之间的接地通过手车上导电的接地触头和开关柜上的手车导轨之间的滑动接触来实现。相同类型的手车可以互换。当手车具有相同尺寸但断路器的配置不同时，依靠控制线插头上定位销位置的差异就可避免不适用的断路器误接入开关柜。

除了断路器，手车还可以配置 VSC 型真空接触器等。

4. 电缆连接室

电缆连接室根据运行需要可安装电流互感器、固定式电压互感器或电压互感器手车及接地开关等。EK6 接地开关可采用手动或电动操作，接地开关位置可通过转轴上的机械式指示牌和辅助开关的电气触点来指示。

避雷器采用固定安装时，每相电缆安装数量将减少 1 根。

5. 低压室

低压室高度为 705/1100 mm，安装有传统或新型的综合控制和保护装置，如二次设备不安装在门上，而安装在低压室内特殊的网格板上，在此可布置二次元件并可方便地更改接线。在低压室下部，固定三排端子排的框架可以向上旋转，便于安装和布线。开关柜内部的二次线敷设在右侧线槽内，外部连线敷设在左侧的线槽内，线槽上盖有金属盖板。在低压室的侧板上还留有小母线穿越孔，以便于现场安装。

（四）联锁/防止误操作的保护

1. 柜内的联锁

开关设备具备一系列的联锁装置，从根本上防止出现危险和可能引起严重后果的误操作，保护操作人员和开关设备的安全。

（1）当接地开关和断路器在分闸位置时，手车才能从试验/隔离位置移至工作位置

（或返回）。当手车在中间位置时，开关的操作被机械闭锁。当手车带有闭锁电磁铁时，该电气联锁也起作用。

（2）断路器只有在手车处于试验/隔离位置或工作位置时才能进行合闸操作。当手车在中间位置时，合闸操作被机械闭锁。当断路器接上电气联锁回路时，该电气联锁也起作用。

（3）当手车在试验/隔离位置或运行位置而没有控制电压时，断路器无法合闸，仅能手动分闸（机械电气联锁）。

（4）只有手车在试验/隔离位置时才能插拔控制线插头。

（5）只有手车在试验/隔离位置或拉出开关柜时接地开关才能合闸（机械联锁）。

（6）当接地开关合闸时，手车无法从试验/隔离位置移向运行位置（机械联锁）。

2. 门板的联锁

开关柜可配备如下联锁：

（1）当断路器室门打开时，手车无法摇向运行位置。

（2）当手车在运行位置或中间位置时，断路器室门无法打开。

（3）当电缆连接室门打开时，接地开关无法操作。

（4）当接地开关分闸时，电缆连接室门无法打开。

3. 柜间的联锁

（1）只有本段母线上所有的手车在试验/隔离位置时，母线接地开关才能合闸（机械电气联锁）。

（2）当母线接地开关合闸后，本段母线上的所有手车无法从试验/隔离位置移到运行位置（机械电气联锁）。

（3）闭锁装置如下：

①活门在手车移开后可用挂锁分别锁定。

②接地开关操作孔可用挂锁锁定。

③断路器手车操作孔可用挂锁锁定。

④断路器室和电缆连接室门板可分别用挂锁锁定。

二、运行

（一）准备工作

开关柜在送电之前，应完成下列准备工作：

（1）检查可能导致开关柜受损的总体情况。

（2）目测检查开关装置、手车、动触头、绝缘部件等是否损坏。

（3）检查主接地母线和柜外的变电站接地导体的连接是否可靠。

（4）检查开关柜表面油漆是否损伤。

（5）清除开关柜内所有的剩余材料以及不相干的物件和工具。

（6）用清洁、干燥、不掉废丝的软布擦拭柜体的绝缘件，擦除绝缘件表面黏附的飞尘和油脂。

（7）重新安装那些需在开关柜现场安装的接线和试验期间撤除的盖板。

（8）卸掉真空断路器极柱上的运输盖（若还未卸掉）。

（9）检查真空断路器上极柱罩的安装是否正确。

（10）按要求进行主回路工频耐压试验。试验中应特别注意电压互感器和电缆等，若要从静触头引线，可采用试验和接地手车。

（二）操作试验

（1）接通辅助和控制电源，用手动或电动控制，进行开关装置的操作试验，同时观察相应的位置指示器。

（2）在不用力的情况下，检查机械和电气联锁的有效性。

（3）整定保护继电器到要求的整定值，并且用测试设备检查其功能。

（三）开关柜的操作

1. 操作要点

（1）所有操作都在开关柜的门关闭时进行。

（2）高压室门板螺栓必须上紧。

（3）移开手车前，搬运小车必须勾住开关柜。

2. 断路器从运行位置转检修位置的操作

（1）将断路器分闸。

（2）逆时针摇动手柄，将断路器手车摇至试验位置（约 20 圈）。

（3）开启断路器门。

（4）掰开航空插头扣板，将航空插头拔出，把插头挂在断路器手车面板上的固定螺栓上。

（5）将搬运小车插进并锁定在开关柜上，然后向后试拉小车，确认小车是否锁定。此时小车上的手杆应偏向右侧极限位置。

搬运小车上的 4 个手轮可用来调整小车平台的高度，使搬运小车平台和水平隔板的高度保持一致。

（6）向内侧移动断路器手车横梁定位销，将手车移至搬运小车上并确认断路器手车已定位。

（7）向左扳动搬运小车上的手杆，解开搬运小车和开关柜的锁定，将搬运小车从开关柜上移开。

3. 断路器从检修位置转运行位置的操作

操作前确认断路器室内清洁、无异物，接地开关已处在分闸位置，检查活门是否处于关闭状态。

(1) 将断路器手车移入开关柜内的试验位置。

注意手车到位时其横梁定位销在松开后应能弹回外侧极限位置，否则手车无法摇入。

(2) 将航空插头对准开关柜上的插座，压下扣板使航空插头完全插入插座内。

(3) 关闭断路器室门。如不关闭断路器室门，手车将无法摇入。

(4) 顺时针摇动手柄将断路器手车摇至运行位置，到位时相应的手车位置指示器会显示指示信号。

(5) 按照操作规程的规定给开关柜送电，注意观察信号和指示器是否正常。

4. 接地开关合闸操作

(1) 压下接地开关舌片，将接地开关操作手柄插入接地开关操作孔内，顺时针旋转180°，将接地开关合闸。

(2) 确认接地开关是否完全到位。

接地开关的状态可以从 3 个地方看出：

①低压室面板模拟指示器。

②柜内接地开关主轴上的指示器。

③接地开关操作孔处的指示。

对于某些装有带电强制闭锁装置的开关柜，接地开关的操作步骤如下：

①确认低压室门板上的带电显示器为无电状态，同时辅助电源投入。

②压下接地开关舌片。

③插入接地开关操作手柄，顺时针旋转手柄 180°合上接地开关合闸。

如开关柜不设接地开关，只需压下操作舌片即可打开电缆连接室门。

如操作舌片不能压下，说明电缆侧带电或闭锁电磁铁损坏，应分析原因。如遇机构故障，切不可强行操作。

5. 接地开关分闸操作

操作前确认柜内清洁、无异物；确认开关柜电缆连接室门已完全关好。

(1) 将接地开关操作手柄插入接地开关操作孔内，逆时针旋转 180°，将接地开关分闸。

(2) 确认接地开关是否完全到位（机械/状态指示器）。

三、维护

（一）日常运行巡检

日常运行巡检工作是在开关柜正常运行条件下进行的，对开关柜进行巡查时不需停电。

（1）控制电源、储能电源电压、极性是否正常。

（2）断路器的状态和位置指示器、接地刀状态指示器等指示是否正常。

（3）电流、电压表计指示是否正确。

（4）保护继电器电源指示是否正常。

（5）各预报警或报警指示是否正常。

（6）开关柜内是否有异常的声音或异味、辉光等。

（7）检查柜内加热器电源及其指示灯是否正常。

若出现上述异常现象，请及时分析原因，排除故障或更换元器件。

（二）定期维护

开关柜停电进行维护工作，需办理工作票，隔离要进行工作的区域，并保证电源不会被重新接通，做好接地工作，且要有专人监护。

（1）打开主母线室，检查每一颗连接螺栓的紧固情况。

（2）检查主母线和分支母线有无受潮生锈。

（3）检查各侧板有无受潮生锈。

（4）检查主母线室有无杂物。

（5）检查静触头紧固情况及表面状况。

（6）打开电缆连接室，检查电缆的连接情况。

（7）检查一次、二次电缆孔的密封情况。

（8）检查加热器是否正常加热。

（9）检查小车室和电缆连接室有无杂物。

（10）检查电流互感器的二次接线是否上紧。

（11）检查低压小室内的电流端子，保证二次电流回路不开路，同时确保保护继电器、电流表、电能表等电流互感器二次负荷投入使用。

（12）对各开关柜进行单体传动和整体传动。

（13）校验保护继电器各种功能是否正常。

（14）校验中间继电器线圈是否完好，接点接触是否正常。

（15）给柜内的滑动部分和轴承表面上润滑油脂。

（16）清除柜内特别是各绝缘材料表面的污染物。

（17）检查小车二次航空插头和插座内的插针是否有松动的现象。

四、异常现象及处理方法

操作出现的异常现象及处理方法如表 6-7-1 所示。

表 6-7-1　　操作出现的异常现象及处理方法

异常现象	原因	处理方法
手车无法从试验位置摇入工作位置	横梁定位销未到位	将横梁定位销复位
	断路器是否已分闸	将断路器分闸
	接地开关是否分闸	将接地开关分闸
	断路器室门是否关闭	将断路器室门关闭
	手车位置闭锁电磁铁 Y0 未解锁	检查原因或更换电磁铁
接地开关舌片不能按下	手车是否在试验位置或拉出柜外	将手车完全摇到试验位置或柜外
	闭锁电磁铁未解锁	检查原因或更换电磁铁
接地开关分闸后舌片无法弹回原位	接地开关驱动轴未到位	插入操作曲柄，逆时针旋转曲柄至极限位置，拔出曲柄后表示分闸的机械指示应处于操作孔的正下方
电缆连接室门无法关闭	接地开关是否分闸	将接地开关合闸
断路器室门无法开启	断路器手车没有摇到试验位置	将断路器手车摇到试验位置
断路器无法储能	辅助电源是否送上	辅助电源投入
	航空插头是否插上	插上航空插头
	储能限位开关 S1 损坏	如有异常，需更换
	储能电机 M0 损坏	如有异常，需更换
断路器无法合闸	辅助电源是否送上	辅助电源投入
	航空插头是否插上	插上航空插头
	断路器是否在试验位置或运行位置	将断路器完全摇到试验位置或运行位置
	控制回路接线松动或航空插针脱落	卡紧松动的连线或插紧航空插针
	合闸脱扣器 Y3 故障	如有异常，需更换
	合闸闭锁电磁铁 Y1 故障	如有异常，需更换
	整流桥 V1 或 V3 故障	如有异常，需更换
	S2 动作不到位	如有异常，需更换
断路器无法分闸	分闸脱扣器 Y2 损坏	如有异常，需更换
	辅助开关 S4 触点损坏	如有异常，需更换
	控制回路接线松动或航空插针脱落	卡紧松动的连线或插紧航空插针
	整流桥 V2 损坏	如有异常，需更换

第八节　施耐德 PIX 开关柜

一、组成

PIX 开关柜由几个功能单元互连构成，配电系统通过单独的母排来实现各功能单元间的电源连接，各个功能单元的接地母线均连接到变电站的主接地回路上，从而实现所有金属结构的等电位接地。低压走线槽位于低压线之间，低压电缆由各功能单元的顶部或底部进入。

二、主要特点

（1）开关柜采用敷铝锌钢板制作，模块化设计，拼装灵活方便，强度高。

（2）可配装施耐德电气公司的 HVX 真空断路器或 CVX 真空接触器手车组成 F-C 柜，其操作机构为弹簧操作机构。

（3）可抽出部件（手车）为中置式，对地面平整度要求低，可抽出部件的互换性好。

（4）可完全实现“五防”功能，在面板关闭的情况下可进行所有的开关操作，机械联锁，简单可靠。

（5）可根据需要，选择经断路器室从柜前（前接线方式）或柜后（后接线方式）进行高压电缆的连接。

（6）断路器室、母线室、电缆连接室均设置独立朝上的压力释放装置。

（7）抗内部电弧故障能力强。

三、功能单元

功能单元包括主回路和二次回路设备，共同提供保护功能。每个功能单元均包括柜体、保护监测和控制系统、可抽出部件。

（一）电缆出线柜结构

每个电缆出线柜均由母线室、电缆连接室、断路器室、低压室四部分组成，各部分独立。

（二）抗内部电弧泄压通道

除低压室外，断路器室、母线室、电缆连接室均设置独立向上的压力释放装置。当柜内某一隔室发生故障时，伴随电弧的产生，该室气压升高，装于该室上方的压力释放装置动作，压力释放板被自动打开，释放压力和排泄气体，以确保操作人员和设备的安全。

（三）母线室内部结构

母线室位于开关柜的后上方，主母线为分段母线，通过支母线和静触头盒固定，不需要其他绝缘子支撑。当为大电流时，母线采用双根母排。相邻柜间用母线套管隔开，能有效防止事故蔓延，同时对主母线起辅助支撑作用。

在母线搭界处采用导圆角、镀银设计，母线采用复合绝缘。

（四）断路器室结构及联锁

断路器室的内两侧装设了导轨，对于手车在断开/试验位置和工作位置间的平稳运动起正确导向作用。静触头盒前装有金属帘门机构，上、下帘门在手车从断开/试验位置运动到工作位置的过程中自动打开。当手车反方向运动时自动关闭形成有效隔离，防止误入带电隔室。手车与柜门间有闭门联锁，接地开关与手车间也设有联锁，接地开关仅在手车处于隔离/试验位置及柜外时才能被操作。当接地开关处于合闸状态时，手车不能从隔离/试验位置推至工作位置，从而有效保证了操作安全。

（五）二次插头联锁

PIX 开关柜采用二次触头联锁，只有插上二次插头，手车才能从试验位置运动到工作位置。当手车在工作位置时，二次插头被锁定，不能被拔开。

（六）手车室门与手车位置的联锁

手车室门与手车位置间设有联锁。只有手车室门关闭，断路器手车才能从试验位置运动到工作位置，柜门只有在断路器手车位于试验位置时才能被打开，以防止误操作。

（七）紧急手动操作杆分合闸

在控制回路发生故障，断路器失去控制电源的情况下，有时由于特殊原因必须对断路器进行分合闸操作，故设置了紧急手动操作杆分合闸，可由操作人员在柜前对断路器紧急分合闸。严禁在正常运行情况下用手动分合闸操作杆使断路器分合闸。

（八）接地开关的闭锁及操作

接地开关与断路器之间设有联锁，断路器只有在试验位置时接地开关才能进行合闸操作，以防止带电合上接地开关。当接地开关处于合闸状态时，断路器手车不能运动到工作位置，以防止带电接地开关合闸。

另外，接地开关还可以用钥匙锁进行闭锁。

（九）HVX 断路器

根据实际情况，可灵活选配经典组装式极柱或固封式极柱两种结构，以满足现场需要。

（十）可配置的手车

根据需要，可配置真空断路器手车、真空接触器手车、隔离手车、电压互感器手车、接地手车、验电核相功能手车、计量手车、所用变压器手车、运转手车、转移手车等。

第九节　ABB SafeRing SF_6 气体绝缘环网柜

SafeRing 是 ABB 用于二级配电网络的环网单元，是完全密封的系统，其所有带电部件以及开关均封闭在不锈钢的壳体里面。使用可保持恒定气体条件的不锈钢壳体，可以确保高可靠性的人身安全，并且实现了免维护。

SafeRing 有多种功能组合，适用于 12/24 kV 配电网络中大多数应用开关的领域。如果再与 ABB 的灵活、可扩展、模块化、紧凑型的开关 SafePlus 相结合，就构成了 12/24 kV 配电网络的完整解决方案。其中，SafeRing 和 SafePlus 具有相同的用户界面。

SafePlus 环网柜提供了两种变压器保护方式：负荷开关—熔断器组合电器和具有继电器的断路器。负荷开关—熔断器组合电器对于短路保护是最好的，而具有继电器的断路器对较低的过电流保护更有效，对于大容量变压器，建议采用断路器作为保护。

第十节　西门子 8DJH SF_6 气体绝缘环网柜

一、概述

西门子 8DJH 环网柜是经工厂装配、通过形式试验、三相金属封闭的 SF_6 气体绝缘的单母线户内开关设备，适用于二次配电系统，最高电压 24 kV，最高馈线电流 630 A。其面板两侧可扩展，金属封闭，气体绝缘，永久性密封，不受环境和气候条件的影响，可以用在环境恶劣的二次配电系统中，终生免维护。

8DJH 开关柜采用模块化设计，面板独立紧凑，单元柜和组合柜可以灵活地组合和扩展，母线易于连接和快速安装，现场无须充放气体，提供有 4 种不同高度的低压室，通过多芯插头连接开关柜快速且易于安装。操作系统安全可靠，联锁控制可预防误操作，可有效保障操作人员的安全。

二、特点

（一）结构特点

（1）免维护部件。整个开关柜不受气候影响，采用金属封闭的三相主回路柜体。

（2）SF_6 气体绝缘。开关柜气箱由不锈钢钢板焊接而成，用于电气和机械连接的套管采用焊接式，避免了使用密封圈。

（3）三位置开关带负荷开断功能，且接地开关具有短路关合能力。

（4）外锥式的电缆连接套管。对于环网馈线柜和断路器柜，电缆连接头采用螺栓式

T 型头（M16）；对于变压器柜，采用插拔式肘型头或螺栓式 T 型头（M16）。

（5）向下释放气体压力。

（二）服务寿命

在正常的操作环境下，考虑到气密焊接的开关柜气箱，8DJH 充气柜的预期寿命至少为 35 年，甚至可达 40～50 年。其服务寿命取决于所配置的开关的电气和机械寿命。

（三）人身安全

（1）气密封闭的柜体可安全碰触。只有在馈线接地时，才可以触及高压 HRC 熔断器和电缆连接头。只有在开关柜柜门关闭时，才能进行操作。

（2）逻辑机械联锁可防止误操作，带电指示器用于检测是否与电源安全隔离，通过快速接地开关实现馈线侧接地。

（四）操作安全

柜体高压部分完全气密焊接，气箱、套管采用激光焊接，终生密封，不受环境影响。

操作机构免维护，开关设备的操作机构在气箱的外部，可以方便地进行操作；配置带逻辑机械联锁的联锁系统，机械位置指示与面板模拟图集成一体。

（五）免维护设计

开关柜气箱按照终生密封的压力系统进行设计，安装、操作、扩展及更换均不涉及 SF_6 气体作业，无维护周期。免维护的开关设备和屏蔽型电缆连接可有效保证人身安全和供电可靠性。

三、柜体设计

控制面板整合了操作、模拟图和位置指示，与功能相关。根据柜型和配置，指示、计量和监控设备以及闭锁装置、就地—远方切换开关安装在控制面板上，工作准备就绪指示和铭牌也装在相应的组合柜面板上。

变压器柜和断路器柜的操作方式是相同的。首先，操作机构必须要储能；然后，合闸/分闸通过不同的按钮实现，并显示弹簧的储能状态。

所有的操作孔在功能上都互相联锁，而且可以选择挂锁。隔离和接地操作使用不同的操作手柄。

四、元器件

（一）三位置负荷开关

1. 特点

有合闸、分闸、接地 3 个开关位置，具有负荷开关和快速接地开关的功能。操作通过开关柜气箱前面的气密焊接的旋转套管进行，触头在开关柜气箱中不受环境影响，符合 IEC EN 62271-1 和 VDE 0671-1 标准的免维护要求，二次设备独立。

2. 操作模式

操作轴与 3 只触头构成一个整体单元。由于静触头（接地—母线）的布置，无须合闸与接地功能之间的联锁。

在合闸操作过程中，操作轴带动动触头从分闸位置运动到合闸位置。弹簧操作机构的操作力能确保其高速、可靠、稳定地连接到主回路。

在分闸操作过程中，电弧在熄弧装置的作用下被旋转，旋转运动防止了电弧的进一步发展。开关分闸后，绝缘距离在气体中迅速建立起来，并符合标准中对绝缘距离的要求。在熄弧装置作用下而产生的电弧旋转，使得负载电流和空载电流得以安全开断。

接地操作通过从分闸位置换到接地位置来实现。

（二）三位置开关操作机构

其承受机械应力的零件由防锈材料制成，具有超过 2000 次的机械寿命，借助自定位操动手柄进行手动操作。

控制面板上的操作切换装置可防止三位置负荷开关从合闸位置跳过分闸位置而直接操作到接地位置。

（三）真空断路器

真空断路器包括气箱中的真空灭弧室和三位置隔离开关及相关操作机构，气箱中的真空灭弧室不受气候影响，操作机构在气箱外、开关柜前侧。合闸操作的弹簧可通过操作杆或储能手柄，也可通过电机进行储能，直到合闸操作弹簧显示“已储能”标志。断路器可通过手动或电动进行合闸操作。

（四）高压 HRC 熔断器

作为变压器的短路保护，应用在负荷开关—熔断器组合，不受气候影响，免维护，熔丝筒在开关柜气箱的下面，通过焊接式套管和连杆连接到三位置负荷开关，线路接地才能更换熔断器。

1. 操作模式

当高压 HRC 熔断器跳闸后，负荷开关被集成在熔丝筒的盖板上。在熔断器跳闸失败的情况下，例如熔断器安装不正确，熔丝筒将会处于过热保护之下，过热产生的高压会通过熔丝筒盖板中的隔膜和连接跳开负荷开关，避免熔丝筒受到损坏。这种过热保护与高压 HRC 熔断器的选型无关，和熔断器一样，该过热保护免维护且不受气候影响。

此外，高压 HRC 熔断器过载时，会依据温度释放撞针并快速跳闸负荷开关，这样就可以避免熔丝筒过热。

2. 更换

更换高压 HRC 熔断器时不需要工具。将变压器柜隔离并接地，打开熔断器组件的盖板后更换即可。

（五）穿芯式电流互感器

安装在开关柜气箱外部、柜子连接电缆处。

（六）配外锥套管的螺栓式电缆连接

只有当馈线已经隔离或接地时，才能打开电缆连接室。套管采用 C 型外锥式 M16 螺栓连接。

（七）避雷器

插拔式避雷器连接于 T 型电缆头、肘型电缆头或 T 型适配器上。

（八）联锁及挂锁装置

三位置开关，隔离功能与接地功能之间；断路器柜，断路器与三位置隔离开关之间；电缆连接室门通常只在馈线隔离和接地情况下才可以打开。

（九）准备就绪指示

开关柜气箱内装有气密测量盒，底部固定有耦合磁铁，它能将其位置通过不会磁化的气箱传递至外部耦合磁铁上。该外部耦合磁铁带动准备就绪指示变化。如果发生漏气，对绝缘能力起关键作用的气体密度会发生变化，准备就绪指示会把这种变化指示出来。如果温度发生变化，因为测量盒中的气体与开关柜气箱中的气体温度相同，所以温度变化导致的气体的压力变化不会被指示出来。基于这种气压随温度同时变化的原理，准备就绪指示不受温度影响。

（十）插拔式电压指示器

通过将电压指示器插入插座中，来逐相检查与电源的安全隔离。当检测到高压时，电压指示器闪烁。

（十一）保护系统

保护系统指配电变压器与断路器柜的简单保护系统。

（十二）低压室

与高压部分完全隔离，可安全触碰，用于安装保护、控制、测量和计量设备。

第十一节　施耐德 RM6 SF_6 气体绝缘环网柜

一、概述

RM6 为施耐德电气公司紧凑型中压开关柜系列产品，组合了所有中压功能单元，能够对开放式环网或辐射式电网上的一台或多台变压器进行连接、供电和保护。

二、特性

（一）安全性

内燃弧承受指标符合 IEC 62271-200 的有关规定，配置可视性接地功能，开关有 3 种位置以实现天然闭锁，位置指示设备可靠，以确保人身安全。

（二）环境适应性

不锈钢箱体，IP67 防护等级，可拆装，全密封，带金属喷镀的熔断器室。

（三）紧凑性

电缆正面接线高度一致，开关柜有 4 个地脚螺栓，固定简便，可组合 1～4 个功能模块。开关密封在同一个金属壳体内，采用 SF_6 气体作为绝缘和分断介质，免维护，使用寿命为 30 年。

（四）扩展性

除紧凑和环境适应性强的特点外，扩展功能单元模块可构建满足各种要求的中压变电站。

在现场即可对 RM6 进行扩展，无须处理任何气体，无须对基础做任何特殊的准备工作，无须任何特别的工具，就可以简单完成。

（五）可靠性

RM6 系列提供了 200 A 和 630 A 两种断路器来分别实现对变压器和线路的保护，可通过电流传感器实现自供电的集成保护装置和辅助电源的综合保护装置。供电连续性好，可以使用断路器开断和隔离超过额定电流值直至短路电流的回路。

三、组成特点

（一）组成

RM6 开关柜包括 1～4 个集成化、紧凑型的功能单元。这种全密封、全绝缘的开关装置包括：

（1）1 个不锈钢的 SF_6 气体绝缘金属封闭气室，永久性密封，将带电部件、负荷开关、接地开关、熔断器—负荷开关或断路器封装在一起。

（2）1～4 个功能电缆间隔，带有可连接至线路或变压器的接口。

（3）1 个低压间隔。

（4）1 个电动/手动操作机构间隔。

（5）1 个熔断器间隔，用于负荷开关—熔断器组合电器。

（二）主要组成部件

1. 负荷开关

负荷开关采用 SF_6 压气式灭弧原理制造、装配。

2. 断路器

采用旋转电弧加 SF_6 气体自扩散技术，可开断直至短路电流以下的任何电流。

（三）气密性

气室不锈钢板的厚度为 2 mm，充入相对压力为 0.02 MPa 的 SF_6 气体，永久性密封。气室的气密性在出厂前已经进行过严格检查，泄漏率为 0.01%。RM6 所有的带电部件均免维护，开关柜的运行设计寿命超过 30 年。

（四）可在现场扩展

当严酷的气候条件或环境限制因素要求使用紧凑型开关柜，而配电网又要求开关设备预留扩展接口时，可根据需要进行扩展。

扩展一个或多个功能单元的 RM6 只需通过在主母线上添加可扩展附件即可实现，扩展母线完全绝缘和屏蔽。这项简单的工作可以在现场完成，并且无须任何气体处理、无须任何特别的工具、无须任何基础的特别准备工作。

（五）环境适应性强

金属封闭箱体由不锈钢制成，表面无喷涂，采用 SF_6 气体绝缘（IP67），所有带电部件以及开关均封闭在该壳体内。3 个封闭式熔丝仓可拆卸，表面为金属喷镀，对熔断器起防尘、防潮等作用。整体绝缘，使开关装置具有极强的环境适应能力，并能够防尘、防潮以及防短时浸水等。

四、保证安全的设计

（一）开关柜

（1）触头组件垂直运动具有 3 个稳定工作位置（闭合、断开和接地），这种设计消除了负荷开关或断路器与接地开关同时闭合的可能性。

（2）RM6 具有隔离和开断双重功能，接地开关具有符合标准规定的短路关合能力。

（二）可靠的操作机构

电动和手动操作机构位于前面板后方，在前面板上具有显示开关位置（闭合、断开和接地）的虚拟母线。

（1）闭合：对于负荷开关，由速动操作机构实现，但无储能过程。对于断路器和负荷开关—熔断器组合电器，在合闸的同时也为分闸预储能。

（2）断开：对于负荷开关，由同一速动操作机构实现，反向操作即可。对于断路器和负荷开关—熔断器组合电器，断开可由分闸按钮和故障跳闸方式实现。

（3）接地：专门设计了操作轴对接地开关进行闭合或断开。当负荷开关或断路器处于分闸位置时，操作孔闭锁片打开；当负荷开关或断路器处于合闸位置时，操作孔闭锁片处于闭锁状态。

（4）开关位置指示器：直接安装在操作轴上，与开关联动，提供开关位置的可靠指示。

（5）操作手柄：操作手柄采用了防误操作设计，可以有效防止负荷开关或接地开关合闸后立刻再次分闸。

（6）挂锁装置：可以使用 1～3 把挂锁，以防止对负荷开关或断路器的操作、对接地开关的操作、对分闸按钮的操作。

（三）可视接地

接地开关位置指示：位于 RM6 顶部，当接地开关闭合后，通过顶部透明接地罩可以直接看到接地开关位置。

（四）内燃弧耐受能力

RM6 坚固、可靠且具有很强的环境适应性，为了最大限度地保证人身安全，可以在额定短路电流下承受 1 s 的内燃弧，而不对操作人员构成任何危险。

内燃弧产生的瞬时过电压可以通过打开位于金属外壳底部的安全阀来限制，气体被喷向 RM6 的后部或底部，正面不会受到影响。

（五）带电指示器

安装在各个功能单元上，可作为电缆是否带电的指示。

第七章　中压开关电器技术的发展应用

第一节　固封式真空断路器

一、概念

真空断路器的极柱绝缘经历了空气绝缘、复合绝缘、固封绝缘3个时期，固封式真空断路器被称为“第三代真空断路器”。固封式真空断路器的称谓主要有别于敞开式真空灭弧室或用绝缘筒罩着灭弧室的真空断路器，比如ZN28型或VD4型、VS1型等。

固封式真空断路器是人们所说的固封极柱式断路器的一种简称。固封是将真空灭弧室及导电端子等零件用环氧树脂通过APG工艺包封成极柱，然后与机构组装成断路器，这彻底解决了绝缘部分由于受环境影响而降低电压水平的问题，确保了真空灭弧室可以适用于较恶劣的环境。

这种断路器有许多优点，技术又日趋成熟，已成为目前中压真空断路器市场的主流产品。

固封式真空断路器与前两代真空断路器相比，将主要部分进行了封装。固封极柱的零件数量大大减少，结构简单，安装方便，简化了断路器的制造工艺，大大提高了断路器的可靠性和稳定性。

二、主要特点

（一）高可靠性

在固封式真空断路器的设计中，将经过缓冲层包覆之后的真空灭弧室与上、下导电端头的一次主回路共同固化在环氧树脂当中，运用环氧树脂可以将真空灭弧室直接进行固定，从而避免了采用紧固螺栓或螺帽因在环氧树脂内部而产生的尖端电场集中的问题。

采用固封式真空断路器可以减少当真空断路器处于分闸状态下时，因真空灭弧室沿面闪络带来的安全隐患，有效地提升断路器的环境适应性，提高主回路外绝缘的安全性。

固封式断路器能确保爬电距离和绝缘性能，因此体积较小，更节省空间。与传统组装式极柱相比，固封极柱的零部件、导体搭接面、连接用紧固件的数量都大大减少，从而简化了主回路的装配环节，降低了主回路电阻，提高了主导电回路连接的可靠性，具有良好的产品互换性和持久可靠性，可满足更多用户的需求，提高电网的供电可靠率。

（二）绝缘性能稳定

真空灭弧室被嵌入环氧树脂固体材料后，极柱的外界环境对真空灭弧室的影响被降到最低，提高了绝缘水平及抗污秽能力，固封极柱的外绝缘能力可以免受灰尘、潮气、小动物、凝露和污秽的影响，完全满足国家标准/电力标准规定的二级污秽地区的爬距要求，抗环境污染能力强，能在环境恶劣的情况下使用，特别适应沿海等恶劣环境。

（三）有效保护灭弧室

传统的绝缘子悬臂式真空断路器的真空灭弧室是裸露的，在运输或安装过程中如果受到外力撞击就会造成损害，而断路器的主回路的固化形成固体绝缘则可以起到很好的保护作用，可以为真空灭弧室提供更加充分的保护，使其在装配或运输的过程中免受意外机械的冲撞。

（四）更加紧凑

由于真空灭弧室被嵌入环氧树脂绝缘材料中，将原有的表面绝缘变成体积绝缘，所以不需要做任何进一步的处理，固封极柱即可达到很高的绝缘强度，相间距可以缩小，更有利于断路器及开关柜的小型化设计，减小了真空断路器及其配用开关柜的体积。

（五）免维护

由于整个极柱被浇注成整体部件，真空灭弧室及相关导电零件同时嵌入环氧树脂固体绝缘材料中，屏蔽了外界环境对其影响，使真空灭弧室得到充分保护，在产品的使用期内是完全免维护的，使其具备极强的适应能力，可广泛应用于化工、冶金、矿山等各类场合。

（六）更环保

固封极柱式真空断路器可在一定程度上替代 SF_6 气体满足外绝缘的需要，因而更加环保。

三、正常使用条件

固封式真空断路器使用条件的限额值如下：

（1）周围空气温度：上限不高于 40 ℃、下限不低于－45 ℃。

（2）海拔高度：不超过 1000 m；当使用在 7.2 kV 系统中时，适用海拔可提高到 3000 m。

（3）日相对湿度：日平均值不大于 95%，月平均值不大于 90%。

（4）日饱和蒸汽压：日平均值不大于 2.2×10^3 MPa，月平均值不大于 1.8×10^3 MPa。

四、发展应用

固封式真空断路器的研究工作始于20世纪末。德国ABB Calor Emang公司为发展免维护型真空断路器，开始了VM1型固封式真空断路器的开发，以期逐步取代VS1型套筒式系列真空断路器，于1997年率先推出了固封式真空断路器。随后，各断路器制造商纷纷推出同类产品，使固封式真空断路器得到了快速发展。目前，固封式真空断路器的额定电压可达40.5 kV，额定开断电流可达50 kA，且可集成带电流互感器。西门子公司生产的断路器一向坚持采用空气绝缘，现在也推出了自己的产品。

在固封式真空断路器领域，我国已走在世界前列。自2003年7月厦门华电开关有限公司与西安高压电器研究所联合研制的ZN96（VEP）-12/1250-31.5型固封式真空断路器率先通过国家级鉴定之后，我国的固封式真空断路器发展势头迅猛，不仅有厦门华电，还有北海银河、常州森源等诸多厂商，产品种类不断扩大，高参数产品不断推出，市场占有率不断攀升，已经成为近年来发展最快的一类高压电器产品。

国内的固封极柱式断路器分为两种：一种是西门子、ABB和厦门华电的EP型，另一种是Xihari（西高）的VSM型。EP型固体绝缘固封式真空断路器不仅避免了第一代采用空气绝缘的绝缘子悬臂式真空断路器易于受运输及安装过程中意外机械冲撞而造成真空灭弧室漏气或破损的缺点，也完全避免了第二代应用复合绝缘的环氧树脂套筒半包容或全包容式真空灭弧室陶瓷外壳表面由于静电吸附灰尘的作用，造成真空灭弧室表面工作在不利的环境中。例如，灰尘、潮湿、高海拔或小动物侵入而引起的绝缘水平的降低，进而引起真空断路器在分闸状态下真空灭弧室沿面闪络的事故隐患，所以EP型固封绝缘固封式真空断路器的极柱在断路器的使用寿命内是完全免维护的。EP型固封式真空断路器的固体绝缘在一定程度上替代了SF_6气体作为外绝缘的需要。因而更加环保，代表着当今世界上中压真空断路器设计、制造的最高水平。

目前，国内外许多制造公司生产固封极柱。固封工艺是这种断路器的核心，在实施过程中，各公司的工艺有所不同，如西门子的灌封技术、ABB的套封及包封、厦门华电的LSR缓冲双自动压力凝胶（APG）成型工艺。真空灭弧室与环氧树脂的结合，有采用过渡材料的，也有采用改性树脂的，其目的是保证无机陶瓷与有机树脂的紧密结合，既要保证机械程度，又要提高灭弧室的电气性能。灭弧室和树脂间或它们与过渡层之间应紧密黏结，不能有气隙，所以关键是要解决浇注过程中收缩不一致、黏结强度及产业化等工艺问题。

固封式真空断路器的电气性能除了取决于真空灭弧室外，极柱的结构设计也至关重要。极柱结构除考虑绝缘外，还应考虑强度及散热问题。在大电流情况下，甚至要与真空灭弧室一并考虑。

极柱是断路器的重要部件，与机构、断路器本体一起设计生产。固封技术的专业化很强，有实力的公司才能研发生产，他们都有自己的浇注工艺线，以便控制极柱质量，保证断路器的专业化批量生产。

目前，固封式真空断路器在技术上已获得突破，参数也愈做愈高，逐渐形成系列，产品已全面推广普及，是传统真空断路器的理想换代产品。在进口品牌固封式真空断路器中，ABB的VD4以40%的占有率独占鳌头，其他如施耐德、西门子、伊顿也分别占有一定份额。在国内品牌中，厦门华电的VEP则以30%稳坐第一，其他如北海银河VYG、江苏森源VS1等也应用较多。

第二节　永磁真空断路器

一、概念

永磁真空断路器指采用磁铁的磁力来操作的真空断路器，操作机构是永磁机构。由于永磁操作机构由永磁体提供保持力，使开关保持在分合闸位置，其机械零件数量少、机械传动链短，从而大大提高了开关的可靠性和机械寿命。

与断路器使用的传统弹簧机构和电磁机构相比，永磁机构采用了一种全新的工作原理和结构，工作时主要运动部件极少，无须机构脱、锁扣装置，故障源少，具有较高的可靠性，因而已成为开关制造企业与电网企业关注的热点。

二、主要特点

（1）永久磁铁与分闸、合闸控制线圈结合，解决了合闸时需要大功率能量的问题。

（2）真空灭弧室的动触头靠永久磁铁产生的力通过拐臂、绝缘拉杆使其保持在合闸、分闸位置上，取代传统的机械锁扣方式，机械结构大为简化，仅有几个活动部件，零件总数约为50件，耗材少，节能且成本低。

（3）操作机构无须机械锁扣和辅助电器，机械动作的可靠性大大提高，能够实现免维护，节省维修费用。

（4）真空断路器采用永磁操作机构，永磁力可保证100年不消失，该机构寿命高达10万次，以电磁力进行分合闸操作，以永磁力进行双稳态保持，简化了传动链，降低了能耗和噪声，且开断能力强，安全可靠。

（5）断路器机构简单，布局合理，噪声低，体积小，质量轻。

三、结构

主回路部分采用固封极柱结构，操作机构采用体积小、磁效大、功耗低、寿命长的永磁机构，具备快速手动分闸装置，打开操作孔就可操作。

由于分合闸控制采用位置传感器来进行，具有无电弧、无机械磨损等特点，可带负荷频繁操作，不受环境条件限制。配智能型脱扣装置，可实现过流短路、接地、欠压等保护功能。

采用永磁控制器来进行控制操作。主开关元件采用具有较高电压、电流裕量的绝缘栅双极型晶体管（IGBT）。控制器具有自动检测功能，对于装置内部故障和开关本体故障能够实时检测并及时告警和闭锁开关操作，并具有通信功能，可以方便地同测控及保护装置连接，组成智能开关系统。

四、保证可靠运行的措施

（一）手动可靠分闸

永磁机构上有一个可靠的手动分闸装置，在紧急情况下可手动分闸，手分速度完全满足技术要求，且具备分断短路电流的能力。

（二）应急电源合闸

在有操作电源的情况下，直接将电源加到合闸线圈的两端，通电就可合闸。在没有操作电源的情况下，可用手提电源箱进行合闸操作。手提电源箱带有继电保护接口，不会失去继电保护。

（三）保护电磁线圈

在弹簧机构和电磁操作机构中，辅助开关击穿或机构卡滞等原因会造成分合闸线圈烧损，永磁机构采取可靠的保护措施可避免上述故障，提高了可靠性。

（四）永磁控制器可靠

常规控制方式采用继电器控制开关分合闸，但继电器控制方式存在体积大、寿命短、延迟时间长、接点粘连等问题。永磁控制器采用大功率电力电子器件 IGBT，具有体积小、功能强大、延迟时间短、寿命长等优点。

（五）不易失磁的永磁材料

永磁材料采用的钕铁硼经过改进发展，其寿命可达到 100000 次以上且还保持良好的磁性，可靠稳定的性能确保了永磁机构的安全。

五、与弹簧机构的比较

真空断路器的驱动机构从最初的电磁操作机构发展到现在广泛应用的弹簧操作机构，带动了真空断路器的发展，而永磁机构的出现是断路器机构的一次重大突破。

弹簧机构利用交、直流两用电动机对弹簧进行预储能，利用弹簧能进行分合闸操作，从而对电源要求低，交、直流均可操作，电源丢失后仍可以完成一个合分循环，因此得到了广泛的应用。但弹簧机构有其自身不可克服的缺点：零部件数量多、加工精度要求高、制造工艺复杂、成本高、产品可靠性不易保证。这些限制了真空开关向更高方向发展。

永磁机构的特点是：零部件数量少，电磁操作、永磁保持。动作过程简单，无缓冲器、储能装置、分闸弹簧脱扣器、分合闸挚子等。机构零部件比弹簧机构减少 80%以上，大大降低了故障率，可直接用标准电压（DC 110/220 V）进行操作，基本可以达到免维护，为高性能真空开关开辟了一条新的路径。

六、发展应用

自 1961 年美国通用电气公司（GE）研制成功第一台真空断路器以来，真空断路器的技术不断提升和突破。随着新型触头结构和新材料的研制，真空断路器的开断能力不断提升。而作为真空断路器的主要元件——操作机构，也历经了几代的发展，从最初的电磁机构，发展到现在广泛应用的弹簧操作机构，以及现阶段正迈向成熟并逐渐普及的永磁操作机构。

永磁操作机构由 ABB 公司于 1997 年率先推出，由于其有诸多优点，很快便成为行业研究热点，国内各断路器生产厂商纷纷推出自己的产品，一些已经达到国际先进水平。虽然永磁真空断路器很多技术、工艺上的问题还有待于进一步完善，但其发展前景极为广阔，应用也将会越来越广泛。

第三节　SF_6 全绝缘环网柜

一、概念

环网柜是一个约定俗成的叫法，原指负荷开关柜用于环网式供电，现在经常被人当作负荷开关柜的代名词，而不管是否被用于环网式供电。环网柜根据绝缘结构可分为空气绝缘、SF_6 气体绝缘。

SF_6 全绝缘环网柜是一种以低压力 SF_6 气体作为绝缘和灭弧介质的开关柜，除电寿命长、开断力强等是与真空开关共同的优点外，其突出优点是容易实现三工作位（接通、断开和接地）、小电流（电感、电容）开断、体积小且结构紧凑、抗严酷环境条件能力强。与普通开关柜相比，其具有更加安全可靠、免维护、结构紧凑、小型化、易扩展、方案组合灵活多样等优越性，是环网供电和终端供电的重要开关设备，因此在国内已得到普遍使用。

SF_6 全绝缘环网柜以负荷开关、负荷开关—熔断器组合电器、隔离开关—断路器等主开关构成各功能单元和密封气箱，将所有高压带电部分如负荷开关、母线侧接地开关、母线等密封在充有低压力 SF_6 气体的不锈钢箱体内，以 SF_6 作为灭弧介质，采用电动或手动储能弹簧操作机构，其母线通过母线连接器可以在左右方向任意扩展。适用于中压配电系统，可以根据不同的设计方案任意排列，完成不同的配电任务。

二、类型

（一）按用途分类

SF_6 全绝缘环网柜按用途可分为 9 种基本类型：

1. 负荷开关柜

主要应用于电缆进出线连接、分支、分段和控制等。

2. 负荷开关＋熔断器组合电器柜

主要应用于二次配电网容量在 1250 kVA 及以下的终端配电变压器的控制和保护。

3. 断路器柜

不仅可应用于电缆进出线连接、分支、分段和控制等，也可应用于较大容量配电变压器的控制和保护。

4. 电缆引入柜

SF_6 气体绝缘，高压部分在 SF_6 气体内，主要应用于电缆进线的引入。

5. 计量柜

空气绝缘，主要应用于供电部门进线计量。

6. 母联柜

主要应用于两段母线的分段与联络。

7. 电缆引入柜

空气绝缘，电缆接头与母线直接相连，有金属保护外壳，主要应用于电缆进线的引入。

8. 母线电压互感器柜

带负荷开关的 PT 柜，可以拖动电机照明设备，便于 PT 维护和检修。

9. 压变柜

空气绝缘，PT 的最大容量为 5000 VA，可以拖动电机照明设备。

（二）按结构分类

SF_6 全绝缘环网柜按结构可分为模块式和共箱式两大类。

1. 模块式

气箱为单气箱，即每间隔只有 1 个气箱。

2. 共箱式

气箱为共气箱，即几个间隔（2～4 个间隔）共用 1 个气箱。共箱式每个模块最多具有 4 个功能单元，功能任意组合。

三、主要特点

（一）全密封、全绝缘

所有高压带电部分全部密封在低压力 SF_6 气箱内，不受外界环境影响，如污秽、潮湿、烟雾、小动物等。

（二）柜体尺寸小

使用三工位旋转式负荷开关，有效地减少了零部件数量，实现了机械“五防”联锁。真空断路器充以 SF_6 绝缘气体使整体结构更紧凑，限流熔断器也向小型化发展，两者结合，柜体越来越小。

（三）模块化设计

采用模块化的设计方案，其基本模块单元为负荷开关模块、负荷开关—熔断器组合电器模块、隔离开关—断路器模块及其他特殊功能模块任意组合，任何模块之间都可以利用硅橡胶母线连接器实现任意扩展和连接。

（四）绝缘性能高

气箱采用不锈钢板激光焊接完成，保证设备在运行中的高强度要求，防腐蚀、防涡流影响，防护等级可达 IP67。气密性非常好，可保证 30 年不漏气。

（五）零表压下耐压

即使发生漏气，或漏到零表压，仍能确保设备的绝缘和开断性能，可保证正常使用。

（六）激光焊接

可防止在长期使用中，气箱焊缝因温差变化引起的气箱呼吸效应使焊缝疲劳开裂。

（七）全屏蔽电缆进出线

电缆连接采用 DIN 标准型的电缆套管，安装方便、可靠。

四、结构特点

（一）总体结构

SF_6 全绝缘环网柜总体结构分为两大部分：充气的密封箱体部分和控制室、电缆连接室、框架、泄压通道等不充气部分。高压主回路置于充气的密封箱体内，机构室位于正面的上方，电缆连接室位于正面的下方，泄压通道位于后下方，用全屏蔽电缆终端进出线。

（二）部件结构

1. 密封箱体

气箱充以 SF_6 气体，采用全焊接密封技术，并经过同步抽真空和检漏。在整个运行寿命期间，不需要重新充气而能保持安全操作。

2. 三工位负荷开关

安装在充气壳体内的负荷开关是三工位负荷开关，有合闸、分闸及接地 3 个位置。当动刀片位于分闸位置时，它有足够的绝缘距离。用一个操作手柄可以分别对主开关和接地开关进行合分操作，主开关和接地开关之间有机械联锁。

3. 熔断器接地开关

在“负荷开关＋限流熔断器”的组合电器柜中，装有与三工位负荷开关联动的熔断器接地开关，对熔断器出线端提供可靠接地。当负荷开关在合闸、分闸操作中时，该熔断器接地开关基本不动作；当负荷开关进行接地操作时，该熔断器接地开关同时动作，与熔断器出线端的静触座可靠接触，以保证熔断器出线端可靠接地。

4. 熔断器

“熔断器＋负荷开关”构成变压器保护回路，高遮断限流熔断器装于环氧树脂浇注的绝缘壳体内。当发生短路时熔断器熔断后，弹出的撞针使负荷开关分闸，使故障线路得到切除。熔断器撞击器选用弹簧式。

5. 柜架

柜架（除去密封箱体以外的壳体部分）是所有零部件装配的基体，同时对密封箱体起支撑和固定作用。选用敷铝锌板经多重折弯成形，通过高强度螺栓、螺母（8.8 级）和拉铆螺母连接。柜架可分为 3 个主要隔室：控制室、电缆连接室和泄压通道。控制室内有机构、熔断器固定架和二次回路；电缆连接室内有电缆及其固定架、接地母排，根据需要可配置电流互感器；泄压通道在电缆连接室的后面。压力表、动态主接线模拟图、带电显示器、操作孔及操作按钮、铭牌、机构室的门、电缆连接室的门等均位于正面。

6. 泄压装置

密封箱体下部的泄压通道设有防爆膜，当万一发生内部燃弧故障时，密封箱体内部的高压力气体可将防爆膜冲开，释放压力，同时 SF_6 气体通过泄压通道排入地沟以确保操作人员的安全。

7. 接地回路

在电缆连接室内单独设有 5 mm×30 mm 的主接地铜排，贯穿整个排列，供直接接地的组件使用。三工位负荷开关的接地触座通过铜排与主接地铜排相连，构成接地回路，使整个柜子都处于良好的接地状态，确保操作人员的安全。

8. 母线连接器

母线连接器由 3 只硅橡胶接合器组成，安装在欲连接的各柜侧面上水平排列的内锥套管（母线输出）之间，为母线提供连续性，并封闭接合处。使用这种连接器可以使不同的开关柜的母线方便简单地连接在一起而不需更换 SF_6 气体。这不仅能够防止局部放电和保证绝缘特性，还能够耐受开关柜可能的额定及短路电流。

9. “五防”机械联锁

环网柜、负荷开关柜及组合电器柜均有可靠的机械联锁，且主接线模拟图有开关状态的指示，必须按规定的操作程序操作才能得以进行。

（1）只有当负荷开关在分闸位置时，接地开关才能进行合闸操作。

（2）只有当接地开关在分闸位置时，负荷开关才能进行合闸操作。

（3）只有当接地开关在接地位置时，柜门才能打开。

（4）只有当柜门关闭后，接地开关才能进行分闸操作。

五、发展应用

在 1978 年的汉诺威博览会上，德国的 Driescher 公司展出了 SF_6 绝缘 Minex 型环网柜。由于其具有众多的优点，许多国家的制造公司纷纷开发出具有各自特点的 SF_6 绝缘环网柜。20 世纪 80 年代末，产气式和压气式负荷开关柜、环网柜和终端柜在我国广泛使用。90 年代后期，经济发展较快的沿海地区引进了国外的 SF_6 环网柜及可扩展技术。SF_6 全绝缘开关柜具有全封闭、免维护、尺寸小、性能优异、安全可靠的优点，深受用户的欢迎。环网柜由最初的空气绝缘环网配电单元发展到紧凑型 SF_6 环网配电单元，最近又发展到可扩展的 SF_6 全绝缘环网柜或多回路配电柜，使 SF_6 全绝缘开关技术得到了长足的进步和发展。特别是计算机技术、电子技术、传感技术、光纤通信技术等多项技术应用于环网柜或多回路配电柜中，使得产品更加小型化、智能化。

SF_6 全绝缘环网柜的技术特点是非常明显的，它融合了多项当前迅速发展的新技术（绝缘技术、计算机技术、控制技术、传感器技术等）。我国配电网供电技术的应用还处于发展阶段，推广应用 SF_6 开关柜供电单元将大大提高供电的安全性、可靠性和经济性，同时大大地节约维护费用。

第四节　固体绝缘环网柜

一、概况

固体绝缘环网柜是采用固体绝缘材料作为主绝缘介质的环网柜。它将真空灭弧室及其导电连接、隔离开关、接地开关、主母线、分支母线等主导电回路单一或组合后用固体绝缘介质包覆封装为一个或几个具有一定功能、可再次组合或扩展的具备全绝缘、全密封性能的模块，在人可触及的模块表面涂覆有导电或半导电屏蔽层并可直接可靠接地。排除了外界环境的影响，并使得开关柜体积小、结构紧凑。由于隔绝了空气、水汽、灰尘及冷热气源，可有效减少设备的维护次数，降低运行成本，延长开关柜的使用寿命。

二、特点

（一）环保

固体绝缘环网柜从原理结构上完全取消了 SF_6 气体以及相应的气箱零部件，采用绝缘套筒固化开关部件，由封闭母线连接各个回路，整体实现全封闭、全绝缘，为减少 SF_6 排放提供了技术手段。固体绝缘环网柜彻底解决了由于气箱内部开关短路时因压力上升而引起爆炸所造成的事故，完全避免了 SF_6 气体分解、泄漏而造成的有害气体的排放，真正成为社会所需要的环境友好型开关产品。

（二）安全

固体绝缘环网柜将真空灭弧室、主导电回路、绝缘支撑等有机结合为一整体，实现全绝缘、全密封、模块化、免维护结构。相间完全隔绝，具有防爆性能。对带电部件采取单相固体绝缘可以有效防止设备的内部电弧，对内部电弧的防止优于对它的控制。主回路部分采用单相模块设计，一方面在运行时可以完全避免相间短路故障的发生，另一方面在极大提高维修效率的同时可以降低维护成本。

（三）灵活

固体绝缘环网柜在满足 IP67 防护等级要求的基础上实现了单元拼装、单元更换、方案调换，极大地降低了运行成本，在智能化升级、内部监测、抗恶劣环境（严寒、高原、潮湿沿海、强风沙、地下等）方面有明显的技术优势。

（四）智能

固体绝缘环网柜制造厂家采用高压部件与低压部件一体化设计思想，其功能涵盖了传统意义上电力系统一次设备、二次设备的所有功能。目前，固体绝缘环网柜都能够实现手动与电动操作，配置了综合自动化控制单元，能够快速分断故障线路、减少停电范围，通信方式灵活，支持多种通信协议，可以轻松实现配网自动化。

三、配置选用

固体绝缘环网柜根据不同的配置，可实现开断负荷电流、开断短路电流、双电源进线手动与自动切换、电流速断保护、小电流接地系统的单相接地保护、通信等功能。

固体绝缘环网柜分为 V 单元（断路器单元）、C 单元（负荷开关单元）、F 单元（组合电器单元），每个单元可以单独使用也可以自由扩展，其结构分为仪表室、操作机构、一次部分。仪表室可配备微机保护装置（控制器），机构为专用的弹簧操作机构，一次部分采用 APG 工艺，将开关和灭弧室完全固封在环氧树脂中，并有专用接头和母线相连。

开关选用的灭弧室采用专用的铜铬触头材料、R 型纵磁场触头以及完全一次封排工艺。该灭弧室开断短路电流的能力及稳定性、电寿命、温升以及绝缘水平都较之前的灭弧室（铜铝触头材料、杯状纵磁场触头结构以及不完全一次封排工艺）有了明显提高。

机构采用与开关配合一体的弹簧操动机构，即隔离开关和主开关弹簧操动机构为一整体，可方便实现互锁，机构零件少，减少了不必要的传动环节，可靠性高且可根据用户需要配置手动、电动操作。

开关一次部分采用 APG 工艺，将导电回路完全固封在环氧树脂中，并且为三相分体式。这种设计充分考虑了国家标准和残酷环境下使用的有关要求，配合防洪型可触摸专用插头、微机保护，真正满足全密封、全绝缘、免维护、小型化、智能化的配电要求。

固体绝缘环网柜实现了绿色环保、无污秽、体积小、安全可靠、免维护，其单个单元宽 400 mm、深 750 mm、高 1140 mm，可单独使用也可并柜，是真空技术与绝缘技术的完美结合。在灭弧和绝缘性能上取代 SF_6 气体，符合国家提倡的电气产品减少废气污染的要求。

四、发展应用

目前，国内的中压环网柜 90％以上都以 SF_6 气体作为绝缘介质。SF_6 气体的化学性质非常稳定，具有优异的绝缘和灭弧性能，但是在充气、运行、回收中不可避免地会存在泄漏和排放问题，成为大气环境中的一大污染源。

近年来，国内外很多公司都在开展无 SF_6 气体的环保型固体绝缘环网柜的研究和应用，固体绝缘环网柜从原理制造上完全与 SF_6 气体无关，为配电网设备领域的减排环保提供了基础保证。

2011 年 8 月，国家电网公司发布了《国家电网公司第一批重点推广新技术目录》（国家电网科［2011］1285 号）。文件指出：从技术可靠性和环保要求更加严格的发展趋势看，固体绝缘环网柜具有全面取代 SF_6 气体绝缘环网柜的趋势。但是，固体绝缘环网柜的工艺要求高于 SF_6 气体绝缘环网柜，若工艺手段不完善，则绝缘隐患、故障概率、危害性高于 SF_6 气体绝缘环网柜，因此需要确保原材料质量及工艺水平。

固体绝缘环网柜集现代高电压技术、新型材料应用技术（新型工艺）、现代微电子技术、现代测量、保护技术与现代通信技术于一体，从其设计原理和结构特点来看，固体绝缘环网柜是一种安全、环境友好型、稳定可靠、高度智能化的新型环网柜，特别适合在高海拔、高温差、污秽潮湿的场所使用。

但同时，作为一种新兴的环网柜，它还需要不断完善和发展。可以预计，固体绝缘环网柜今后将成为配网设备的重要组成部分，为配网系统的安全、可靠发挥核心作用，为智能电网配电开关技术的发展助力。

第八章　消弧线圈

第一节　电力系统中性点运行方式

一、中性点

（一）定义

电力系统三相交流发电机、变压器接成星形绕组的公共点称为“电力系统的中性点”。当三相电压源为星形连接时，从3个电压源正极性端子A、B、C引出的导线称为“端线”，从中性点引出的导线称为“中线”。三角形电源不能引出中性线。

（二）种类

在三相交流电力系统中，作为供电电源的发电机和变压器的中性点有3种运行方式。

（1）中性点不接地。

（2）中性点经阻抗（消弧线圈）接地。

（3）中性点直接接地。

前两种又称为“中性点非有效接地系统”，也称为“小电流接地系统”；后一种称为“有效接地系统”，也称为“大电流接地系统”。

（三）中性点运行方式不同对系统的影响

（1）供电可靠性。

（2）电气设备和线路的绝缘水平。

（3）通信系统的干扰。

（4）继电保护的正确动作。

总之，中性点采用何种运行方式，实际上是一个涉及电力系统许多方面的综合性问题。

二、接地方式的特点分析

（一）中性点不接地的电力系统

1. 正常运行

图8-1-1是电源中性点不接地的电力系统在正常运行时的电路图和相量图。假设三

相系统的电源电压和线路参数 R、L、C 都是对称的，系统正常运行时，3 个相的相电压是对称的，对地电容电流也是平衡的，因此 3 个相的电容电流的相量和为零，地中没有电流流过。各相的对地电压就是各相的相电压。

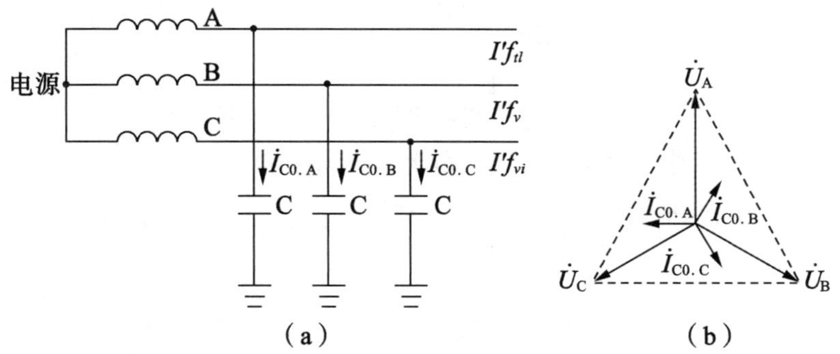

图 8-1-1　中性点不接地电力系统在正常运行时的电路图和相量图

2. 单相接地故障

简化等值电路，假定 C 相完全接地，如图 8-1-2 所示。

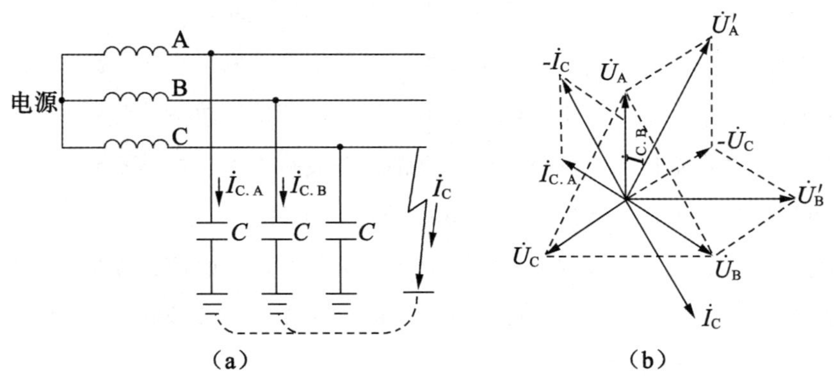

图 8-1-2　中性点不接地电力系统单相接地故障等值电路图和相量图

(1) 电压情况

$$\dot{U}'_{\mathrm{A}}=\dot{U}_{\mathrm{A}}+(-\dot{U}_{\mathrm{C}})=\dot{U}_{\mathrm{AC}}$$

$$\dot{U}'_{\mathrm{B}}=\dot{U}_{\mathrm{B}}+(-\dot{U}_{\mathrm{C}})=\dot{U}_{\mathrm{BC}}$$

$$\dot{U}'_{\mathrm{C}}=\dot{U}_{\mathrm{C}}+(-\dot{U}_{\mathrm{C}})=0$$

(2) 电流情况

$$I'_{\mathrm{C.C}}=0$$

$$I'_{\mathrm{C.A}}=I'_{\mathrm{C.B}}=\sqrt{3}I_{\mathrm{C0}}$$

$$\dot{I}_C = -(\dot{I}_{C.A} + \dot{I}_{C.B})$$

$$I_C = \sqrt{3} I_{C.A} = \sqrt{3} \times \sqrt{3} I_{C0} = 3I_{C0}$$

（3）结论

①接地故障相对地电压降低为零。

②非接地故障相电压升高为线电压（$\sqrt{3}$倍）且相位改变。

③中性点对地电压升为相值（方向与故障相电压相反，即$-U_C$）。

④相对中性点电压和线电压仍不变，三相系统仍然对称，可以继续运行 2 h（供电可靠性提高）。

⑤接地点流过的电容电流是正常每相对地电容电流的 3 倍，即 $I_C=3I_{C0}$，故在接地点有电弧。

单相接地时的接地电流将在故障点形成电弧。当出现稳定电弧时，可能烧坏电气设备，或引起两相或三相短路。尤其是电机或电器内部因绝缘损坏而造成一相导体与设备外壳之间接触产生稳定电弧时，更容易烧坏电机、电器，或造成相间短路。

必须指出的是，当中性点不接地系统中发生单相接地时，三相用电设备的正常工作并未受到影响，因为线路的线电压无论其相位和量值均未发生变化，因此该系统中的三相用电设备仍能正常运行。但是这种线路不允许在单相接地故障情况下长期运行，以免再有一相发生接地故障时，形成两相接地短路，使故障扩大，这是不允许的。

（二）中性点经阻抗（消弧线圈）接地的电力系统

为了防止单相接地时接地点出现断续电弧，引起谐振过电压，在单相接地电容电流大于一定值的电力系统中，电源中性点必须采取消弧线圈接地的运行方式。消弧线圈实际上就是一个可调的铁芯电感线圈，其电阻很小，感抗很大。

图 8-1-3 为中性点经消弧线圈接地的电力系统发生单相接地时的电路图。

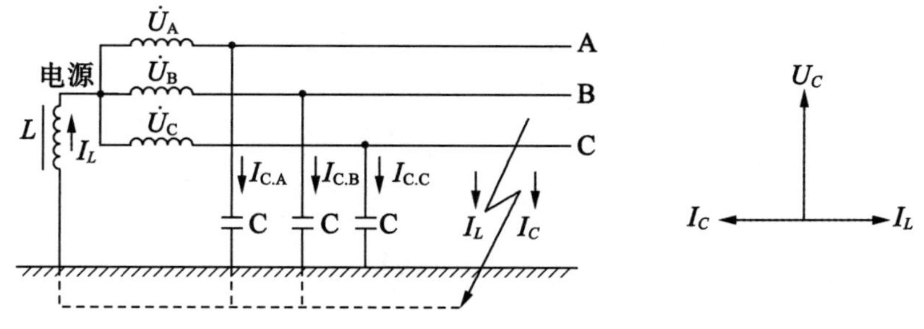

图 8-1-3　单相接地时的电路图

1. 正常运行时

消弧线圈不起作用。

中性点对地电位为零：$U_N=0$。

消弧线圈中无电流：$I_L=0$。

流过地中的电容电流为零：$I_C=0$。

2. 单相接地时

中性点电位升高为相电压：$\dot{U}_N=-\dot{U}_C$。

消弧线圈中出现的感性电流 $\dot{I}_L$ 与 $\dot{I}_C$ 相差 180°。

流过接地点的电流为 $\dot{I}_L+\dot{I}_C$（相互抵消），从而实现补偿。

3. 补偿方式及选用

（1）全补偿

$I_L=I_C$，即 $1/\omega L=3\omega C$。

接地点电流为零，不采用。

缺点：$X_L=X_C$，容易因不对称形成串联谐振过电压，危及绝缘。

（2）欠补偿

$I_L<I_C$，即 $1/\omega L<3\omega C$。

接地点为容性电流，少采用。

缺点：易发展成为全补偿方式，切除线路或频率下降可能发生谐振。

（3）过补偿

$I_L>I_C$，即 $1/\omega L>3\omega C$。

接地点为感性电流，常采用。

注意：电感电流数值不能过大，不能超过 10 A。

（三）中性点直接接地的电力系统

图 8-1-4 是电源中性点直接接地的电力系统发生单相接地时的电路图。这种系统的单相接地，即通过接地中性点形成单相短路。单相短路电流比线路的正常负荷电流大得

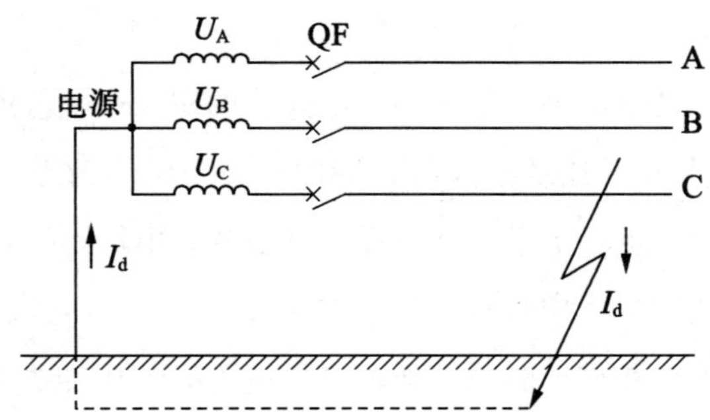

图 8-1-4 中性点直接接地的电力系统单相接地时的电路图

多，因此在此系统发生单相短路时保护装置应动作于跳闸，切除短路故障，使系统的其他部分恢复正常运行。当中性点直接接地的系统发生单相接地时，其他两完好相的对地电压不会升高。

三、运行方式的应用范围

（1）110 kV 及以上系统：中性点直接接地。

（2）3～63 kV 系统：中性点不接地。

（3）380 V 系统：中性点直接接地。

第二节　消弧线圈

一、概述

消弧线圈顾名思义就是灭弧的，是一种带铁芯的电感线圈。它接于变压器（或发电机）的中性点与大地之间，构成消弧线圈接地系统。电力系统输电线路经消弧线圈接地，为小电流接地系统的一种。当正常运行时，消弧线圈中无电流通过。当发生单相电弧性接地时，中性点电位将上升到相电压，这时流经消弧线圈的电感性电流与单相接地的电容性故障电流相互抵消，使故障电流得到补偿，补偿后的残余电流变得很小，不足以维持电弧，从而使电弧自行熄灭。这样，就可使接地故障迅速消除而不致引起过电压。

二、结构和工作原理

（一）结构

消弧线圈是一个具有铁芯的电感线圈，线圈的电阻很小，电抗很大。线圈具有抽头，电抗值可通过改变线圈的匝数来调节，铁芯具有较大的空气隙，使电抗值稳定，从而使电压与电流成正比。

（二）工作原理

当正常运行时，中性点对地电压为零，消弧线圈中没有电流流过。

当发生单相（如 W 相）接地故障时，接地点对地电压为零，中性点对地电压上升为相电压，非故障相对地电压上升为线电压，网络的线电压不变，这与中性点不接地系统相似。此时，消弧线圈处于中性点电压的作用下，有电感电流 I_L 通过，此电流通过接地点形成回路，加上单相接地时的接地电容电流 I_C，两电流方向相反，在接地处相互抵消，可看作电感电流对接地电流的补偿。如果适当选取消弧线圈的匝数，可使接地处的电流变得很小或等于零，从而消除了接地处的电弧，消弧线圈因此而得名。

三、发展分类

早期采用人工调匝式固定补偿的消弧线圈，称为“固定补偿系统”。固定补偿系统的工作方式是：将消弧线圈整定在过补偿状态，其过补程度的大小取决于电网正常稳态运行时不使中性点位移电压超过相电压的 15%。之所以采用过补偿，是为了避免电网切除部分线路时发生危险的串联谐振过电压，因为如整定在欠补偿状态，切除线路将造成消弧线圈电容电流减少，可能出现全补偿或接近全补偿的情况。

取代它的是跟踪电网电容电流自动调谐的装置，这类装置又分为两种。一种称之为“随动式补偿系统”。随动式补偿系统的工作方式是：自动跟踪电网电容电流的变化，随时调整消弧线圈，使其保持在谐振点上，在消弧线圈中串一电阻，增加电网阻尼率，将谐振过电压限制在允许的范围内。当电网发生单相接地故障后，控制系统将电阻短接掉，达到最佳补偿效果，该系统的消弧线圈不能带高压调整。另一种称之为“动态补偿系统”。动态补偿系统的工作方式是：在电网正常运行时，调整消弧线圈远离谐振点，彻底避免串联谐振过电压和各种谐振过电压产生的可能性。当电网发生单相接地后，瞬间调整消弧线圈到最佳状态，使接地电弧自动熄灭。这种系统要求消弧线圈能带高电压快速调整，从根本上避免了串联谐振产生的可能性。通过适当的控制，该系统是唯一可能使电网中原有的功率方向型单相接地选线装置继续使用的系统。目前主要有 5 个种类，分别是调气隙式、调匝式、调容式、调可控硅式和偏磁式。

（一）调气隙式

调气隙式属于随动式补偿系统，其消弧线圈属于动芯式结构，通过移动铁芯改变磁路磁阻达到连续调节电感的目的。然而其调整只能在低电压或无电压情况下进行，电感调整范围上下限之比为 2.5 倍。电网正常运行情况下将消弧线圈调整至全补偿附近，将约 100 Ω 的电阻串联在消弧线圈上，用来限制串联谐振过电压，使稳态过电压数值在允许范围内（中性点电位升高小于 15%的相电压）。当发生单相接地后，必须在 0.2 s 内将电阻短接，以实现最佳补偿，否则电阻有爆炸的危险。该产品的缺点主要有：

1. 工作噪声大，可靠性差

动芯式消弧线圈由于其结构有上下运动部件，当高电压实施其上后，振动噪声很大，而且随着使用时间的增长，内部越来越松动，噪声越来越大。串联电阻约 3 kW、100 MΩ。当补偿电流为 50 A 时，需要 250 kW 容量的电阻才能长期工作，所以在接地后，必须迅速切除电阻，否则有爆炸的危险，这就会影响到整个装置的可靠性。

2. 调节精度差

由于气隙的微小变化都能造成电感的较大变化，电机通过机械部件调气隙的精度远远不够。

3. 过电压水平高

在电网正常运行时，消弧线圈处于全补偿状态或接近全补偿状态，虽有串联谐振电阻将稳态谐振过电压限制在允许范围内，但是电网中的各种扰动（大电机投切、非同期合闸、非全相合闸等）使得其瞬态过电压危害较为严重。

4. 功率方向型单相接地选线装置不能继续使用

安装该产品后，电网中原有的功率方向型单相接地选线装置不能继续使用。

（二）调匝式

该装置属于随动式补偿系统，是目前应用最为广泛的一种，其工作方式与调气隙式相同，也采用串联电阻限制谐振过电压。但其采用有载调节开关改变工作绕组的匝数，达到调节电感的目的。同调气隙式相比，调匝式消除了消弧线圈的高噪声。

调匝式消弧线圈在电网正常运行时，通过实时测量流过消弧线圈电流的幅值，计算出电网在当前方式下的对地电容电流，根据预先设定的最小残流值，由控制器调节有载调压分接头到所需要的补偿挡位。当发生接地故障后，补偿接地时的电容电流，使故障点的残流可以限制在设定的范围之内。

（三）调容式

调容式主要是在消弧线圈的二次侧并联若干组用可控硅（或真空开关）通断的电容器，用来调节二次侧电容的容抗值。根据阻抗折算原理，调节二次侧容抗值，即可以达到改变一次侧电感电流的要求。

（四）调可控硅式

调可控硅式消弧线圈是把高短路阻抗变压器的一次绕组作为工作绕组接入配电网中性点，二次绕组作为控制绕组由 2 个反向连接的可控硅短接，调节可控硅的导通角在0°～180°之间变化，使可控硅的等效阻抗在无穷大至零之间变化，输出的补偿电流就可在零至额定值之间得到连续无级调节。可控硅工作在与电感串联的无电容电路中，其工况既无反峰电压的威胁，又无电流突变的冲击，因此可靠性得到了保障。其特点如下：

（1）利用可控硅技术，补偿电流在 0～100％额定电流范围内连续无级调节，实现大范围精确补偿，还适应了配电网不同发展时期对其容量的不同需要。

（2）利用短路阻抗作为工作阻抗，伏安特性在 0～110％ U_N 范围内保持极佳的线性度，因而可以实现精确补偿。

（3）该消弧线圈属于随调式，不需要装设阻尼电阻，也不会出现串联谐振，既提高了运行的可靠性，又简化了设备。

（4）发生单相接地故障后该消弧线圈最快 5 ms 内输出补偿电流，从而抑制弧光，防止因弧光引起空气电离而造成相间短路。同时，它能有效消除相隔时间很短的连续多次的单相接地故障。

(5) 成套装置无传动、转动机构，可靠性高，噪声低，运行维护简单。

(五) *偏磁式*

偏磁式消弧线圈不采用限制串联谐振过电压的方法，而采用在交流线圈内布置一个磁化铁芯段，通过改变施加直流励磁电流的大小，改变铁芯的磁导，从而达到改变消弧线圈电抗值的目的。即在电网正常运行时，不施加励磁电流，将消弧线圈调谐到远离谐振点的状态，但实时检测电网电容电流的大小，当电网发生单相接地后，瞬时（约 20 ms）调节消弧线圈以实施最佳补偿。

第三节　消弧线圈自动调谐及接地选线成套装置

一、接地变压器

如果变压器绕组为星形接法，有中性点引出，则不需要使用接地变压器。如果变压器绕组为三角形接法，无中性点引出，这就需要用接地变压器引出中性点，接地变压器的一次侧设有无励磁调压。

接地变压器具备零序阻抗低、激磁阻抗大、功耗小等特征。绕组为 Z 形接线，它可带次级绕组（即所用负荷），也可只有初级绕组。接地变压器每相由匝数相等的 2 个串联分绕组组成，每个磁芯上的 2 个分绕组之间及它们对次级分绕组的零序互磁通为零。

当单相接地时，这种变压器的每个分绕组上流过的电流是流过消弧线圈电流的 1/3。

根据我国电力行业标准规定，接于 YN、d 接线的双绕组或 YN、yn、d 接线的三绕组变压器中性点上的消弧线圈的容量不应超过变压器三相总容量的 50%，并不得大于变压器任意一相绕组的容量。

二、有载调匝式消弧线圈

有载调匝式消弧线圈是一带铁芯的电感线圈，设有多挡位分接头，通过有载开关来调整分接头的位置以改变消弧线圈的电感量。

消弧线圈接在变压器或发电机的中性点上，当系统发生单相接地时，消弧线圈提供的感性电流与系统的电容电流的相位相反，接地弧道中的残流即为电感电流与电容电流的差值。调整电感电流，就可以使接地残流达到最小值，从而消除接地过电压。

消弧线圈的补偿是预补偿，即在系统发生单相接地前，消弧线圈已处于最佳补偿状态，这也是现在的补偿装置所普遍采用的方式。

从补偿效果来看，调匝式消弧线圈装置是比较理想的消弧装置，因为它结构简单，调节原理清楚，补偿速度快，不会产生谐波，且对瞬时性单相接地故障具有快速补偿能力（预调节），极大地减少了系统由瞬时性单相接地故障发展成永久性接地故障的概率，系统安全可靠。

消弧线圈的选型应参考系统的电容电流，根据电容电流的大小来决定消弧线圈的补偿范围。一般来说，系统应按电压等级估算电容电流，每一电压等级的总电容电流应为线路、母线及其他一次设备的电容电流之和。实际计算时往往将变电站设备的电容电流纳入线路电容电流中进行计算。

根据我国电力行业标准，消弧线圈的容量应根据电网5～10年的发展规划确定。

三、自动调谐控制器

（一）功能要求

（1）全中文界面，操作维护简单方便。

（2）抗干扰性好，可靠性高。

（3）完善的保护功能，包括阻尼电阻的短接保护，挡位到头闭锁、来回调节闭锁、连调闭锁、单相接地动作闭锁等完善的闭锁保护功能，以使整个系统动作安全可靠。

（4）超大容量的事件记录和报警功能。

（5）当单相接地时，有报警界面提示。

（6）远动功能。

（二）调节原理

控制器以脱谐度和残流作为是否需要调节消弧线圈补偿电流的判断依据。投运前先将脱谐度和接地残流设定为某一个范围，当系统的脱谐度或残流超出此范围时，控制器发出指令，调整消弧线圈的挡位，使调整后的脱谐度及残流满足要求。

只要测量出电网的对地电容电流，即可根据电网的脱谐度和残流的设定值计算出消弧线圈的电感电流，从而确定补偿挡位。一般采用预调节方式，补偿挡位确定后，控制器立刻将消弧线圈调节至相应挡位。

四、接地选线技术

中性点经消弧线圈接地故障线路的选择是长期困扰供电系统的一道难题，国内外研究机构和生产厂家对此都进行了大量的研究并推出了基于不同选线原理的各种小电流接地系统故障选线装置。现有些厂家的消弧线圈自动调谐及选线成套装置采用并联中电阻选线方法，在接地时短时投入并联电阻，投入时间不超过1 s，向接地点注入有功分量，使接地线路的电流幅值与相位都有很明显的变化，以区别于其他正常线路。对于金属接地、高阻接地和母线接地，都可以准确地选出接地线路。这种选线方法与以往的小电流选线相比，选线时流入接地点的电流幅值大、相位变化明显、选线准确率高。普通选线采用了以往的人工智能、零序阻抗变化、谐波变化、五次谐波等多种选线算法再进行表决的综合选线方法，弥补了单一算法的不足之处，提高了接地选线的准确性和可靠性。

五、阻尼电阻箱

阻尼电阻用来限制谐振过电压，是保护整套装置安全有效运行的一个重要组成部分。

增加阻尼电阻的目的是，当系统发生谐振时（即 $X_C = X_L$），保证中性点的位移电压 U_N 小于 15％的相电压，维持系统的正常运行，防止谐振过电压；当系统发生单相接地时，中性点流过很大的电流，这时必须将阻尼电阻短接。

一般采用可控硅自触发技术，使一次、二次回路完全隔离，响应速度小于 10 ms。

当系统发生单相接地时，中性点电压升高、电流增大。当大于设定值时，可控硅自动触发导通，迅速将阻尼电阻短接。当单相接地消失后，可控硅在过零时自动关断，恢复正常运行。

六、并联中电阻箱

当采用并联中电阻选线时，需配置并联中电阻箱。它并联于消弧线圈两端，用真空接触器控制投切。当装置确认系统发生永久性单相接地故障时，真空接触器闭合，中值电阻投入，向系统注入有功电流供选线。经过短暂延时后，真空接触器断开，切除电阻。

七、中性点电压互感器

中性点电压互感器用以转换中性点电压，通过中性点电压互感器二次侧引到控制器进行采样检测。注意：中性点电压互感器二次侧不能够短路。

八、单极隔离开关

安装于消弧线圈前，用于隔离消弧线圈。

九、控制屏

用于安装控制器、接线端子和操作开关。

第四节　消弧线圈的运行规定

一、正常运行

（一）消弧线圈自动调谐装置投入运行时的操作步骤

（1）检查组合柜内设备是否清洁，有无杂物，组合柜门锁是否正常使用。

（2）接地变压器消弧线圈接线是否正确无误，高低压电缆是否符合电气安全规范。

（3）合上控制屏后交、直流电源开关。

（4）合上消弧线圈与中性点之间的单相隔离开关。

（5）合上微机调谐器电源开关。

（二）正常运行时的注意事项

（1）在正常情况下，消弧线圈自动调谐装置必须投入运行。

（2）在正常情况下，消弧线圈自动调谐装置应投入自动运行状态。

（3）消弧线圈和其他电气设备一样，由调度实行统一管理，操作前必须有当值调度员的命令才能进行操作。

（4）禁止将一台消弧线圈同时接在两台接地变压器（或变压器）的中性点上。

（5）运行人员应熟知整套设备的功能及操作方法，特别是微机调谐器面板上的键盘操作。

（三）微机调谐器在运行中应监视并记录的内容

（1）脱谐度，显示值应在脱谐度设定范围之内。

（2）电容电流，能够准确显示。

（3）残流，等于消弧线圈当前挡位下补偿电流与电容电流之差。

（4）中性点电流，通常小于 6 A。

（5）中性点电压，小于 15%的相电压。

（6）有载开关挡位，能够正确显示。

（7）有载开关动作次数，显示有载开关动作累加值。

（8）调谐器电源指示灯，正常时调谐器红色指示灯亮。

（9）控制屏交流电源指示灯，正常时“交流电源指示灯”亮。

（四）接地变压器和消弧线圈在运行中应监视并记录的内容

1. 干式接地变压器

（1）温升。

（2）线圈表面污染情况。

(3) 有无放电、发黑痕迹。

(4) 运行时有无异常噪声。

(5) 产品结构件有无位移。

(6) 产品安装环境是否符合一定的通风条件。

(7) 产品运行时是否超出铭牌规定的运行情况。

2. 油浸式接地变压器

(1) 运行无杂音。

(2) 油位正常，油色透明不发黑。

(3) 无渗油和漏油现象。

(4) 套管清洁，无破损和裂纹。

(5) 引线接触牢固，接地装置完好。

(6) 吸湿剂不受潮。

(7) 上层油温正常。

(8) 表计指示准确。

(五) 消弧线圈自动调谐装置退出运行时的操作步骤

(1) 断开微机调谐器电源开关。

(2) 拉开消弧线圈与中性点之间的单相隔离开关。

(3) 断开控制屏后的交、直流电源开关。

二、维护时的注意事项

(1) 接地变压器和消弧线圈应定期进行预防性试验，试验项目有：

①测量绕组的直流电阻。

②测量绕组的绝缘电阻。

③绝缘油的试验（干式无须做此项目）。

(2) 阻尼电阻箱的检验每年进行一次，检验项目有：

①检查各紧固件是否牢固，并旋紧松动的紧固件。

②检查接线是否松动，并旋紧松动的接线端子。

③测量阻尼电阻值。

(3) 控制屏的检验每年进行一次，检验项目有：

①检查各紧固件是否牢固，并旋紧松动的紧固件。

②检查接线是否松动，并旋紧松动的接线端子。

③检查过流开关的状态，是否过热、正常动作。

④清除继电器表面的灰尘。

（4）控制器的检验每年进行一次，检验项目有：

①检查电流、电压二次回路是否正常。

②检查遥控回路是否正常。

③改变系统运行方式，检查控制器是否能正确响应。

④手动改变有载开关挡位，检查各挡位显示是否正确。

⑤模拟中性点 PT 二次电压（或开口三角电压），当大于整定的接地电压时，是否有接地报警。

（5）内过压保护器（避雷器）、高压电缆、一次接线和绝缘子等设备参照有关规程定期进行检验。

三、系统单相接地时的注意事项

（1）系统发生单相接地时，禁止操作或手动调节该段母线上的消弧线圈。

（2）拉合消弧线圈与中性点之间的单相隔离开关时，有下列情况之一时禁止操作：

①系统有单相接地现象，已听到消弧线圈的嗡嗡声。

②中性点位移电压大于 15％的相电压。

（3）发生单相接地时必须及时排除，接地时限一般不超过 2 h。

（4）发生单相接地时，应监视并记录下列数据：

①接地变压器和消弧线圈运行情况。

②阻尼电阻控制器运行情况。

③控制屏面板上的电阻短接指示灯。

④微机调谐器显示参数：电容电流、残流、脱谐度、中性点电压和电流、有载开关挡位和有载开关动作次数等。

⑤单相接地开始和结束时间。

⑥单相接地线路及单相接地原因。

⑦天气状况。

四、装置异常时的注意事项

（1）当巡视中发现下列情况之一时，应及时采取相应措施：

①消弧线圈在最高挡位运行，且脱谐度小于 10％（说明消弧线圈的容量已不能满足要求）。

②中性点电压大于 15％的相电压。

③接地变压器或消弧线圈有异常响声。

④阻尼电阻箱异常。

⑤微机调谐器异常。

⑥交、直流电源失电。

(2) 当微机调谐器自动功能异常时，根据调度命令，可以改为手动。

(3) 当交、直流电源同时失电时，消弧线圈应立即退出运行。

(4) 打印机缺纸时，需及时更换纸卷。

第五节 消弧线圈常见故障的分析与处理

运行中的消弧线圈设备对系统的安全至关重要。当 10 kV 系统发生单相接地时，会导致接地点的残流过大，甚至发展成为相间故障，从而导致故障范围进一步扩大。了解消弧线圈的常见故障及其处理有助于检修维护人员快速开展故障抢修，确保设备安全。以下为消弧线圈设备在运行过程中常见故障的分析与处理。

一、消弧线圈调挡失败

(一) 现象

10 kV 系统消弧线圈控制器发出调挡命令后，未检测到相应的变挡信息。

(二) 判断

一次设备检测：调容式消弧线圈检测电容箱内是否有故障，包括电容是否损坏、真空开关是否故障。调匝式消弧线圈检测有载开关是否故障，包括有载电机、航空插头以及挡位分接头。

连接设备检测：执行机构包括继电器以及相关器件是否故障，连线是否接通。

(三) 处理

更换故障部件或元器件。

二、中性点位移过限

(一) 现象

中性点位移电压超过 15%的相电压。

(二) 判断

若发生接地，该信号输出为正常，无须处理；若未发生接地，需要检查中性点电压为何太高。

(三) 处理

首先查看系统三相负荷有没有因为其他原因造成严重不平衡。当发生单相接地故障时，检查母线电压互感器一次侧中性点是否连接有消除谐振的设备接地。如果有，应去除，因为消弧线圈已经改变了系统电感参数，起到了防止铁磁谐振的作用。

三、挡位到底和挡位到顶

（一）现象

消弧线圈运行在最低挡或最高挡。

（二）判断

调容式消弧线圈在最低挡时补偿电流最大，最高挡时补偿电流最小。调匝式消弧线圈在最低挡时补偿电流最小，最高挡时补偿电流最大。此时应注意观察，必要时可以相应地改变一挡（接地时严禁操作），因为预调谐装置在偏离谐振点太远的挡位时无法保证计算的准确性，也无法正常跟踪补偿。

（三）处理

如果容量不适的报警出现，检测系统电容电流，确定消弧线圈的容量是否已不适合系统的要求。

四、消弧线圈控制器故障

（一）现象

消弧线圈控制器故障。

（二）判断

主机与触发控制板之间出现通信异常、触发异常等。

（三）处理

检查电源是否故障，以及控制器内部是否故障。断开控制器电源，检查触发控制板是否插牢，板表面是否有异常现象。检查同步信号回路、控制柜可控回路。

五、消弧线圈残流超标（补偿失败）

（一）现象

运行中消弧线圈残流超标，补偿失败。

（二）判断

当残流大于设定值时，检查是否与容量不适同时出现，以此确定消弧线圈的容量是否已经不适合当前系统的要求。

（三）处理

根据实际情况进行设定或更换。

第九章　无功补偿装置

第一节　电力系统的功率因数和无功补偿

一、功率因数的意义

（一）功率因数的概念

在交流电路中，电源供给负载的视在功率包括有功功率和无功功率。有功功率是电阻性负载消耗的功率，即实际消耗的电功率，用 P 表示，单位为瓦（W）或千瓦（kW）；无功功率并非实际消耗的功率，而是反映电感性负载或电容性负载发生的电源与负载间能量交换所占用的电功率，用 Q 表示，单位为乏（var）或千乏（kvar）；视在功率是电压和电流有效值的乘积，用 S 表示，单位为伏安（VA）或千伏安（kVA）。按线性负载来考虑，三者的关系可用功率三角形来表示（见图 9-1-1）。

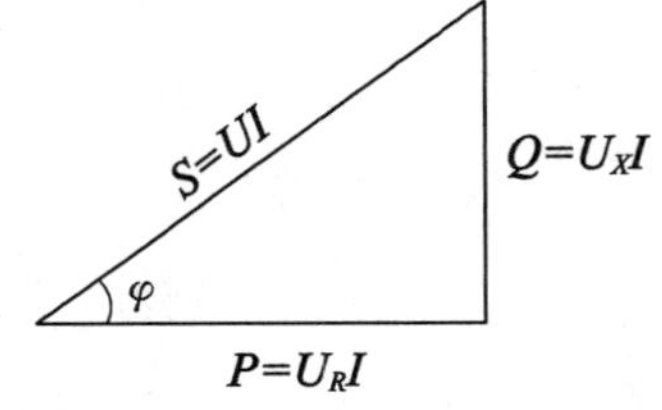

图 9-1-1　功率三角形

对于三相平衡负载，视在功率为：

$$S=3UI=\sqrt{3}U_1I$$

式中，U 为相电压有效值，U_1 为线电压有效值，I 为电流有效值。

当供电回路中既有电感性负载又有电容性负载时，总的无功功率为：

$$Q=Q_L-Q_C$$

式中，Q_L 为电感的无功功率，Q_C 为电容的无功功率。

有功功率与视在功率之比称为“功率因数”，用 λ 表示。在线性电路中，功率因数等于电流与电压相位差的余弦，即：

$$\lambda=\frac{P}{S}=\frac{3UI\cos\varphi}{3UI}=\cos\varphi$$

（二）提高功率因数的意义

1. 提高功率因数能提高设备的利用率

在电力系统中，提供电能的发电机是按要求的额定电压（U_N）和额定电流（I_N）设计的。当发电机长期运行时，其电压和电流都不能超过额定值，否则会使发电机的寿命缩短，甚至损坏。

发电机的容量是额定电压与额定电流之积（$U_N I_N$），是发电机在安全运行下所能产生的最大功率。发电机在额定电压与额定电流下运行时送出的有功功率（P）与所接负载的功率因数（$\cos\varphi$）密切相关，即 $P=UI\cos\varphi$。只有当所接负载是电阻时，$\cos\varphi=1$，发电机输出的有功功率恰好等于其容量。当负载是感性或容性时，由于 $\cos\varphi<1$，发电机输出的功率要小于其容量，发电机得不到充分的利用。因此，为了尽可能地提高发电机的利用率，必须提高功率因数。

2. 提高功率因数能降低输电线上的损耗

设输电线上的损耗 $P_L=R_L I^2$，当 U_L 是负载端电压的有效值时，负载吸收的有功功率为：

$$P_L=U_L I\cos\varphi$$

负载上的电流为 $I=P_L/(U_L\cos\varphi)$，则此电流流过输电线，在输电线的电阻上产生的损耗为 $P_L=R_L I_2=R_L P_L^2/(U_L\cos\varphi)^2$。

当负载的 $\cos\varphi$ 较低时，线路中的电流会增大，从而引起线路的损耗增大，而当 U_L 和 P_L 不变时，提高功率因数 $\cos\varphi$ 会降低输电线上的损耗。

3. 提高功率因数能改善供电质量

已知功率因数越低，线路上的电流（I）越大，由于线路上的阻抗存在，则必然造成电压损失，使线路电压降低。若电压损失过大，电网末端就会长期处于低电压运行状态，引起变压器过负荷、电动机过热、日光灯不能启辉、电灯昏暗等后果。因此，提高功率因数能减小电压损失，满足工农业生产和人民生活对供电电源的质量要求。

4. 提高功率因数能减少电力设备的投资

为尽量减小输电线路上的功率损耗，往往会增加导线截面积以减小阻抗。而在有功功率（P）和电源电压（U）一定的情况下，功率因数的提高可使线路中通过的电流减小，则导线的截面积就可以相应设计得小一些，这样可以节约线路的投资。

在有功功率（P）一定时，提高功率因数可使视在功率（S）降低。对于用电单位而言，在满足用电需要的情况下，减少了所需变压器的容量，也就降低了投资和损耗。

二、提高功率因数的方法

提高功率因数的方法有提高自然功率因数和功率因数人工补偿等。

（一）提高自然功率因数

自然功率因数是指用电设备自身所具有的功率因数，其高低与设备的负荷率有关。据统计，企业的无功功率一般感应电动机占 70%、变压器占 20%、线路占 10%。由此可见，电动机和变压器消耗的无功功率大，自然功率因数比较低，特别是在空载运行时，功率因数更低。为了降低无功功率消耗，提高自然功率因数，通常可采取下列措施：

（1）合理选择电动机的大小，避免大马拉小车，及时更换负载率小于 40%的电动机。

（2）正确选择变压器容量，提高变压器负荷率，其负荷率为 75%～80%较合适。

提高自然功率因数的方法是一种最简单的方法。但是如果变压器带有容量大的季节性负荷，合理选择变压器容量就比较困难了。例如中央空调系统，单机容量都比较大，从几十千瓦到上百千瓦，而空调的使用有季节性，若只选择一台变压器对全局供电，为使空调工作时变压器不过载，变压器容量只能选得较大，而当空调不工作时，变压器就工作在轻载状态，功率因数会显著降低。对于这种情况，单靠提高自然功率因数的办法满足不了对功率因数的要求，必须采用无功功率补偿的方法来提高功率因数。

（二）功率因数人工补偿

在一般情况下，用电负荷多为感性负载，人工补偿方法有多种，常用并联电容器的方法来补偿功率因数，这是目前普遍采用也是最有效的方法，原理如图 9-1-2 所示。

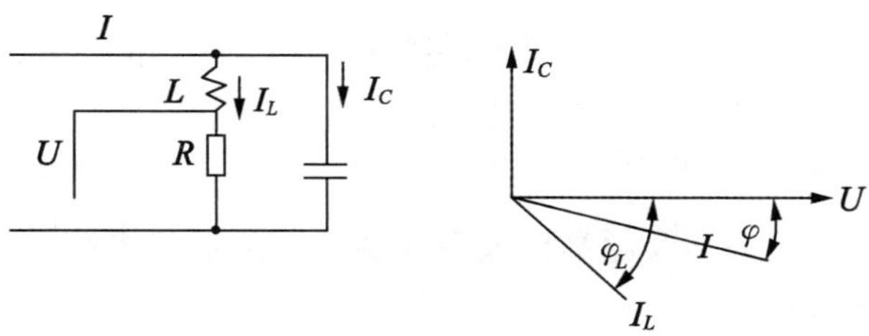

图 9-1-2　补偿电容器电路图和相量图

专门用来补偿功率因数的电容器称为“并联电容器”，具有安装简单、运行维护方便、有功损耗小和投资少等优点。

R、L 串联表示感性负载，端电压为 $\dot{U}$，电流为 $\dot{I}_L$，感性负载使得电流相位滞后电压相位一个角度，这个角度就是功率因数角 φ_1。在 R、L 两端并联电容 C，将有电流 $\dot{I}_C$ 流过电容，$\dot{I}_C$ 比 $\dot{U}$ 超前 90°。并联电容后，总电流 $\dot{I}$ 是 $\dot{I}_L$ 与 $\dot{I}_C$ 的相量和，校正后的功率因数角为 φ_2。可见 $\varphi_2 < \varphi_1$，功率因数得到提高。并联电容补偿的容量（无功功率）可按下式计算。

$$Q_C = P_j (\tan\varphi_1 - \tan\varphi_2)$$

式中，Q_C 为电容器补偿的无功功率（kvar），P_j 为有功功率（kW），φ_1 为补偿前的功率因数角，φ_2 为补偿后的功率因数角。

第二节　电力电容器

一、种类和作用

任意两块金属导体，中间用绝缘介质隔开，就可以构成一个电容器。电容器电容的大小由其几何尺寸和两极板间绝缘介质的特性来决定。当电容器在交流电压下使用时，常以其无功功率表示电容器的容量，单位为乏（var）或千乏（kvar）。

（一）并联电容器

并联电容器又称为“移相电容器”，主要用来补偿电力系统感性负载的无功功率，以提高系统的功率因数，改善电能质量，降低线路损耗，还可以直接与异步电机的定子绕组并联，构成自激运行的异步发电装置。

（二）串联电容器

串联电容器又称为“纵向补偿电容器”，串联于工频高压输配电线路中，主要用来补偿线路的感抗，提高线路末端电压水平，提高系统的动、静态稳定性，改善线路的电压质量，增长输电距离和增大电力输送能力。

（三）耦合电容器

耦合电容器主要用于高压及超高压输电线路的载波通信系统，同时也可作为测量、控制、保护装置中的部件。

（四）均压电容器

均压电容器又称为“断路器电容器”，一般并联于断路器的断口上，使各断口间的电压在开断时分布均匀。

（五）脉冲电容器

脉冲电容器主要起储能作用，用作冲击电压发生器、冲击电流发生器、断路器试验用振荡回路等基本储能元件。

二、型号

型号中的字母均为汉语拼音中的大写字母（见图 9-2-1）。

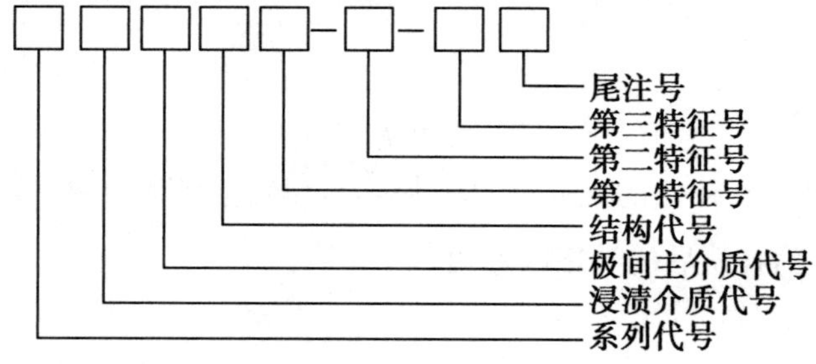

图 9-2-1　电容器型号中的各字母代号

（一）电容器系列代号

电容器系列代号如表 9-2-1 所示。

表 9-2-1　　电容器系列代号

系列代号	字母含义	系列代号	字母含义
AL	交流滤波电容器装置	JB	截波装置
BB	并联补偿电容器装置	RF	交流电容分压器
CB	串联补偿电容器装置	YD	电容式电压互感器
CL	冲击电流发生器	ZF	阻容分压器
CY	冲击电压发生器	ZY	直流电压发生器
DL	直流滤波电容器装置	DB	静止型动态无功补偿装置

（二）浸渍介质代号

浸渍介质代号如表 9-2-2 所示。

表 9-2-2　　浸渍介质代号

浸渍介质代号	字母含义	浸渍介质代号	字母含义
A	苄基甲苯	K	空气
B	异丙基联苯	L	六氟化硫
C	蓖麻油	S	石蜡
D	氮气	W	烷基苯
F	二芳基乙烷	Z	菜籽油
G	硅油		

注：当浸渍介质为几种混合介质的混合物时，只表示主要浸渍介质的代号。

（三）极间主介质代号

极间主介质代号如表 9-2-3 所示。

表 9-2-3　　极间主介质代号

极间主介质代号	字母含义
D	氮气
F	膜纸复合
L	六氟化硫
M	全膜
MJ	金属化膜

（四）结构代号

集合式电容器的结构代号为 H，充氮气的集合式电容器的结构代号为 HD，充六氟化硫气体的集合式电容器的结构代号为 HL。

（五）第一特征号

第一特征号用以表示电容器的额定电压，单位为 kV（E 系列交流电动机电容器的单位为 V）。集合式电容器用线电压（系统标称电压）表示。

（六）第二特征号

第二特征号用以表示电容器的额定容量或额定电容，额定容量的单位为 kvar，额定电容的单位为 μF（Y 系列标准电容器的单位为 pF）。

（七）第三特征号

第三特征号用以表示并联、串联、交流滤波电容器的相数或感应加热装置用电容器的额定频率。单相以“1”表示，三相以“3”表示。感应加热装置用电容器的额定频率，单位为 kHz。

（八）尾注号

用以表示电容器的主要结构特征和使用特征，用大写汉语拼音字母表示（见表 9-2-4）。

表 9-2-4　　尾注号字母含义

尾注号	字母含义	尾注号	字母含义
F	中性点非有效接地系统使用	S	水冷式（自冷不用字母）
G	高原地区使用	TH	湿热带地区使用
H	污秽地区使用	W	户外使用（户内不用字母）
K	有防爆要求的地区使用		

注：字母 F、H 仅耦合电容器术语。

三、结构与分类

（一）电力电容器的结构

1. 高压并联电容器

高压并联电容器由电容元件、浸渍剂、引线、外壳和套管部分组成。

（1）电容元件：电容元件由一定厚度和层数的固体介质（复合绝缘薄膜）与铝箔电极卷制而成。若干个电容元件并联和串联起来，组成电容器芯子。

（2）浸渍剂：电容器芯子一般放于浸渍剂中，以提高电容元件的介质耐压强度，改善局部放电特性和散热条件。浸渍剂一般有矿物油、氯化联苯、SF_6 气体等。

（3）外壳、套管：外壳一般采用薄钢板焊接而成，表面涂阻燃漆，壳盖上焊有出线套管，箱壁侧面焊有吊攀、接地螺栓等。大容量集合式电容器的箱盖上还装有油枕或金属膨胀器及压力释放阀，箱壁侧面装有片状散热器、压力式温控装置等。接线端子从出线瓷套管中引出。

2. 低压电容器

目前，我国低压系统采用自愈式电容器。

特点：具有优良的自愈性能，介质损耗小，温升低，寿命长，体积小，质量轻。

结构：采用聚丙烯薄膜作为固体介质，表面蒸镀了一层很薄的金属作为导电电极。当作为介质的聚丙烯薄膜被击穿时，击穿电流将穿过击穿点。由于导电的金属化镀层电流密度急剧增大，并使金属镀层产生高热，使击穿点周围的金属导体迅速蒸发逸散，形成金属镀层空白区，击穿点自动恢复绝缘。

（二）高压并联电容器的分类

1. 根据电容器熔丝的安装形式

高压并联电容器可分为外熔丝电容器、内熔丝电容器、无熔丝电容器。

在电压为 10 kV 及以下的高压电容器内，每个电容元件上都串有一熔丝，作为电容器的内部短路保护。当某个元件被击穿时，其他完好元件即对其放电，使熔丝在毫秒级的时间内迅速熔断，切除故障元件，从而使电容器能继续正常工作，这就是内熔丝电容器。

所谓“无熔丝电容器”，是指在电容器组中，单元的接线方式为先串后并，在单元内部的元件连接方式上则与外熔丝电容器的单元完全相同，都是先并后串。无熔丝电容器是原西屋公司首创的，在美国已普遍应用。全膜介质电容器被击穿后介质融化，两极板形成良好短接。在元件串联数较多的情况下，个别元件被击穿，使其他完好元件电压提高不多，整组电容器电容量的变化也不大，因而还可继续运行。在使用效果上，无熔丝电容器与内熔丝电容器很类似，但电容器单元内部结构简单了。

无熔丝电容器在使用上的限制条件是：系统电压不能太低（一般在 35 kV 以上），通过电容器单元的额定电流不能太大（小于 60 A），电容元件的极间介质不能太厚（质量密度法厚度不超过 30.5 μm）。

2. 根据电容器芯子的安装形式

高压并联电容器可分为单元式、集合式和箱式。

3. 根据电容器单元的安装形式

高压并联电容器可分为立式和卧式。

4. 根据电容器单元的相数

高压并联电容器可分为单相式和三相式。

5. 根据电容器绝缘材料

高压并联电容器可分为纸质、膜纸复合、全膜等类型。

（三）高压并联电容器的主要参数

1. 电容器电容值

电容器极板上电荷量（q）的大小，与加在电容器两端的电压（U_C）的大小成正比。也就是说，加在两个极板间的电压越高，两个极板上积储的电荷也越多。

电容（C）用来表征电容器储存电荷能力的大小，单位是法拉，用符号 F 表示。

电容测量一般要进行两次，第一次称为“初测”，可用电容表测量，第二次用专用设备即电桥测量，两次测量的结果应几乎一致，否则意味着在试验过程中有元件损坏现象。

2. 电容器损耗角正切值

电容器损耗角正切值又称“介质损耗因数”，是指介质损耗角正切值，简称“介损角正切”。

电力电容器是一种实际电容器，不是理想电容器，在外施交流电压的作用下，除了会输出一定容量的无功功率（Q）之外，在电容器的内部介质中、在电容器的极板（铝箔）中、在引线等导体中以及在瓷瓶间的漏泄电流等都会产生一定的有功损耗功率（P）。通常把电容器的有功功率（P）与无功功率（Q）的比值称为“该电容器的损耗角正切”，表示为：

$$\tan\delta=\frac{P}{Q}$$

式中，$\tan\delta$ 为电容器的损耗角正切（%），P 为电容器的有功功率（W），Q 为电容器的无功功率（var）。

测量介损是一种判断电气设备的绝缘状况传统的、十分有效的方法。绝缘能力的下降直接反映为介损增大。进一步可以分析绝缘下降的原因，如绝缘受潮、绝缘油受污染、老化变质等。

电容器损耗角正切值测量是和电容值测量同时完成的。标准电容器本身的 $\tan\delta$ 必须很小，要比试品的 $\tan\delta$ 小两个数量级以上，否则将产生很大的误差。

四、接线及保护方式

（一）接线方式

接线方式分为三角形接线和星形接线。

1. 三角形接线方式（又有单、双三角形之分）

当电容器的额定电压按电网的线电压选择时，应采用三角形接线。

三角形接线的缺点：过去由于受制造厂生产的电容器额定电压所限，我国大多数电容器组采用三角形接线。当任何一台电容器损坏时，就会形成两相短路，故障电流很大，使油箱爆炸，两相短路引起的电弧还将产生高电压，可能引起邻近电容器损坏。三角形接线的另一个缺点是接线复杂，不如星形接线方便，而且保护选择困难，没有适当的保护方式。因此，这种接线方式已逐渐被淘汰。

2. 星形接线方式（又有单、双星形之分）

星形接线分为中性点接地和不接地两种。

当电容器的额定电压低于电网的线电压时，应采用星形接线。

星形接线的优点：星形接线电容器的极间电压是电网的相电压，绝缘承受的电压较低。当一台电容器故障击穿时，由于其余两相的阻抗限制，故障电流小。星形接线简单，运行经济，可以有多种保护方式供选择。因此，星形接线得到了普遍应用。

（二）保护方式

高压并联电容器成套装置的保护方式可分为 4 种。

1. 开口三角电压保护

当某相电容器组中电容器单元（或元件）的故障数达到限定数量时，由于三相阻抗不平衡，中性点偏移，每相电容器组两端的电压发生变化，反映为放电线圈两端的电压变化。由于放电线圈二次侧接成开口三角形，开口端原本电压为零，不平衡后就产生了一定数量值的开口电压。电容器单元（或元件）的故障数越多，开口电压越大，与限定故障数对应的电压就是继电器的动作电压，也就是发出断路器跳闸指令的启动电压，断路器断开，电容器装置退出运行。

2. 桥式差动电流保护

当电容器组每相的串联段数为偶数并可分为 2 个支路时，在其中部桥接 1 台电流互感器以获取保护动作信号。

在电容器装置正常运行时，4 个桥臂的阻抗相等，电流互感器中无电流。当电容器单元（或元件）出现故障时，故障臂阻抗变化，电流互感器中有电流流过，超过保护设限时，启动保护程序，切除电容器装置。

3. 电压差动保护

电容器组每相由 2 个电压相等的串联段组成，与其并联的放电线圈一次侧由 2 段电压相等的线圈串联，二次侧由 2 个电压相等的独立线圈并联开口接线，在开口处获取继电保护电压。当电容器单元出现故障时，产生差压信号，故障电容器单元（或元件）达到保护设限数量时，继电保护启动，切除电容器装置。

4. 中性点不平衡电流（或电压）保护

采用中性点不平衡电流保护时，电容器组要接成双星形接线方式，即把电容器组分成容量相等的 2 个星形接线，这样每相上的电容器都分成 2 个支路。当 1 个支路电容器出现故障电容器（或元件）时，相应的中性点电位发生偏移，三相电流不平衡，另一星形三相电流未失平衡，在 2 个中性点之间装设电流互感器，取出不平衡电流作为继电保护值，达到预设值时，启动保护程序，切除电容器装置。

五、无功补偿

（一）补偿容量的配置原则

全面规划、合理布局、分级补偿、就地平衡。

（二）补偿方式

1. 集中补偿

把电容器组集中安装在变电所的一次或二次侧母线上，并装设自动控制设备，使之能随负荷的变化而自动投切。

当电容器接在变压器一次侧时，可使线路损耗降低，一次母线电压升高，但对变压器及其二次侧没有补偿作用，而且安装费用高；当电容器安装在变压器二次侧时，能使变压器增加出力，并使二次侧电压升高，补偿范围扩大，安装、运行、维护费用低。

（1）优点：电容器的利用率较高，管理方便，能够减少电源线路和变电所主变压器的无功负荷。

（2）缺点：不能减少低压网络和高压配出线的无功负荷，需另外建设专门房间。

目前多采用集中补偿方式。

2. 分组补偿

将全部电容器分别安装于功率因数较低的各配电用户的高压侧母线上，可与部分负荷的变动同时投入或切除。

采用分组补偿时，补偿的无功不再通过主干线以上线路输送，从而降低配电变压器和主干线路上的无功损耗，因此，分组补偿比集中补偿的降损节电效益显著。这种补偿方式的补偿范围更大，效果比较好，但设备投资较大，一般适用于补偿容量小、用电设备多而分散和部分补偿容量相当大的场所。

（1）优点：电容器的利用率比单独就地补偿方式高，能减少高压电源线路和变压器中的无功负荷。

（2）缺点：不能减少干线和分支线的无功负荷，操作不够方便，初期投资较大。

3. 个别补偿

个别补偿即对个别功率因数特别不好的大容量电气设备及所需无功补偿容量较大的负荷，或由较长线路供电的电气设备进行单独补偿。把电容器直接装设在用电设备的同一电气回路中，与用电设备同时投切。

用电设备消耗的无功能就地补偿，能就地平衡无功电流，但电容器的利用率低。一般适用于容量较大的高、低压电动机等用电设备的补偿。

（1）优点：补偿效果最好。

（2）缺点：电容器将随着用电设备一同工作和停止，所以利用率较低、投资大、管理不方便。

六、使用

（一）检查和维护

（1）新装电容器：交接试验、布置、接线、电压符合要求；控制、保护和监视回路均应完善，温度计齐全，并试验合格，整定值正确；与电容器组连接的电缆、接触器、熔断器等试验合格；三相平衡，误差值不超过一相总容量的5%；外观良好，无渗漏油。

（2）运行电容器：电容器外壳有无膨胀、漏油痕迹；有无异常声响和火花；熔断器是否正常；放电指示灯是否熄灭；记录有关电压表、电流表、温度表的读数。如箱壳明显膨胀、外壳渗油严重必须更换。

（3）必要时可以短时停电并检查：螺栓松紧和接触；放电回路是否完好；风道有无积尘；外壳的保护接地线是否完好；继电保护、熔断器等保护装置是否完整可靠，断路器、馈电线等是否良好。

（二）电容器的安全运行

电容器应在额定电压下运行。如暂时不可能，可允许在超过额定电压5%的范围内运行；当超过额定电压的1.1倍时，只允许短期运行。但长时间出现过电压情况时，应设法消除。

电容器应维持在三相平衡的额定电流下进行工作。如暂不可能，不允许在超过1.3倍额定电流下长期工作，以确保电容器的使用寿命。

装设电容器组地点的环境温度一般不超过40 ℃，电容器外壳温度不宜超过60 ℃。如发现超过上述要求，应采用人工冷却，必要时将电容器组与系统断开。

（三）电容器的保护

（1）用合适的避雷器进行过电压保护。

（2）每个电容器上装置单独的熔断器，熔断器的额定电流应按熔丝的特性和接通时的涌流来选定，一般以1.5～2倍电容器的额定电流为宜。

（3）电容器不允许装设自动重合闸装置。这主要是因为电容器放电需要一定时间，当电容器组的开关跳闸后，如果马上重合闸，电容器来不及放电，在电容器中就可能残存着与重合闸电压极性相反的电荷，这将使合闸瞬间产生很大的冲击电流，从而造成电容器外壳膨胀、喷油甚至爆炸。

（四）电容器的投入和退出

（1）当功率因数低于0.9、电压偏低时，应投入。

（2）当功率因数趋近于1且有超前趋势、电压偏高时，应退出。

（3）发生下列故障之一时，应紧急退出：

①连接点严重过热甚至熔化。

②瓷套管闪络放电。

③外壳膨胀变形。

④电容器组或放电装置声音异常。

⑤电容器冒烟、起火或爆炸。

（4）接通和断开电容器组时，必须考虑以下几点：

①当汇流排（母线）上的电压超过1.1倍额定电压的最大允许值时，禁止将电容器组接入电网。

②在电容器组自电网断开后1 min内不得重新接入，但自动重复接入情况除外。

③在接通和断开电容器组时，要选用不能产生危险过电压的断路器，并且断路器的额定电流不应低于1.3倍电容器组的额定电流。

（五）电容器的操作

（1）在正常情况下，全所停电操作时，应先断开电容器组断路器，再拉开各路出线断路器。恢复送电时应与此顺序相反。

（2）在事故情况下，全所无电后，必须将电容器组的断路器断开。

（3）电容器组断路器跳闸后不准强送电。保护熔丝熔断后，未查明原因之前，不准更换熔丝送电。

（4）电容器组禁止带电荷合闸。电容器组再次合闸时，必须在断路器断开3 min之后才可进行。

（六）电容器运行中的故障处理

（1）当电容器喷油、爆炸着火时，应立即断开电源，并用沙子或干式灭火器灭火。

（2）电容器的断路器跳闸，而熔丝未熔断。应对电容器放电3 min后，再检查断路器、电流互感器、电力电缆及电容器外部等情况。若未发现异常，则可能是由外部故障或电压波动所致，可以试投，否则应进一步对保护做全面的通电试验。通过以上检查、试验，若仍找不出原因，则应拆开电容器组，并逐台进行检查试验。但在未查明原因之前，不得试投运。

（3）当电容器的熔丝熔断时，应向值班调度员汇报，取得同意后，在切断电源并对电容器放电后，先进行外部检查，如套管的外部有无闪络痕迹，外壳是否变形、漏油及接地装置有无短路等，然后用摇表摇测极间及极对地的绝缘电阻值。若未发现故障迹象，可换熔丝继续投入运行。若经送电后熔丝仍熔断，则应退出故障电容器。

（七）处理故障电容器应注意的安全事项

处理故障电容器应断开电容器的断路器，拉开断路器两侧的隔离开关。由于电容器组经放电电阻（放电变压器或放电电压互感器）放电后，部分残存电荷可能一时放不尽，仍应进行一次人工放电。放电时应先将接地线接地端接好，再用接地棒多次对电容器放电，直至无放电火花及放电声为止。尽管如此，在接触故障电容器之前，还应戴上绝缘手套，先用短路线将故障电容器两极短接，然后才可动手拆卸和更换。

第三节　高压并联电容器成套装置

一、概述

将电容器柜或钢架、电容器、电容器过负荷保护专用熔断器、放电装置（专用放电线圈或电压互感器）、抑制涌流限制高次谐波的空芯电抗器、限制过电压的无间隙氧化锌避雷器及高压真空接触器等设备有机地组合在一起，就构成了高压并联电容器成套装置。

高压并联电容器成套装置适用于工频输配电系统中，用以提高功率因数，调整电网电压，降低线路损耗，充分发挥设备效率，改善供电质量。

二、型号

高压并联电容器成套装置的字母代号构成如下：自左至右第一部分为装置代号，第二部分为系列代号，第三部分为第一特征号，第四部分为第二特征号，第五部分为第三特征号，第六部分为尾注号（见图 9-3-1）。

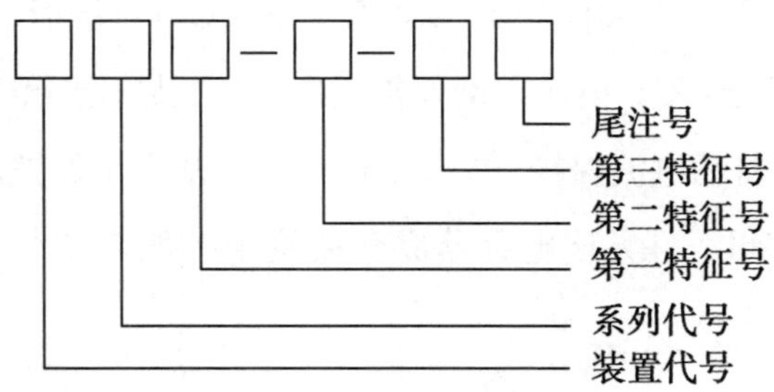

图 9-3-1　高压并联电容器成套装置的字母代号构成

（一）装置代号

用大写汉语拼音字母“T”表示成套装置。

（二）系列代号

系列代号含义如表 9-3-1 所示。

表 9-3-1　系列代号含义

系列代号	字母含义	系列代号	字母含义
AL	交流滤波电容器装置	JB	截波装置
BB	并联补偿电容器装置	RF	交流电容分压器
CB	串联补偿电容器装置	YD	电容式电压互感器
CL	冲击电流发生器	ZF	阻容分压器
CY	冲击电压发生器	ZY	直流电压发生器
DL	直流滤波电容器装置	DB	静止型动态无功补偿装置

（三）第一特征号

第一特征号用以表示装置的额定电压，单位为 kV。大多数装置用系统标称电压（线电压）表示，但电容式电压互感器用系统相电压表示。

（四）第二特征号

第二特征号用以表示装置的容量、额定电容或额定电流，额定容量的单位为 kvar（DB 系列的单位为 Mvar），额定电容的单位为 μF，额定电流的单位为 kA 或 mA。

（五）第三特征号

第三特征号用以表示串联、交流滤波电容器装置的相数，单相用“1”表示，三相用“3”表示。

（六）尾注号

对于高压并联、串联，高压交流滤波电容器装置，尾注号用以表示主接线方式和电容器组的继电保护方式，一般由 2～3 位字母表示。

尾注号的第一个字母：A，单星形；B，双星形；C，三星形。

尾注号的第二个字母：C，电压差动保护；L，中性点不平衡电流保护；K，开口三角电压保护；Q，桥式差动电流保护；Y，中性点不平衡电压保护。

尾注号的第三个字母：在并联电容器成套装置中一般表示装置的使用类型，“W”表示户外，户内不标。

三、组成

（一）电容器

电容器为主要的工作器件，可以产生相位超前于电网电压的无功电流，提高电网功率因数。一般由 3 个电容组成星形接线形式。

(二) 串联电抗器

为了有效地抑制合闸涌流或谐波对电容器组的影响，可以采用串联电抗器的方式，防止损坏电容器或造成系统谐波放大。

(三) 放电线圈

放电线圈可以泄放电容器内部的储能，在电容器组脱离电源后，能在 5 s 内将电容器组上的剩余电压降到 50 V 以下，同时还可提供继电保护信号。

(四) 氧化锌避雷器

氧化锌避雷器能有效抑制操作过电压。

(五) 真空接触器

真空接触器主要完成电容的投入、退出。

(六) 熔断器

熔断器可以起到过负荷及故障保护的重要作用。

四、分类

(一) 按安装结构形式

高压并联电容器成套装置可分为金属铠装柜体式、构架式和封闭式。

(二) 按安装现场使用情况

高压并联电容器成套装置可分为就地补偿式、集中补偿式和分组自动补偿式。

五、有关要求

(一) 环境要求

(1) 电容器应安装在无腐蚀性气体及蒸汽，没有剧烈震动、冲击、爆炸、易燃物等场所。电容器室的防火等级应不低于二级。

(2) 电容器室的环境温度应满足制造厂家规定的要求，一般为 40 ℃。

(3) 电容器室可采用天然采光，也可用人工照明，不需要装设采暖装置。

(4) 高压电容器室的门应向外开。

(5) 装于户外的电容器应防止日光直接照射。

(二) 安装要求

(1) 每台电容器与母线相连的接线应采用单独的软线，不要采用硬母线连接的方式，以免安装或运行过程中因对瓷套管产生应力而造成漏油或损坏。

(2) 在安装时，电气回路和接地部分的接触面要良好。因为电容器回路中的任何不良接触均可能产生高频振荡电弧，造成电容器的工作电场强度增高和发热损坏。

(3) 在现场组架时，应配置好三相或桥形各臂的电容值，不平衡度应控制为

1%～3%。

(4) 围栏如果是导磁材料，现场安装时与空芯电抗器的距离要大于 2 倍的电抗器直径或按厂家要求操作。

六、组合式高压并联电容器装置 (SPUnivar)

(一) 概述

SPUnivar 由箱式高压并联电容器、串联电抗器、放电线圈、氧化锌避雷器、限流熔断器、真空接触器、控制箱、二次控制回路及电缆进线箱等设备组合而成。

电容器、电抗器和放电线圈为一体式全密封结构，三者均为油浸式。根据类型分别装设绝缘油的温度补偿装置、压力保护和温度保护器件。电缆进线箱内装设与电源连接的母排、输出保护信号的端子排和氧化锌避雷器。

(二) 特点

1. 使用

(1) 占地面积小，安装简单，户内、户外均可使用。

(2) 电缆进线带电部位不外露，安全可靠；架空进线只需清扫瓷套，无须巡视。

(3) 多方面完善保护。全密封结构不需要内部维修，不需要进行油试验。

2. 结构

(1) 电容器采用单星形接线，中性点不接地。

(2) 回路串联电抗器用于抑制高次谐波和限制合闸涌流。

(3) 断开电源后放电线圈及时完成电容器放电，二次侧用于检测故障信号。

3. 保护方式

(1) 开口三角电压保护：电容元件发生故障时，放电线圈可检测出不平衡电压信号。

(2) 压力保护：电容器或电抗器故障时，内部压力增高会导致金属膨胀器胀大，触及行程开关会发出继电保护信号。

(3) 温度保护：电抗器或放电线圈故障时，会导致内部温度升高，温度传感器会发出继电保护信号。

(4) 过电压保护：配备电容器组专用氧化锌避雷器可以起到过电压保护。

(三) 设计制造

1. 箱式高压并联电容器

(1) 电容器采用三膜、无熔丝大元件，经机械压接构成串、并联后直接放入箱体。

由于电容元件的容量与体积较大，导致极板面积增大，薄膜出现薄弱点的概率随之提高。集合式电容器极板间采用三层双轴拉伸双面粗化的聚丙烯薄膜结构，提高了可靠性。

(2) 真空处理采用三步法，真空干燥、注油、热烘分步进行。

(3) 液体介质采用优质电容器专用合成油。

电容器油箱采用全密封结构，采用膨胀器作为油量补偿装置。为防止油箱焊缝处渗漏，集合式电容器油箱加工时尽量采用弯折结构以减少焊缝，所有与油接触的焊缝均采用双面焊，与空气接触的表面采用密封焊接。密封圈密封部位采用矩形断面，矩形断面密封圈的压缩控制在 30%。

(4) 在绝缘油中添加防老化剂和稳定剂，保证产品长期使用的稳定性。

(5) 原材料薄膜应进行 2 项特有的试验项目：宽幅电压筛选试验、材料整幅变形度测量。

2. 电抗器

(1) 采用高品质取向性冷轧硅钢片，夹件采用高强度非磁性特种钢。

(2) 采用独有的屏蔽技术优化磁场结构。

(3) 线圈恒张力卷绕可保证线圈的均匀性，线圈恒压力干燥可保证线圈的一致性。

(4) 采用真空浸渍整体固化技术，使损耗和噪声减至最低。

(5) 采用专有线圈换位技术，防止涡流损耗。

为了保证电抗器的运行安全，设有各种预防警告与即时跳闸保护装置，当内部故障发生时，能事先预知与即时保护。

3. 电缆进线箱

装置与一次电缆的连接瓷套由电抗器侧面引出。为使装置的带电部位全部遮蔽，在装置瓷套引出侧装有电缆进线箱。一次电缆连接排、氧化锌避雷器位于电缆进线箱内，各种测量接点、保护接点用端子排也同样装设于电缆箱内，通过电缆线与远端智能组件进行连接。电缆进线箱的防护等级为 IP53。

4. 非电量保护

非电量保护是指由非电气量反映的故障动作或发信的保护。

(1) 压力保护（压力释放阀）

①快速开启特性：压力释放阀在 2 ms 内迅速开启，使电容器内部压力快速释放，防止电容器箱体爆裂。

②自动发出信号：压力释放阀动作时，利用限位原理瞬时发出保护信号。

(2) 温度保护（温度控制器）

自身带有保护节点，可以自由设定电容器、电抗器各自的报警温度，当上层油面温度达到设定值时，发出保护信号。

该结构与传统并联电容器装置相比，具有占地面积小、便于安装、免维护、可靠性高、使用寿命长、全寿命运行费用低、智能化程度高等特点。

第四节　静止型动态无功补偿装置（SVG）

一、概述

静止型动态无功补偿装置（SVG）采用可关断电力电子器件 IGBT 组成自换相桥式电路，经过电抗器并联在电网上，适当地调节桥式电路交流侧输出电压的幅值和相位，或者直接控制其交流侧电流，迅速吸收或者发出所需的无功功率，实现快速动态调节无功功率的目的。作为有源型补偿装置，它不仅可以跟踪冲击型负载的冲击电流，而且可以对谐波电流进行跟踪补偿。

相较于传统的电容器补偿回路，SVG 主要有无功补偿性能优良、支持补偿不平衡负载及补偿零序谐波电流（主要为 3 次）的优点，而这些都是由传统电容器回路组成的补偿电路所不具备的功能。

二、主要功能

（一）动态补偿电网无功功率，提高功率因数

电力系统中常见的大容量整流设备如大型异步电机、电弧炉、轧钢机等，在运行中都需要大量的无功，再加上输配电过程中的变压器及线路阻抗产生的无功，将导致系统网侧输入的功率因数过低。过低的功率因数会增加网侧系统的能量损耗和电压降落，使电压容量和质量均降低，导致发电、输电、供电设备的利用率较低；而对电力用户来说，会增加用电量甚至相关部门的罚款。SVG 即可补偿负载侧的无功需求量，提高系统侧的功率因数。

当电网处于感性时，SVG 发出容性电流，抵消与之相反的无功电流。

当电网处于容性时，SVG 发出感性电流，抵消与之相反的无功电流。

（二）抑制电压波动和闪变

当负载急剧变化时，负载电流也会产生剧烈的波动，进而导致系统电压损耗和闪变，影响网侧电压。SVG 非常适用于该种场合，具有的分相补偿功能可以消除电弧炉造成的三相不平衡，通过动态跟踪负载无功电流，可以快速补偿所需的无功功率，抑制电压波动和闪变。

（三）提高高压输电线路的稳定性

SVG 可以补偿高压线路的无功损耗，提高输电线路的电压以及输电容量，还可在

系统故障的情况下快速调节无功，抑制系统振荡，增强人工阻尼，维持受电端电压，增加高压输电系统以及负载侧供电系统的稳定性。

（四）抑制电网的三相不平衡

在电力系统应用中存在大量的不平衡负载，如大型电力机车以及电弧炉等，SVG能够快速补偿因负载不平衡产生的负序电流，保证网侧的三相电流平衡。

三、工作原理与构成

（一）工作状态

SVG变流器装置和交流系统之间的无功功率交换可以通过改变变流器输出电压的幅值大小来加以控制。如果网侧系统电压的幅值高于输出电压，SVG发出感性无功功率，负载性质为容性；如果装置输出电压的幅值高于系统电压，变流器发出容性无功功率，负载性质为感性。

如果装置输出电压的幅值和系统电压相等，变流器既不发出容性无功功率也不吸收感性无功功率，即此时的系统无功为零，为负载理想的工作状态。因此，通过调节装置输出电压的幅值，可以实时地快速吸收或者发出系统所需要的无功功率，从而实现快速动态调节无功功率的目的。

（二）电气原理

SVG的主电路采用链式逆变器拓扑结构、星形连接，10 kV装置每相由12个功率单元串联组成，运行方式为$N+1$模式。

（三）装置构成

SVG的主体结构包括功率单元柜、控制柜、启动装置。

1. 功率单元柜

功率单元柜的主要组件是功率单元（又称为“链节”），还有柜顶散热风机等。

电子回路采用IGBT器件，动作迅速且可靠，在功率模块发生故障的情况下，控制器可以在1 ms内将故障模块可靠旁路。

功率模块的控制器中，除了采样回路、保护回路和输出驱动回路外，几乎所有的逻辑和通信处理均采用大规模现场可编程门阵列（FPGA）芯片完成。智能化的设计使得硬件设计简单，软件设计灵活，便于以后的功能修改和升级，而且可靠性高，受功率器件的干扰小。

2. 控制柜

控制柜装有单元控制器和主控制器、扩展功能继电器组、显示操作面板。

3. 启动装置

启动装置包括隔离开关、断路器、电抗器、电阻器及避雷器。

四、主要优点

SVG 是目前最为先进的无功补偿装置，其基于电压源型变流器的补偿装置实现了无功补偿方式质的飞跃。它不再采用大容量的电容、电感器件，而是通过大功率电力电子器件的高频开关实现无功能量的变换。从技术上讲，SVG 较传统的无功补偿装置有如下优势：

（一）响应速度快

SVG 的响应时间少于 5 ms。SVG 可动态跟踪负载电流的瞬变，在工频的 1/4 周期内即可完成对目标无功功率的补偿，可从感性到容性连续、平滑、动态、快速地补偿无功功率，真正做到了无滞后和实时性，可应用于任何有冲击负载的场合。

（二）抑制电压闪变能力更强，运行范围更宽

SVG 较传统的静止无功补偿装置（SVC），对电压闪变的抑制能力可达到 20∶1 以上，并且工作容量范围可从额定感性到额定容性，相比传统的单独感性或容性补偿更灵活、更高效。

（三）补偿功能多样化

SVG 不仅可补偿无功功率，提高系统侧功率因数，还可对负载的谐波电流、负序电流以及三相不平衡等电能质量综合问题进行修正补偿，真正做到功能多样化。

（四）谐波含量极低

传统的补偿装置 SVC 本身要产生一定量的谐波，如 TCR 型的 5、7 次特征次谐波量比较大，占基波值的 5%～8%；其他如 SR、TCT 等装置也产生 3、5、7、11 等次的高次谐波，这将给滤波器设计带来许多困难。而 SVG 除具备补偿负载谐波电流的有源滤波的功能外，还能利用载波移相的脉冲宽度调制（PWM）控制算法，而自身产生的谐波含量极低。

（五）快速输出能力

SVG 是电流源特性，输出的无功电流不受母线电压影响。SVG 的电流源特性使其具备快速输出和较强的短期过载能力，可用来进一步提高电力系统的稳定性。而 SVC 是阻抗型特性，输出的无功电流随母线电压的降低而线性降低，输出性能也在 4～5 个周波之后，因而 SVC 不具备过载能力。

但目前由于电力市场的恶性竞争，很多 SVG 存在偷工减料、质量低劣等情况。

五、主要控制功能

（一）定功率因数控制

在实际生产过程中，低的功率因数可使电网容量增大，但有功功率却减小，增大设

备以及线路的损耗，严重时还可能使电压产生剧烈的波动，严重降低电能质量。

SVG的定功率因数控制方式可使控制点保持为设定的功率因数运行，在现场应用过程中装置也基本是采用这种控制方式运行的。在该控制方式中，控制系统采集设定点的电压和电流，计算出功率因数、有功功率和无功功率，根据瞬时无功功率理论计算提取出系统的无功电流，并且精确跟踪功率因数参量。即使对于三相不平衡的负荷，通过对补偿条件的改进，也能获得很好的补偿控制效果，然后控制系统根据采集计算的系统无功电流进行动态的补偿，使设定点的功率因数接近1。这样既降低了电网中的无功损耗又消除了因无功功率较大造成的电压闪变的严重影响，提高了设备的寿命和生产效率。

（二）定电压控制

SVG相比于SVC的一大优点就是可实现系统电压的稳定控制，使系统电压稳定在一定范围内。在日常应用中，由于电网上负荷的变动或其他因素的影响，系统电压会发生一定的波动甚至闪变，这对于网上的设备是非常有害的。SVG可以根据系统无功电压的要求，快速释放或者吸收无功功率，动态地补偿即可使系统电压维持在一定的范围内。在控制中加入了电压调节器，其作用是将测量到的控制量与参考值相比较，然后输入控制器的传递函数，根据电压—电流曲线得到所需的无功电流值。再由电流的闭环控制，使发出或者吸收的电流等于给定的无功电流值，这样，SVG的工作状态就随着系统情况的变化而变化。当系统电压较高时，装置就输出更多的感性无功；当系统电压较低时，装置就输出更多的容性无功，使得系统电压稳定在一定的范围之内。

（三）定无功功率控制

定无功功率控制是按照给定的目标无功量进行无功补偿的控制方式。此时的SVG可以看成一个无功源，根据设定的无功定值，由功率闭环控制使装置达到定无功输出，并且设定的无功值能在满足规定的范围内连续可调。该控制功能和定电压控制同级别，不能同时存在，两者进行切换时可以平滑过渡并不会引起瞬时的无功冲击。

（四）综合控制

根据客户需要，在某些特殊现场，综合模式综合了定无功功率控制和定电压控制的优点。在系统平稳运行时，接收自动电压控制（AVC）下发的无功指令值。当系统发生故障时，自动转为定电压控制，保证并网电压稳定，待电压稳定后继续按照接收的AVC下发的无功指令发出无功。

六、操作注意事项

（1）操作顺序：先给二次控制系统上电，控制系统根据检测到的各种状态量判定状态。若装置正常，则复位后充电指示灯点亮。在装置就绪的情况下才能上电运行。

（2）上下电顺序应遵循启机时先开控制电再上高压电，关机时先断高压电然后断控制电。

（3）装置为高压设备，操作时必须有高压意识，严格遵守操作规程。

（4）在正常运行时，不可以随意按动键盘或者前面的操作按钮，否则可能引起系统误动。

（5）装置的启动柜、功率柜均属于高压危险设备，在高压通电情况下绝对不能打开柜门进行作业。

七、维护保养

SVG 的日常维护及巡检如下：

（1）在投入运行之前，需要确保机械连接部分的清洁，连接要可靠。

（2）经常检查室内温度、通风情况，室内温度不要超过 40 ℃。

（3）检查 SVG 是否有异常声响、异味，柜体是否发热。

（4）检查冷却风机是否运转正常，更换或清洗过滤网。

（5）当设备进行检修时，用吸尘器清除柜内及过滤网灰尘，并重新确认大电流部分的连接是否可靠。

（6）系统接地线必须保证与接地连接排可靠连接，并确保接地电阻满足国标的要求。

（7）定期记录 SVG 运行情况。当发生故障跳闸时，要记录故障情况，查明原因并排除后方可再次上电。

（8）SVG 停电后，功率单元仍可能存在危险电压。因此，一定要等待电源指示灯熄灭 15 min 后，才能拆离功率单元。如果要对单元内部进行操作，则必须等电容完全放电后才可以进行。

八、故障处理

（一）故障类型

故障类型分为轻故障和重故障。

1. 轻故障

功率单元过热、柜门开关故障、系统欠压、风机故障等。

2. 重故障

输出过流、输出速断、系统过压、高压失电、功率单元重故障、PT 断线、单元泵升过压、系统电压异常、输入电压不平衡（不平衡度可设）等。

轻故障时仅发出告警提示信息，系统可以正常运行，故障消失后报警提示自动取消。重故障时系统启动声光报警提示，同时立即切断高压电源，保存故障信息，进行故障录波，并将系统状态锁存。重故障发生后，按下复归按钮可解除声光报警提示。

（二）故障处理

SVG 出现故障后，会在控制界面上有明确提示，用户可以根据事项记录故障信息，分别采取相应的处理措施。

1. 柜门联锁报警

(1) 检查所有柜门是否关闭到位。

(2) 检查行程开关是否工作正常。

2. 单元控制器与主控制器通信故障

(1) 检查与主控制器连接的通信线是否接好。

(2) 检查通信线是否断线、接线定义是否正确。

(3) 检查相应插件工作是否正常。

3. 光纤故障（上行、下行）

(1) 检查功率单元控制电源是否正常（电源指示灯）。

(2) 检查单元通信指示灯是否闪烁。

(3) 检查功率单元以及单元控制器的光纤连接头是否脱落。

(4) 检查光纤是否折断。

(5) 检查光纤接头内灰尘是否过多。

(6) 检查单元控制器光纤插件工作是否正常。

4. 功率单元故障

系统可以在线实时检测功率单元状态，单元故障有 IGBT 过流/过压故障、IGBT 开路/短路故障、单元超温、光纤故障、单元过热、直流母线过压/欠压故障。

(1) 检查是否由主电源停电或上电过程引起。

(2) 检查功率单元进线是否松动。

(3) 单元过压故障：单元直流母线电压超过 1100 V 时，报直流过压。

(4) 检查高压输入是否超过允许的最大值。

(5) 单元过热/超温故障：单元内散热器温度超过 75 ℃时（检测数值）报单元超温，超过 65 ℃时（检测数值）报单元过热。

(6) 检查功率单元内是否有 IGBT 损坏（开路或短路）。

5. 输出过流

(1) 检查主回路连接是否松动。

(2) 检查 IGBT 并管是否有一个连接松动。

(3) 检查电源电压是否过低。

(4) 检查输出线绝缘是否正常。

(5) 检查霍尔元件电源是否正常，输出电流是否正确。

第十章　船舶岸电技术

一、概述

（一）船舶岸电的意义

船舶靠港时的作业、生活用电通常是通过船上的发电机来供给的。大型船舶如散货船、油船和集装箱船靠港时通常使用燃油制品（多为重油、柴油）发电，以满足船舶用电需求，每艘船舶就是一个小型发电厂。重油和柴油在燃烧过程中会产生大量二氧化硫、一氧化氮、二氧化碳等，对周边环境造成污染。船舶使用发电机和柴油机产生的噪声也会对环境造成污染。近年来，根据监测，港口城市均处于大气状况重污染区，而船舶排放的污染物占港口总污染物的 60％以上。国际海事组织提供的数据表明，全球以柴油为动力的船舶每年向大气排放 1000 万吨氮氧化物、850 万吨硫氧化物，并通过气候作用向周边传播。

船舶岸电技术，是指能够实现船舶在港靠泊期间，停止使用船舶上的自备辅助发电机，转而使用陆地电源供电的一项技术。船舶停靠期间使用岸基供电，可以大幅度削减二氧化硫等气体的排放，达到节能、减排、降噪和提高经济效益的目的。

由于船上用电频率及电压与陆地上的不同，因此，船舶岸电技术的关键就是将岸电变压、变频，将陆地电源变成能够适合船舶使用的电源。另外，还有一项技术难题就是为了实现不间断供电，需要船舶岸电短时自动并网运行，这时需要充分考虑逆功率、不同频、谐波保护等措施，减少带电连接对船舶机器设备的损伤，实现带载无缝切换。

近几年来，得益于政策扶持及规定要求，岸电技术发展较快，内河和沿海港口基本上都有配置应用。

研究港口的岸电供电技术对节能和减排、建设绿色港口有着非常积极的意义，是解决靠岸船舶由于船上的发电对港口水域带来的污染问题的重要举措。

（二）船舶岸电的发展

国外岸电技术发展应用较早。2000 年，瑞典哥德堡港第一个在渡船码头设计安装了高压岸电系统，随后欧盟的主要港口，如荷兰鹿特丹港、比利时安特卫普港等集装箱码头以及泽布勒赫港等客滚或渡船码头也陆续应用了岸电技术。2001 年，美国朱诺港首次将岸电技术应用在豪华邮轮码头上。2004 年，美国洛杉矶港将其应用在集装箱码头泊位上。2009 年，长滩港首次将其应用在油码头上。

在我国，2010 年 7 月，中海集运的“新常熟”号在上海港外高桥二期集装箱码头启用了我国首套移动式岸基船用低压变频变压供电系统。2010 年 10 月，连云港港口集团、河北远洋运输公司隆重举行全球首套高压变频数字化船用岸电系统启用仪式。随后，我国岸电技术逐渐成熟，并推广应用到各港口。

（三）岸基供电的问题

1. 供电电源不匹配

基于各国电网电压频率不同，船用柴油发电机组有 6.6 kV/60 Hz、450 V/60 Hz、400 V/50 Hz 等，要充分考虑码头配电网、变频电源、船舶电网间的兼容性问题。

2. 不间断供电

为了减少对船舶的影响和对机器设备的损伤，需要自动并网切换进行不间断供电。

3. 岸电系统谐波治理问题

岸电系统往往受负荷和污染的影响，谐波含量较高，不适合直接用于船舶供电。

4. 供电制式不兼容

对低压系统来说，港口码头通常采用三相四线加保护线的 TN 供电系统，与船舶的 IT 供电系统制式不兼容。

二、岸电技术解决方案

（一）岸电系统基本构成

虽然各岸电方案的组件略有差异，但一般可分为 3 个部分：岸上供电系统、电缆连接设备和船舶受电系统。

1. 岸上供电系统

岸上供电系统使电力从高压变电站供应到靠近船舶的连接点，主要有 10 kV 高压开关柜、高压电缆、变频电源箱、计量收费系统、供电自动化系统。

2. 电缆连接设备

电缆连接设备是指连接岸上连接点及船上受电装置间的电缆和电力设备。它必须满足快速连接和储存的要求，不使用的时候储存在船上、岸上或驳船上，主要包括电缆卷筒、接电箱、电缆连接头。

3. 船舶受电系统

船舶受电系统指在船上固定安装的受电系统，可能包括电缆绞车、船上变压器和相关电气管理系统（船舶接电板、同步屏、仪表等）。

（二）岸电供电方式

目前，世界上已有岸电方法都是港口电网向船舶电网直接供电，按上船的岸电电压来分，主要有低压上船和高压上船 2 种方式。

1. 低压上船

低压上船指低压 400 V/450 V/690 V 电压上船。

早期比较典型的是洛杉矶港。洛杉矶港中压供电电压为 34.5 kV，经降压后在码头边提供 6.6 kV 的埋地式电箱。对于配电电压为低压 440 V 的船舶，采用了一艘配备缆绳绞车和变压器的驳船连接岸上和船舶系统，驳船上的变压器使岸上 6.6 kV 的电压降为 440 V（配电电压为高压 6.6 kV 的船舶不需要驳船连接）。由于 440 V 低压供电，使用了 9 根电缆连接。

2. 高压上船

高压上船指中压 6 kV/6.6 kV/11 kV 电压上船。

3. 船舶高压岸电装置类型

（1）驳船装载高压岸电设备方式：如洛杉矶港采用了一艘配备缆绳绞车和变压器的驳船连接岸上和船舶系统，驳船上的变压器使岸上 6.6 kV 的电压降为 440 V。该方式的优点是具有机动性，但缺点是驳船投资大、成本高。

（2）码头配备高压岸电设备方式：此方式为上海港和中海集装箱的合作方式。在码头上设置主移动舱和辅移动舱，变频和变压装置、高压电缆卷筒安装在主移动舱上，低压电缆卷筒安装在辅移动舱上，低压 440 V 上船。该方式的优点是无须对现有码头进行改造，节省了码头初期投入。

（3）船舶配备高压岸电设备方式：此方式为 IEC 标准推荐方式，也是岸电发展趋势，高压上船，船舶配备变压器将高压转变为低压，2 根或 1 根连接电缆，吊装连接方便，缺点是对现有船改装困难。

（4）集装箱单元吊装上船方式：降压供电装置放置在一个集装箱内，并吊装到船上。集装箱内配置有变压器、高压岸电连接屏、控制箱、高压电缆绞车。

（三）岸电系统要求

1. 技术标准

为了推广应用岸电技术，国际、国内都制定了相应的岸电技术标准：《高压岸电系统通用要求》(IEC 80005-1)、《高压岸电连接系统用插头、插座和船用耦合器　第 1 部分：通用要求》（IEC 62613—1）、《码头船舶岸电设施建设技术规范》（JTS 155—2012）、《港口船舶岸基供电系统技术条件　第 1 部分：高压上船》（JT/T 814.1—2012）、《港口船舶岸基供电系统技术条件　第 1 部分：低压上船》（JT/T 814.2—2012）、《港口船舶岸基供电系统操作技术规程　第 1 部分：高压上船》(JT/T 815.1—2012)、《港口船舶岸基供电系统操作技术规程　第 2 部分：低压上船》(JT/T 815.2—2012)、《码头船舶岸电设施工程技术标准》(GB/T 51305—2018)。

2. 一般要求

（1）船舶用电

①岸基供电系统宜采用船舶使用岸基供电接入时进行不间断供电的并网操作方法。

②岸基供电系统的容量应能保证船舶岸基供电时预期使用的设备具备正常工作的能力。

③使用岸基供电系统的船舶电力系统设备的最大预期短路电流不能超过岸基供电系统的任何节点。

④使用岸基供电系统的船舶应装备保护断路器、隔离开关和接地开关，断路器的短路能力应高于预期的短路电流，接地开关的容量应高于短路电流的期望峰值。

⑤使用岸基供电系统的船舶应装备必要的保护装置，至少要包括短路装置的跳闸和报警、过流装置的跳闸和报警、接地故障指示和报警。

⑥使用岸基供电系统进行不间断供电并网操作的船舶应装备必要的仪表，至少应包含能同时测量船舶配电板母线和岸电系统的电压表、频率表，可以读取各相电流的电流表、相序指示器以及同步装置。

⑦当船舶电站断开且岸基供电系统发生故障岸电供给失败时，船舶在尽可能短的时间内，应能自动启动和恢复主电源供电和自动按顺序启动负载。

（2）船舶和岸电连接

岸电供电电缆的布置应保证：

①当船舶下沉和上浮时在电缆内无机械应力。

②在电缆或导线连接的接线端上排除传递机械应力的可能性。

③岸电供电电缆收放系统若采用张力控制设备，则应满足标准条的要求。

④船舶和岸电系统之间的负载转移应满足标准要求。

⑤在岸电和船舶电站并网过程中，电压和频率波动应满足标准要求。

3. 关键技术要求

（1）负载转移

岸电和船舶电站之间的负载转移可以通过断电或短时并联方式进行，并联宜采取自动方式进行，应充分考虑解决逆功率、不同频、谐波问题。

（2）电气隔离

因为船舶电网环境比岸上电网差，船/岸间应设置电气隔离。电气隔离就是将岸上电源与船用电气用电回路作电气上的隔离，以减少 2 个不同电路之间的相互干扰。若船舶配有高/低压变压器，则可视为满足船/岸电气隔离。若船舶电站电压与岸电一致，则应设置隔离变压器。

(3) 应急切断、安全联锁

①应急切断：在发生故障时瞬时断开岸上和船上的岸电连接断路器，保证船舶和人员的安全。应急切断包括自动和手动动作，动作的结果是岸侧和船侧均能同时断开岸电连接断路器。

②安全联锁：与操作程序一起确保在岸电使用期间安全可靠地连接岸上电源。在等电位连接未建立，岸电供电电源尚未提供或岸电连接插头/插座的控制极电路未接通等情况下，安装在岸电连接配电柜内的岸电连接断路器通常应不能闭合或在闭合位置自动断开。

(4) 电缆管理系统

典型的电缆管理系统由电缆绞车、电缆长度或张力控制设备和相关仪表组成。船舶通过电缆管理系统收放岸电电缆，与岸上电源进行连接。除具有收放电缆功能外，该系统还应具备安全功能，在正常情况下能保证电缆中不出现超过允许值的机械应力，电缆绞车的定时预紧设置能够维持最佳电缆长度，避免电缆超过拉紧限制或过于松弛，保持恒张力；在出现电缆过度拉伸情况下，及时切断岸电连接，预防潮汐过低或飓风破坏，避免带电拉断电缆或插头拔出状况。

(5) 等电位连接

虽然海水导电，但它存在电阻，船体（“地”）和岸地因传导电阻造成电位差，有电位差就会产生电流，威胁人身安全，故无论是低压还是高压岸电，均要求船岸的“地”保持等电位连接，以降低接触电压，提高安全用电水平。

(6) 插头及插座

对插头及插座的要求是快速连接，接口标准统一，并可确保不能带电插拔。控制极电路的主要作用是联锁控制电路，在其未接通时，岸电连接断路器应不能闭合。

(7) 中性点接地

岸电系统连船运行的高压电缆由于在卷筒中多次收放，运行过程中容易破损而产生接地故障。如果岸电输出侧的 6.6 kV 系统采用不接地运行方式，系统发生单相接地过程中难以监测，并难以迅速切除故障，容易造成系统长时间单相接地。接地点附近跨步电压上升，容易出现人身触电伤害事故。国际标准及国内规范都推荐使用中性点经阻抗接地的运行方式，以便于及时发现并隔离故障。

(8) 自动并网过程中消除逆功率

岸电系统带电切换过程中发生的逆功率现象主要由电压差异引起，因此在发生逆功率时要通过调整输出电压参数消除逆功率现象。

（四）岸电系统分类

1. 高压变频变压岸电系统

（1）方案

①高压变频电源系统安装在码头配电房内，输入侧接 10 kV/50 Hz 电源，输出侧为 6.6 kV/60 Hz。

②码头海侧安装高压接线箱，高压接线箱将配电房内 6.6 kV/60 Hz 的电力传输至船舶。由于传输电压高，传输电缆利用 1 根高压电缆即可。

③高压电缆和电缆卷车置于船上，船舶靠岸后，将船上电缆与高压接线箱对接，从而完成电力由岸上向船舶的传输。

④小型船载固定电站（隔离变压器）安装在船舶上，输入电力为 6.6 kV/60 Hz，输出电力为 440 V/60 Hz。

（2）适用范围

适用于沿海大型集装箱码头、邮轮码头，可提供完整、成套的岸电系统解决方案；适用于 5 万吨级以上集装箱船、大型客滚船及邮轮接入岸电。

（3）系统容量

高压岸电系统容量包括 1000 kVA、3000 kVA、5000 kVA、8000 kVA、12000 kVA、16000 kVA 等多个容量等级，最大容量能达到 20000 kVA，为船舶提供 6.6 kV/60 Hz 或 6 kV/50 Hz 的岸电。

（4）优点

①用高压上船，1 根或 2 根高压电缆就可以把电力传输到船舶上。线路压降小，负载能力大，有利于设计较大功率输出的电源。

②岸上供电系统采用分体式，大部分供电设备设在配电房，小部分直接吊装上船，岸上码头门机前沿将无任何设备。

③使用船载变电站，省去了每次船舶靠港后电站吊装和多根低压电缆的对接工作，使得船舶使用岸电更方便快捷，降低了劳动强度、岸电使用成本。

但该方案的实施涉及对船舶的电气改造，需要港方和船方共同完成，对于新建港区以及大型港区改造很有经济意义。

2. 低压变频变压岸电系统

（1）将码头电网 10 kV/50 Hz 高压电源变频变压转换为 440 V/60 Hz 低压电源，直接接入船上受电设备。

（2）适用于沿江大中型集装箱码头、干散货码头，可提供完整、成套的岸电系统解决方案；适用于 5 万吨级以下集装箱船、10 万吨级以下干散货船接入岸电。

（3）低压岸电系统容量包括 100 kVA、200 kVA、300 kVA、500 kVA、800 kVA 等多个容量等级；配备岸电综合管理系统；为船舶提供 440 V/60 Hz 或 400 V/50 Hz 的岸电。

（4）缺点。变频电源装置和电缆卷筒箱体积较大，容量受限，且船岸连接电缆数量多，对码头的设备布置有一定的要求，电缆连接操作时间长，需要专业的操作人员和设备。

3. 小容量岸电系统

小容量岸电系统适用于沿运河、湖泊的水上服务区、锚泊区、渠化段，可提供完整、成套的岸电系统解决方案；适用于千吨级、百吨级散货船接入岸电。

小容量岸电系统的主要设备为低压一体化岸电桩，包括 220 V 单相桩和 380 V 三相桩 2 种，单相桩容量为 16 kVA，三相桩容量为 40 kVA；配备岸电运营服务平台。

三、岸电系统功能元件

国际上许多港口管理部门都规定船舶靠港必须使用岸电，这样既可节能减排，又可有效降低硫化物、氮氧化合物以及噪声等污染，减少温室气体的排放。船舶供电系统主要有三相交流 400 V/50 Hz、440 V/60 Hz 和 6.6 kV/60 Hz 等电压等级，由于我国电网采用的频率和电压分别为 50 Hz 和 6（10）kV、380 V，而大部分船舶供电采用的是 60 Hz 频率，如果直接将 50 Hz 的电源接入船舶设备，会使设备的整体效率下降 30%。随着现代电力电子技术、微电子控制技术的不断发展，采用 IGBT 作为功率器件的大功率逆变电路（400 kW 以上），特别是在变频调速领域得到了广泛的应用，为新型岸电供电技术——变频电源替换发电机组打下了坚实的基础。

（一）岸基部分

1. 变频电源柜

高压变频电源是岸电系统的关键，由主控制柜、功率单元柜、变压器柜等组成。主控制柜由核心控制板、接口板、光纤板等组成。功率单元柜为 IGBT 模块。移相变压器柜采用移相技术，使变频器电网输入侧的功率因数提高到 0.95 以上，无须补偿装置。

目前常用的变频方案一般有 2 种模式。

（1）高—高变频方案，即高压输入—高压逆变—高压输出。采用多级串联式逆变结构，形成高压输出，一般可以做到九电平或十三电平，波形比较好，功率元件流过的电流小。

（2）高—低—高变频方案，即高压输入—低压逆变—高压输出。采用低压逆变技术线路，多个标准的逆变单元并联运行，需要均流，多采用二电平、三电平、五电平逆变方式。

2. 配套进出线电气设备

配套进出线电气设备主要包括进线开关柜、出线开关柜、隔离变压器、中性点接地电阻、滤波装置、计量系统、控制保护系统等。

（二）船载岸电系统

船载岸电系统主要由电缆卷车、电缆卷车控制箱、船载变配电部分等组成。

1. 电缆卷车

电缆卷车包含电动卷车系统、导缆架和控制保护系统。操作电缆卷车对电缆进行收放作业，其具有编排电缆、拉力监测报警跳闸、满盘自动停止、系统联锁及安全保护等功能。

2. 电缆卷车控制箱

电缆卷车控制箱用于控制电缆卷车的收缆和放缆，其具有控制、报警及保护功能。

3. 船载变配电部分

船载变配电部分包含进出线开关柜、干式变压器、岸电控制屏、监控保护系统等。

（三）插座箱（接电箱）

插座箱（接电箱）是将陆上的高压电源连接至码头上的连接装置，提供了高压供电连接、船岸通信连接的任务。插座箱安装在码头前沿，采用预装固定式，箱内插座采用了快速接插式底座，方便连接，其防护等级一般为 IP65。

目前凯伏特公司的插座箱应用比较广泛。

插座箱的插头和插座采用 6 孔标准触头，有接地触头和联锁触头。插头插入插座时，接地触头在其他触头接触前先接触，联锁触头在主触头接触后再接触。

制度

——港口供配电系统运行维护

Bb1 Bb2 1 2 7 L 6

PASS

Bb1 Bb2 2 3 5 L 6 4 6

传统开关间隔

第十一章　供配电运维管理制度

第一节　职责类

一、班长

（1）负责落实各项规章制度，严格劳动纪律。

（2）带领全班认真完成上级下达的各项工作任务，检查考核各当值工作完成情况。

（3）编制班组各项工作计划，督促抓好落实。

（4）按计划组织巡视检查所辖设备、设施。

（5）组织进行设备运行分析、各种报表记录的填写，掌握设备运行情况。

（6）提报设备设施维护保养工作计划，及时组织，确保落实到位。

（7）负责落实安全、技术操作规程及其他有关设备维护保养规程，制定可靠的安全措施，确保安全文明生产。

（8）组织开好班务会、安全活动会，搞好班组日常管理工作。

（9）负责“两票”审核和监督安全措施的正确执行。对大型停电和复杂操作要亲自主持准备工作，制定相应的安全技术措施。

（10）负责做好班组成员岗位评价工作，组织开展班组争创活动。

二、正值班员

（1）负责本班次所属供电设备的运行监视、分析汇总、巡视检查、设备维护保养，做好班组各种记录，及时向调度汇报有关情况。

（2）负责审核倒闸操作票和履行工作票的许可手续，做好设备交接验收，监督清理现场工作。

（3）熟知所辖设备各种运行方式和供应用户负荷去向及负荷停、送电联系工作。

（4）认真接受、执行调度命令，正确迅速地进行倒闸操作和事故处理。

（5）督促副值班员按时抄表及填写各种记录。

（6）负责对副值班员和跟班学员进行安全监护和业务培训。

（7）负责保管各种备品备件、工属具材料，搞好清洁卫生。

三、副值班员

（1）在正值班员的监护下，负责本班所属设备的运行监视、分析汇总、巡视检查、倒闸操作、事故处理及设备的维护保养工作。

（2）负责填写设备倒闸操作票，并按正值班员的操作命令进行倒闸操作。

（3）协助正值班员做好对检修人员的安全监护及工作结束后的验收工作。

（4）认真填写各种运行记录表，保管好各类运行资料。

（5）负责本所工属具、材料等的管理工作，做好现场卫生工作。

第二节　流程作业类

一、交接班制度

（一）一般规定

（1）交接工作是变配电安全运行管理的一个重要组成部分，必须严肃认真地履行交接班手续。

（2）交接班必须在接班人员齐全后方可进行，严禁同一岗位单独交接班。交接时要做到全面交接，对口检查。

（3）若接班人员未到，交班人员应坚守岗位，并立刻报告上级，做好安排，不得自行变更倒班方式。未履行接班手续，交班人员不得离岗，接班人员不得上岗。

（4）接班人员必须提前 15 min 到岗办理接班手续。交班人员在正式交班前 10 min 准备好交班内容，做好交班准备，未办完交班手续前交班人员不得离岗。

（5）交接必须做到“五清”，即看清、讲清、问清、查清、点清；“四交接”，即立队交接、图形交接、现场交接、实物交接。

（6）在事故处理或进行倒闸操作过程中，不得进行交接班；正在交接班时发生的事故由交班人员处理，接班人员可在交班正值班员的领导下，协助处理。

（7）接班人员必须按规定穿戴劳保用品。

（二）交班准备工作

交班正值班员简单向本值人员介绍交班内容，带领本值人员检查当班各项工作完成情况、记录填写情况、卫生清扫情况等，提前 10 min 完成交班准备工作。

（三）接班准备工作

（1）接班人员应提前 15 min 进入准备室准备接班，检查是否按规定着装、精神状况是否良好。

（2）接班人员接班前应做好以下准备：

①查阅运行日志、设备缺陷记录情况。

②了解所辖区域系统运行方式情况。

（四）交接程序

（1）交接班应按班长、正值班员、副值班员的顺序列队进入主控室，交、接班人员应统一着装，各站一列。

（2）交班正值班员当面向接班正值班员详细介绍交班内容，其他人员补充，做到无遗漏。

（3）接班人员应认真仔细地听取交班人员的情况交代，如有疑问，立即提出，不得含糊。如发现事故缺陷，属交班人员未处理完毕的，应由交班人员处理完毕后才能交班。

（4）接班人员对设备进行接班巡视检查，交班人员要陪同进行巡视。

（5）接班巡视检查完毕，接班人员认为可以接班，在运行日志（值班日志）上签字，交接班结束，交班人员离岗，接班人员开始工作。

（五）交接班内容

（1）本区域系统一次主接线运行方式和本区域有关的主系统运行方式。

（2）电力调度系统、两票系统、继电保护及直流系统的运行情况及变更情况。

（3）设备异常运行、事故处理情况。

（4）设备的大小修、试验、改建、新投、停运、拆除等情况。

（5）使用中的工作票情况、安全措施布置情况及地线的使用组数、编号和具体位置。

（6）巡视工作情况，缺陷发现、处理，消除情况，本值已完和未完的维护和维修工作。

（7）倒闸操作情况，已完和未完的操作指令。

（8）各种记录、有关技术资料的填写情况。

（9）安全消防工具、绝缘工具、一般工具、仪表、备品备件、材料、钥匙等的使用和变更情况。

（10）通信情况，交接班卫生情况。

（11）交班人员要做到交班清楚，内容无遗漏，各种记录工整齐全，填写正确，做好交、接班卫生。

（六）接班工作内容

（1）听取交班人员的交班汇报。

（2）检查各种记录、图表、技术资料填写情况。

（3）检查监控后台主接线图与运行方式是否相符，地线位置表示是否齐全、正确，编号是否对应。

（4）进行交接班巡视，检查工作现场安全设施布置及缺陷发展情况。

（5）检查各种工具（安全消防工具、一般工具），备品备件、钥匙，生活用品是否齐全完好，交接班卫生是否符合标准。

（6）检查直流系统运行及充放电情况。

完成以上 6 项后，交、接班工作必须做到交接两清。接班人员一定要认真进行接班检查，如交班完毕出现问题，由接班人员负责，但交班人员对未交代的内容负责。

接班人员发现交班人员交班不符合标准，有权拒绝接班，并要求交班人员重新将本值工作彻底完成后再接班，必要时可以报告班长或上级领导处理。

二、巡视检查制度

（一）一般规定

（1）供电设备的巡视检查是为了掌握设备的运行情况，以便及时发现和消除设备缺陷，预防事故的发生。

（2）巡视检查是确保安全运行的一项重要工作。每个值班人员必须严格按照规定和要求认真做好设备的巡视检查工作。

（3）巡视中应严格遵守关于巡视方面的规定。

（4）巡视中要认真仔细，集中思想，本着细听、细看、细摸（指外壳接地、安全距离符合要求的情况下）的方法进行，要按规定的巡视路线行进。

（5）巡视人员应将巡视时间、内容、结果等情况如实填写在巡视记录本内。

（6）对于巡视中发现的缺陷，要及时分析，正确处理，并按程序汇报。

（7）定期巡视按巡视计划进行，特殊巡视检查根据实际情况及上级要求进行。

（8）巡视检查中遇有严重威胁人身和设备安全的情况，应按事故处理的有关规定处理，并向上级领导汇报。

（二）巡视的类别

（1）交接班巡视。

（2）周期性巡视。

（3）高峰负荷期巡视。

（4）夜间熄灯巡视。

（5）特殊巡视。

（三）巡视周期

（1）交接班巡视：在交接班时进行。

（2）周期性巡视：按巡视计划进行巡视。

（3）高峰负荷巡视：根据负荷运行情况进行。

（4）夜间熄灯检查：每天夜间 21：00。

（5）特殊巡视：设备过负荷或负荷有显著增长时；设备大修新投或停用时间长又重新投入运行时；设备缺陷有继续发展的明显趋势时；天气恶劣时；事故跳闸及设备运行中有可疑现象时。

（四）巡视项目

1. 综合性巡视项目

（1）设备负荷情况，有无过负荷现象，开关柜内照明及室内外照明是否良好，门窗是否严密，防小动物措施是否良好。

（2）注油设备油面应合适（冬季不低于下限，夏季不高于上限）；油色应透明，不发黄；外壳清洁，无渗油现象。

（3）导线、接头无松动或过紧的现象，试温片正常，无变色、发热现象。

（4）绝缘子部分应清洁，无裂纹、破损、打火、放电和严重电晕等现象。

（5）配电盘上的继电保护、仪表、继电器、自动装置运行正常。

2. 针对性巡视项目

（1）变压器：油位、声音、温度是否正常，防爆膜（压力释放阀）等是否完好，呼吸器是否畅通，吸潮剂潮解不超过 1/3，变压器冷却装置运行是否正常。

（2）刀闸：动、静触头接触是否紧密，触头是否涂有导电膏；闭锁装置是否齐全有效，刀闸锁有无锈蚀现象。

（3）SF_6 开关：本体有无声音，各气室压力是否正常，控制屏有无告警，电压指示是否正常，柜体有无过热现象，电缆接头有无过热和异常。

（4）开关柜：有无异常声音和气味，各项指示仪表是否正常，保护装置是否正常，有无过热现象。

（5）电力电容器：外壳有无漏油及变形现象，有无异常声音和气味，有无告警指示。

（6）电力电缆：外表有无破损，接地线有无异常，内、外绝缘有无损伤，接头处有无放电过热现象。

3. 特殊巡视项目

（1）当设备过负荷或负荷有显著增长时，重点检查设备有无异常及过热现象。

（2）当设备发生缺陷或设备缺陷有继续发展的明显趋势时，重点检查缺陷的发展情况、运行参数的变化情况，有无异常声音和气味。

（3）当设备大修新投或停用时间长又重新投入运行时，重点检查运行参数有无变化，有无其他异常。

(4) 当事故跳闸及设备运行中有可疑现象时，重点检查信号和继电保护动作情况，检查事故范围内的设备情况、开关实际位置，事故对上述设备的损坏程度。

(5) 夏季高温季节应重点检查充油设备有无油面过高现象，通风降温设备是否正常。

(6) 冬季严寒季节应重点检查充油设备有无油面过低现象，检查需保温的设备或装置是否正常。

(7) 雨天应重点检查房屋有无渗漏，基础有无倾斜下沉，排水设施是否良好。

(8) 雷雨后检查避雷器记录器的情况，设备绝缘部分有无放电闪络痕迹。

4. 巡视的基本方法

(1) 常规方法：目测、耳听、鼻闻。

(2) 用红外线测温仪检测导线接头部分。

(3) 利用小雨和小雪检查户外设备是否有闪络现象。

(4) 检查高温高峰时设备是否发热，示温蜡片是否熔化。

(5) 检查高温季节时室内温度指示情况。

(6) 根据历次事故处理的经验教训，重点检查设备运行中的薄弱环节。

三、变电站倒闸操作制度

(一) 立即了解情况

倒闸操作是一项复杂的重要工作，为了确保不发生差错，值班人员必须充分了解当时有关电气设备相互之间的联结、运行情况以及保护装置的投退等，执行倒闸操作的值班人员必须集中注意力，严格遵守电气设备倒闸操作的规定。

(二) 电气操作必须具备的条件

(1) 要由合格的监护人和操作人进行电气操作。

(2) 要有现场设备标志和与运行方式相符合的模拟图板或系统图。

(3) 要有合格的操作票（事故处理除外）。

(4) 现场设备要有明显的标志（命名、编号、切换位置的指示）。

(5) 要有统一、确切的操作术语。

(6) 要有合格的操作工具。

(三) 发令人、操作人、监护人的职责

(1) 操作命令发布人是值班人员执行操作的领导者，担负各种操作任务的领导责任，对所发布的操作命令的正确性和必要性担任全部责任。

(2) 操作人是操作任务的具体执行者，在监护人的监护下，应正确迅速地完成各项操作任务，执行操作时，必须严肃认真，一丝不苟，对一切操作的前因后果要有充分的

认识。

(3) 监护人的职责不但应保证所监护的各相操作正确执行，并对操作人的人身和设备的安全负责，执行操作时应专心监护，一般不协助操作人进行操作，对所担任监护的各项操作的正确性与操作人员负同等责任。

(4) 所有倒闸操作和监护均应由经考试合格、有操作权和监护权的人员进行。

(四) 操作票的使用规定

(1) 书写操作票（系统生成操作票）：倒闸操作根据调度员、运行技术管理人员、站长的命令，受令人复诵无误后执行，由操作人书写操作票。

(2) 书写操作票必须保证正确、明了、清洁，如有错误，不得用涂改、揩擦、刀刮等方法改正，必须重新书写操作票。

(3) 一张操作票只能填写一个操作任务。

(4) 间断性的操作，不得写在同一张操作票上。

(5) 操作票由操作人书写并签名后，须逐级审核签名，若在进程中发现错误，操作票应作废并盖上“作废”章，另书写操作票，不再执行的操作票盖“不执行”章。

(6) 使用过的操作票不得再用，应按编号顺序装订备查，保存 3 个月。

(7) 下列项目应填入操作票内：

①应拉合的设备如断路器（开关）、隔离开关（刀闸）、接地刀闸等，验电，装拆接地线，合上（安装）或断开（拆除）控制回路或电压互感器回路的空气开关（熔断器），切换保护回路和自动化装置及检验是否确无电压等。

②拉合设备 [断路器（开关）、隔离开关（刀闸）、接地刀闸等] 后检查设备的位置。

③当进行停、送电操作时，在拉、合隔离开关（刀闸）或手车式开关拉出、推入前，检查断路器（开关）确在分闸位置。

④在进行倒负荷或解、并列操作前后，检查相关电源运行及负荷分配情况。

⑤设备检修后合闸送电前，检查送电范围内接地刀闸已拉开，接地线已拆除。

(五) 执行电气操作的顺序及注意事项

1. 顺序

(1) 发布任务，弄清目的

①调度或运行技术管理人员发布操作任务及操作目的。

②值班人员（接令人）复诵。

③操作人、监护人共同核对任务。

(2) 查对图板，正确写（生成）票

①操作人接受任务后，核对系统图及查阅有关资料，弄清任务意图。

②正确书写（系统生成）操作票，使用统一术语，字迹要清楚，无涂改。

（3）逐级审票，签名批准

①操作人写好（打印）操作票交监护人审核签名。

②大型复杂操作票由班长审核签名批准。

③审票人应认真审票，核对系统图及有关资料。

④审核过程中发现有错应退回写票人，让其重新书写操作票。

（4）正式发令，复诵接令

①调度员或运行技术管理人员向监护人、操作人正式发令（或根据已发工作票）。

②监护人复诵，并对操作中可能发生的问题作好预想。

③操作人带好有关安全操作的用具、钥匙。

（5）核对铭牌，检查状态

①操作人、监护人到现场核对设备名称、运行状态。

②认真检查设备位置指示，电气信号、表计等指示，将必要的安全用具准备就绪。

（6）唱票预演，逐行执行

①监护人唱票（操作人应同时看好操作票上的唱票内容）。

②操作人复诵，同时手指所操作的设备做假动作。

③监护人确认无误，发令“对，执行!”。

④操作人手指口述进行操作（正确执行安全措施），并核对操作结果是否符合要求。

⑤监护人按操作步骤逐项勾票，勾票后方可唱读下一步项目。

（7）检查设备

操作全部结束应检查所有的操作是否已全部执行完毕，有关指示、开关位置指示、信号指示是否正常。

（8）汇报完成，做好记录

①监护人向发令人汇报，“××时××分××操作任务已执行完毕”。

②发令人复诵。

③监护人在操作票上盖“已执行”章。

④操作人应将操作情况记在操作记录本内，并登记有关安全措施执行情况。

2. 注意事项

（1）对危及人身和设备的操作不得执行，并向发令人说明不执行的原因。

（2）执行中如发现误操作应立即停止，并保持操作现场。

（3）操作中如发现操作票错误，不得自行修改，必须汇报操作票批准者。

（4）操作过程中如发生事故，应立即停止操作。

(5) 操作中如发生疑问，应停止操作，不能单凭记忆，搞清楚后方可继续进行。

(6) 执行口头或电话命令时，必须经发令、复诵、同意及发令时间手续后方可进行操作。

(7) 测量绝缘，必须隔离电源，并进行验电放电。

(8) 装设接地线前，应经验电放电；合接地闸刀前，应验明无电。

(六) 电气操作的基本原则和若干规定

(1) 严禁非同期合闸，当开关两侧有可能出现非同期状态的合闸操作时，经同期步骤后方可合闸。

(2) 严禁带接地线（或未拉开接地闸刀）合闸刀。

(3) 严禁将合上有电弧的闸刀再拉开。

(4) 严禁将拉开时有电弧的闸刀再合上。

(5) 严禁带负荷操作闸刀，操作前必须检查开关是否在分闸位置。

(6) 严禁将运行设备的电流互感器二次回路开路、电压互感器二次回路短路。

(7) 电气设备充电时，应先合高压侧，后合低压侧，或先合电源侧，后合受电侧，或先合有继电保护侧，后合无继电保护侧。

(8) 运行设备的继电保护如有工作，应将有关的压板和试验端子取下，工作完毕后应及时恢复。

(七) 倒闸操作“把六关”“十不操作”“十不准”

1. “把六关”

(1) 准备关：复杂操作，应提前一天由班长或值班负责人组织全体人员进行操作前的准备工作，使全体人员清楚操作目的和停电范围、保护和自动装置的相应变化、应列入操作步骤的安全措施，并提前与调度协商开出倒闸操作票草稿和做好操作前有关地线等安全用具的准备工作。

(2) 接令关：接令关应问清下令人姓名、下令内容，记清下令时间，应随听随记，然后向调度复诵一遍；若对命令有疑问应提出，并对错误命令提出纠正意见，待纠正后再执行；当接令时，操作人应旁听。

(3) 开票关：根据操作命令顺序、参照现场操作规程填写操作步骤，对于调度命令不包括的但必须执行的步骤亦应依次列入操作票内，操作人如对操作步骤发生疑问时，应共同研究清楚后方可执行，不得盲从。

(4) 审核关：操作票填好后，须经监护人审核，并在模拟图板上进行核对，检查是否正确。图板上未标示的步骤，也应按顺序进行。拆挂地线应在图板上有明显标志。模拟后应共同检查模拟图板有无错误，确认无误后再开始实际操作。

（5）监护关：监护人待操作人站对位置后下令。操作人要手指被操作设备的运行编号重复命令。无误后监护人再给操作人下执行命令，在操作中遇有事故和异常，应停止操作，处理完毕后，再继续操作。

（6）回检关：每次操作后必须检查操作质量，良好后再打“√”。操作结束后应全部进行回检，质量无问题后，监护人在操作票中填入终结时间，并立即向调度回复命令，报告任务执行情况和完成时间。

2.“十不准”

（1）不准凭记忆操作。

（2）不准使用不合格的操作票操作。

（3）不准弄虚作假。

（4）不准无故拖延操作时间。

（5）不准在操作中闲谈。

（6）不准跳项操作。

（7）不准在操作中提前打“√”和多项一起打“√”。

（8）不准不核对设备名称、编号和位置就操作。

（9）不准在操作中离开岗位。

（10）不准单人提前开锁和操作设备。

3.“十不操作”

（1）操作任务不明确不操作。

（2）受令不清楚不操作。

（3）不模拟演习不操作。

（4）监护人不下令不操作。

（5）单人在现场不操作。

（6）未进行危险点分析不操作。

（7）操作人复诵不正确不操作。

（8）操作中发生疑问不操作。

（9）不验电不进行接地操作。

（10）运行方式不清不操作。

（八）事故处理时的操作原则

（1）事故处理的操作应在调度员或运行技术管理人员的统一指挥下进行。

（2）事故处理的操作可不用操作票。

（3）当发生人身触电时，应切断电源立即进行急救，并及时送医院抢救。

（4）当发生电气火灾时，应先切断电源，再行灭火，并及时报警。

四、设备维护保养管理制度

（1）设备维护保养工作应贯彻“预防为主”的原则，把设备缺陷消除在萌芽状态。

（2）坚持使用和维护相结合的原则，操作人员在设备维护工作中要做到“三好”（管好、用好、维护好）、“四会”（会使用、会保养、会检查、会排查故障）。

（3）坚持合理规划、科学维护的原则，设备维护工作的重点体现为提高工作质量、减少故障停电时间、增强供电可靠性。

（4）设备使用管理者应按规定正确使用设备，延长设备使用寿命，保证设备安全运行。

（5）设备维护保养分周期性维护保养、临时性维护保养、设备缺陷处理 3 种类型。

（6）周期性维护保养周期按规定执行。

（7）免维护设备和少维护设备，经分析运行状况良好的，停电维护检修周期可适当延长。

（8）尽量减少临时性停电维护检修，增强工作的计划性。

（9）必须进行停电的，应按要求进行申请。

（10）当设备存在严重缺陷时，应按照故障处理程序及时组织处理。

（11）新投和检修后投入运行的设备要仔细检查，发现问题及时报告。

（12）维护保养工作完成后运行人员应将有关内容填写在保养记录本中。

第三节　保障类

一、运行分析制度

为进一步加强设备运行管理，提高设备运行的安全性和经济性，要切实做好设备运行情况的统计分析工作。

（一）运行分析周期、类别

（1）运行分析分岗位分析、综合分析、专题分析 3 类。

岗位分析：每值一次。

综合分析：每值每周一次，班组进行汇总。

专题分析：根据运行情况不定期进行。

（2）每值的岗位分析和综合分析的内容可填入运行日志。

（3）班长负责组织本班组的专题分析和综合分析，正值负责组织本值的综合分析和岗位分析。

（二）分析目的

（1）科学的统计分析是做好设备管理工作的重要前提，加强对设备运行情况的统计分析，就是为强化设备管理工作，为供电系统的运行管理提供良好的设备技术保证。

（2）运行分析工作主要是对电网运行管理和设备运行状况进行分析、摸索规律，找出薄弱环节，有针对性地制定防止事故的改进措施，提高运行质量。

（3）运行分析工作可以提高运行人员的技术水平、分析问题的能力，提高运行管理水平。

（三）分析内容

1. 岗位分析内容

（1）本值内主要设备运行情况，负荷变化情况，主变压器的声音、温度、油面情况，直流系统的运行情况，无功补偿情况，调度系统运行情况。

（2）本值内倒闸操作情况、办理工作许可手续情况。

（3）本值内设备试验检修情况、维护工作情况。

（4）巡视检查记录情况。

2. 综合分析内容

（1）本辖区系统主接线方式、各变电站接线方式。

（2）本辖区设备运行情况、负荷情况。

（3）入口电站及各变电站无功补偿情况。

（4）系统有功、无功负荷分布情况。

（5）故障及处理情况。

（6）设备缺陷情况。

（7）开关跳闸情况。

（8）设备停运情况。

（9）设备维护保养情况。

（10）设备试验检修情况。

（11）电气设备完好率、利用率、故障率，一、二类设备比重等重要的设备技术指标。

3. 专题分析

针对某些问题进行专门的深入分析。

二、运行维护工作制度

运行值班人员除日常工作外，还应根据气象、环境及运行规律，按月落实运行维护工作。

（一）1 月份

1. 气候特征

年最寒冷月份，天气干燥。

2. 事故特征

（1）注油设备油位下降，易引起缺油，严重时可引起事故。

（2）导线拉力大，易发生断线事故。

3. 工作重点

防寒工作检查并做好防污准备工作。

4. 工作项目

（1）检查注油设备的油位变化。

（2）加强以“冬四防”为重点内容的巡视检查。

（3）安排春节前后的检修工作，进行迎春节的安全检查。

（4）总结上年的工作，制订今年的具体工作计划。

（二）2 月份

1. 气候特征

气候仍较冷，干燥。

2. 事故特征

易发生污秽、绝缘子闪络现象。

3. 工作重点

加强反污秽工作及防雷准备工作。

4. 工作项目

（1）开展防雷工作，确定防雷计划，进行防雷设备的试验和检查工作。

（2）对设备进行绝缘测定或进行绝缘水平的分析，根据情况，补充反事故措施计划。

（3）检查安全用具的状况，损坏的要补齐。

（三）3 月份

1. 气候特征

气温上升，风大。

2. 事故特征

（1）易发生污秽闪络事故。

（2）导线摆动大，易发生混线或对地弧光闪络事故。

3. 工作重点

防雷设备检查投运，负荷监视和继电保护试验准备工作，开展春季安全检查工作。

4. 工作项目

(1) 防雷设备检查投运。

(2) 继续加强绝缘子的巡视工作。

(3) 做好设备检查和负荷监视工作。

(4) 开展设备的试验准备工作。

(四) 4 月份

1. 气候特征

大风较多，雨量较少，已有雷电活动。

2. 事故特征

(1) 风大，易发生混线和对地放电事故。

(2) 小动物开始活动，易发生短路事故。

3. 工作重点

防小动物进入变电所，防误操作和做好防暑过夏的准备工作。

4. 工作项目

(1) 开展设备试验工作。

(2) 加强安全规定的学习和贯彻落实，对闭锁、联锁装置进行检查，防止误操作。

(3) 抓紧防雷、防雨、防潮、防风措施的落实。

(4) 进行防暑过夏准备，对通风、降温装置进行试验、检修。

(5) 落实好防鼠、蛇等小动物进入的措施。

(五) 5 月份

1. 气候特征

气温渐高，雨水渐多。

2. 事故特征

雷害威胁安全运行，小动物易造成短路或接地事故。

3. 工作重点

做好防暑过夏的准备工作和试验工作。

4. 工作项目

(1) 继续进行设备的各项试验工作。

(2) 继续抓好防雷、防雨、防潮、防小动物工作及防暑过夏工作。

(3) 检查注油设备的油位情况并对较高的进行调整。

(4) 检查排水和屋顶漏雨的情况。

(六) 6 月份

1. 气候特征

已完全是夏季气候，雨量增大，雷雨活动强。

2. 事故特征

(1) 雷害事故较多。

(2) 设备接头发热。

(3) 直流系统绝缘降低。

3. 工作重点

防汛、防台风、防暑降温准备工作。

4. 工作项目

(1) 做好防暑降温的落实复查工作。

(2) 对设备接头进行检查。

(3) 检查排水系统及设备，对防汛工作进行检查。

(4) 总结上半年工作，制订下半年计划。

(七) 7 月份

1. 气候特征

温度较高，湿度大。

2. 事故特征

雷雨频繁，大水威胁部分处于低处的变电所。气温高，接头发热威胁设备安全运行。直流系统绝缘降低。由于雷击，接地故障引起系统运行的不稳定。

3. 工作重点

防雷、防汛、防台风。

4. 工作项目

(1) 加强防雷、防汛、降温设备的特殊巡视。

(2) 加强设备各接口的检查。

(3) 加强对二次设备的绝缘检查。

(4) 防汛工作要做细，对防台材料做准备。

(八) 8 月份

1. 气候特征

与 7 月份同，台风开始影响。

2. 事故特征

雷雨频繁，台风暴雨威胁设备安全运行。

3. 工作重点

防台风、防雷击。

4. 工作项目

（1）加强防台、防汛、防雷击设施，降温设备的特巡工作，并随时准备抗台抗汛。

（2）加强设备的防潮工作，对负荷量较大的系统要注意温度对设备的影响。

（九）9 月份

1. 气候特征

天气转凉，雷雨减少。

2. 事故特征

主要表现为由雷击造成的接地故障。

3. 工作重点

防接地和国庆前的检查工作。

4. 工作项目

（1）进行迎高峰负荷、防寒的准备工作。

（2）抓紧进行重点检修项目工作的配合。

（3）做好迎国庆的各项工作。

（十）10 月份

1. 气候特征

气温变化大，温度下降。

2. 事故特征

主要表现为负荷较大，绝缘子有可能存在污秽闪络，造成停电。

3. 工作重点

做好迎峰防冻的准备工作。

4. 工作项目

（1）对绝缘子进行清扫。

（2）做好迎高峰负荷、防寒的准备工作。

（3）分析主要设备的安全及运行方式的合理等诸问题。

（4）检查油位、及时补油。

（5）对取暖设施进行检查和安排检修保养计划。

（十一）11 月份

1. 气候特征

有雾和霜冻，天气开始变冷。

2. 事故特征

接头易发热；充油设备油面降低易引起事故。

3. 工作重点

加强巡视，及时补油。

4. 工作项目

（1）清扫设备，一紧、二扫、三清洁。

（2）对高峰负荷期的设备进行特巡。

（3）加强对注油设备的油位和压力监视，缺油设备要及时补油。

（4）检查防火工作，检查防凝露装置是否齐全完好。

（5）对防冻工作进行检查，对发现的问题及时安排处理。

（十二）12 月份

1. 气候特征

天气渐冷，有降雪现象。

2. 事故特征

油位下降有可能引起事故。

3. 工作重点

元旦前后的例行工作和年底检查总结工作。

4. 工作项目

（1）加强设备的检查。

（2）对加热（防凝露）设备进行检查。

（3）做好迎接元旦的工作和总结工作，拟订明年的工作计划。

三、设备缺陷管理制度

（1）设备运行中有下列情况能引起事故或威胁安全运行的，被视为设备缺陷：

①设备运行不符合规程规定的质量标准和设备要求。

②设备本身受损。

③设备运行中温度不正常，绝缘油劣化。

④设备受外力或自然灾害损坏。

⑤其他影响正常运行的情况。

（2）缺陷分类：

①一类缺陷：紧急缺陷，凡不立即采取措施进行处理，继续发展下去会造成事故者。

②二类缺陷：严重缺陷，设备缺陷呈发展趋势，并对人身或设备有严重威胁，但可以坚持运行，列入计划检修处理不致造成事故者。

③三类缺陷：一般缺陷，设备缺陷对安全运行的影响不大，可以列入计划检修且能长期运行者。

（3）缺陷管理程序：

①运行人员发现设备缺陷，应立即填入《缺陷记录本》并报告本值负责人和有关领导，本值负责人一起确定缺陷类别，并提出处理意见。缺陷记录应写明缺陷发现时间、缺陷的内容和部位。

②发现严重缺陷（二类缺陷）时，值班人员应立即报告班长和调度，发现一般缺陷（三类缺陷）应报告班长，并将内容填入《运行日志》。

（4）设备缺陷处理的原则：

①设备存在有可能立即发生事故，引起设备损坏的缺陷时，必须立即停止运行。

②设备缺陷威胁安全，但不致立即发生事故时，应及时上报进行妥善处理。

③设备缺陷不影响安全运行的，可列入检查进行处理。

（5）值班人员应加强对设备的巡视，发现可能发生事故及引起设备损坏缺陷的情况，应立即上报。

（6）设备缺陷处理后，一般缺陷由正值组织验收，严重缺陷由班长会同当值负责人组织验收，并向检修人员了解缺陷的程度、造成的原因、存在的问题，并将验收情况记入《运行日志》和《缺陷记录本》。

（7）设备缺陷消除后正值应将缺陷消项，填入设备缺陷单内，并报告班长。

四、设备验收制度

（一）一般规定

（1）为了保证设备的安全可靠运行，必须严肃认真地做好验收工作。

（2）运行人员必须熟悉供电设备的运行技术参数及相关标准。

（3）设备的安装、检修、试验必须经验收合格才能投入运行，个别项目不合格必须投入运行时，须经主管部门或分管领导批准。

（4）大小修、试验、保护仪表的校验，由工作负责人填写检修试验记录，并作出可否投入运行的结论。

（5）值班人员在验收中，一定要做到达不到规定标准的不验收，修理、试验项目不全的不验收。

（6）设备大小修、试验结束后，运行人员应向检修人员、试验单位索取检修试验报告，并做好档案记录。

（二）设备验收程序

1. 新设备的验收

（1）新设备的验收由主管部门组织运行单位参加。

（2）应按规定健全图纸、说明书、试验记录等技术资料。

（3）如未提供能够投入运行的有关验证资料，不能将设备投入运行。确需投入运行的，须经主管部门或分管领导批准。

（4）验收必须按有关技术标准规定进行。

（5）验收合格后，由当值值班人员向调度汇报该设备可以投入运行。

2. 设备大修后的验收

（1）大型设备由主管部门组织验收，中小型设备由运行单位进行验收。

（2）检修负责人应介绍大修情况：发现的问题，存在的问题，调整试验数据。

（3）运行人员应对设备进行详细检查、查看有关记录，必要时应要求检修人员进行试验。

（4）运行人员检查完毕，由检修工作负责人将简要情况填入检修记录栏，并作出能否投入运行的结论。

（5）无问题后，运行人员可向调度汇报该设备可以投入运行。

（6）如设备需中间验收，需要检修人员和值班人员共同进行，值班人员应将中间验收情况记入运行日志。

3. 设备小修、临时修理和试验的验收

（1）由当值人员和检修试验人员共同验收。

（2）检修试验负责人应向运行人员介绍检修试验情况，解决的问题、存在的问题和试验数据。

（3）运行人员按规定进行详细的检查。

（4）检查完毕后由检修试验负责人填写检修记录栏，并作出能否运行的结论。

（5）无问题后，值班人员向调度汇报该设备可以投入运行。

五、工作票、操作票制度

（1）工作票、操作票（以下简称“两票”）是保证电力安全工作的重要条件，“两票”办理质量的高低直接反映出工作现场的安全状况，也反映出各级责任人对安全工作的重视情况。

（2）按照《国家电网公司电力安全工作规程》的要求，必须持有工作票才能工作的，必须办理工作票。

（3）对于应持有工作票而未持有工作票的工作，值班人员有权拒绝和停止其工作。

（4）申请办理工作票的工作负责人，必须清楚所要进行的工作内容。

（5）一、二类工作票的签发、批准、工作许可、工作负责人均由经考试合格批准有资格的人员担任。若一类票系临时性工作，签发人要在工作票上备注明确。

（6）工作票的内容需要停供的，工作票签发人员须征得停供用户同意；影响设备正常运行或投、退保护的，须先报告上级并征得同意。

（7）工作票签发人员要加强技术和业务知识的学习，确保所签发的工作票准确、有效。

（8）运行人员要加强工作票的审核把关，主要是：

①工作负责人是否到位。

②工作负责人和工作班成员是否与工作票相符。

③工作内容是否与应拉开的开关相符。

④安全措施（继电保护）是否到位、有效。

⑤工作是否在规定的时间内结束等。

⑥对于经审核认为不妥的工作票，值班人员必须立即与工作票签发人员联系，反馈建议，必要时可退回重开。

（9）工作票内容的变更，必须由原工作票签发人员签发。

（10）工作票安全措施在开工前一次性做完，工作许可人、工作负责人共同到现场检查安全无误后方可签名开工。

（11）“两票”的编号应含三部分；“两票”的操作任务、工作内容必须填写具体，并使用双重编号。

（12）工作票必须采取的安全措施，操作票中必须逐项完成、逐项打“√”，不得提前或事后打“√”；运行人员补充的安全措施，原则上不得写“无”，可以写提醒检修人员注意的事项等。

（13）操作票上的操作时间及与操作有关的数据要在当时填写，不得事后补填。操作任务需要两页及以上操作票时，仅在第一页填写编号，在当前页的最后一行内注明“转下页”，下页的操作任务栏内注明“接上页”，在最后一页上签名即可。

（14）工作期间运行人员要保存工作票（手工开票为黑色票），作为开工依据，工作现场负责人持工作票（手工开票为红色票），作为开工的凭证。

（15）“两票”书写要求统一用电脑打票或黑色圆珠笔或钢笔填写、签名。“两票”

要求不得缺页、隔页，且自然编号（页面原编号）和工作票号要相一致。

（16）工作负责人在工作票终结后要在登记本上将开工时间、终结时间、许可终结人姓名填写清楚完整，并在工作票上盖“已执行”章，妥善保存。

（17）运行许可人和工作负责人要做到：工作安全措施不全不开工、工作检修设备未试运正常不终结、现场未清扫干净不终结。

（18）各班组要加强“两票”的资料管理，做到完整、清洁、规范。

（19）“两票”必须要认真登记（内容包括票号、工作内容、负责人、计划时间、许可人、终结时间等），一、二类工作票要分开编号、登记。

主要参考文献

[1] 任元会，卞铠生，姚家祎. 工业与民用配电设计手册（第 3 版）. 北京：中国电力出版社，2005

[2] 福建省电力有限公司. 变电运行岗位培训教材：技能篇. 北京：中国电力出版社，2011

[3] 水利电力部西北电力设计院. 电力工程电气设计手册（电气一次部分）. 北京：中国电力出版社，1989

[4] 刘介才. 工厂供电. 北京：机械工业出版社，2012

[5] 毕大强，郜克存，戴瑜兴. 船舶岸电技术. 北京：科学出版社，2015

[6] 李建基，彭勤荣，张汉才. 国外中压真空灭弧室及其真空断路器的最新发展. 电气制造. 2008（5）

[7] 李建基. 西门子中压开关设备在中国. 电气制造. 2007（6）

[8] 李建基. 真空断路器固封极柱的生产工艺与市场状况. 电器工业. 2008（9）

[9] 齐丽梅，韩荣莲，郝照宇. 智能型永磁机构真空断路器的应用. 装备制造技术. 2008（6）

[10] 梁光耀. 变频电源在港口岸电中的应用. 上海节能. 2017（7）

[11] 袁庆林，黄细霞，张海龙. 港口船舶岸电供电技术的研究与应用. 上海造船. 2010（2）